Competitividade e Crescimento nas Cidades Brasileiras

Competitividade e Crescimento nas Cidades Brasileiras

Políticas e Ações Locais para Promover a Inovação

Ming Zhang, Editor

THE WORLD BANK EDITORA SINGULAR

São Paulo
2010

Catalogação

Z62 Zhang, Ming, Editor.
Competitividade e crescimento nas cidades brasileiras: políticas e ações locais para promover a inovação. / Ming Zhang. - São Paulo: Singular, 2010.
228 p.
ISBN 978-85-86626-50-0
1. Crescimento Econômico. 2. Crescimento Econômico Local. 3. Economia Local Competitiva. 4. Crescimento Sustentável. 5. Políticas Públicas de Geração de Emprego e Renda. 6. Serviços Municipais. 7. Governo Local. 8. Cidades Brasileiras. I. Título. II. Políticas e ações locais para promover a inovação.
CDU 330.35 CDD 352

Preparação: Paola Morsello; *Diagramação:* Microart; *Fotografia da capa*: Márcio Vasconcelos; *Capa:* Naylor Design

Editora Singular Tel/Fax: 55 11 3862-1242 www.editorasingular.com.br
Rua José Nóbrega Barbosa, 100 CEP 05013-001 São Paulo SP Brasil

Sumário

Quadros

Figuras

Tabelas

Agradecimentos

Este relatório foi preparado por uma equipe liderada por Ming Zhang, economista sênior do Banco Mundial para a América Latina e Caribe. Os autores principais são Ming Zhang (Capítulos 1, 2, 5 e Sumário Executivo); Mark Roberts, consultor e professor da Universidade de Cambridge (Capítulo 1); Fernanda Ruiz Nuñez, Jovens Profissionais do Banco Mundial (Capítulo 3); Daniel da Mata, consultor e pesquisador do Instituto Brasileiro de Pesquisa Econômica Aplicada – IPEA (Capítulos 4 e 5); Mônica Amorim, consultora e professora da Universidade Federal do Ceará (Capítulo 4); Alec Hansen, consultor e Presidente do Grupo sobre Competividade Econômica, Inc.; Enrique Asturizaga, consultor; e Kim Cuenco, Assessor Sênior de Operações Instituto do Banco Mundial (Capítulo 5).

O estudo original, "Competitividade e crescimento das cidades brasileiras", foi iniciado por Mila Freire e Guilherme José Guilherme Reis, que conduziram o estágio inicial do estudo e continuaram orientando e aconselhando ao longo o processo. A direção geral ficou a cargo de John Briscoe e Makhtar Diop, Diretores no Brasil; Laura Tuck, Diretora do Setor de Desenvolvimento Sustentável; e Guang Zhe Chen, Gerente do Setor de Gestão Urbana, Água e Desastres na América Latina e do Caribe. Pamela Cox é Vice-presidente da

Região. Jennifer Sara, Líder do Setor no Brasil, prestou assessoria detalhada e fez comentários ao longo do estudo. Somik Lall, Tito Yepes, Sarah Anthony e Emil de Quiros também forneceram valiosas contribuições para o estudo em diferentes fases. Jonathan Aspin foi o editor do relatório.

A equipe agradece às observações detalhadas e úteis dos especialistas Christine Kessides, Abhas Jha, Kate Kuper, Stephen Karam e Deepali Tewari, assim como aos comentários de Ronald MacLean-Abaroa, Giorgio Romano Schutte e Paula Pini. Nós também nos beneficiamos de valiosos comentários sobre as apresentações dos resultados iniciais do estudo dos participantes em uma série de eventos no Brasil, incluindo a Conferência sobre o Desenvolvimento em Porto Alegre, em fevereiro de 2008, o Seminário sobre o Papel das Cidades no Desenvolvimento Econômico Nacional em Brasília, em junho de 2007, e de grupos de trabalho em São Luís, Maranhão, e no Cariri, Ceará, em janeiro de 2008. A equipe gostaria de agradecer ao apoio financeiro do Departamento de Desenvolvimento Internacional do Reino Unido (UK Department for International Development - DFID) por meio dos Fundo de Mercado e Governança para a Redução da Pobreza na América Latina e Caribe (Markets and Governance for Poverty Reduction Fund for the Latin America and the Caribbean Region).

Finalmente, por seus esforços colaborativos e cooperativos, gostaríamos de agradecer: ao governo do estado do Ceará, especialmente ao Secretário Joaquim Cartaxo e à Secretária Executiva Vania Araripe; ao governo municipal de São Luís, aos prefeitos João Castelo e Tadeu Palácio. A determinação deles de promover o desenvolvimento econômico pelo aumento da competitividade forneceu a inspiração para a equipe, e esperamos que este relatório possa ser útil para eles e outros governantes brasileiros nos níveis municipal, estadual e federal.

Abreviaturas

ABRASEL	Associação Brasileira de Bares e Restaurantes
AFABRICAL	Associação dos Fabricantes de Calçados e Juazeiro do Norte
AMC	Área Mínima Comparável
APC	Análise do Principal Componente
BID	Banco Interamericano de Desenvolvimento
BNB	Banco do Nordeste do Brasil
BNDES	Banco Nacional de Desenvolvimento Econômico e Social
CAD	Computer-aided design
CAM	Computer-aided manufacturing
CDC	Community development corporation (Associações para o Desenvolvimento da Comunidade)

CDFI	Community development financial institution (Instituições Financeiras para o Desenvolvimento da Comunidade)
CENTEC	Centro de Tecnologia do Ceará
CIAP	Centro de Informação e Apoio à Tecnologia do Plástico
CITE	Centros de Inovação Tecnológica
CNAE	Classificação Nacional de Atividades Econômicas
FETECC	Feira de Tecnologia e Calçados do Ceará
FIMEC	Feira Internacional de Couros, Produtos Químicos, Componentes, Máquinas e Equipamentos para Calçados e Curtumes
G-8	Grupo dos 8
IBGE	Instituto Brasileiro de Geografia e Estatística
ICOMOS	Conselho Internacional de Monumentos e Sítios
IED	Investimento Estrangeiro Direto
IPEA	Instituto de Pesquisa Econômica Aplicada
IPHAN	Instituto do Patrimônio Histórico e Artístico Nacional
MIT	Massachusetts Institute of Technology
MPE	Micro e Pequenas Indústrias
OCDE	Organização de Cooperação e Desenvolvimento Econômico
P&D	Pesquisa e Desenvolvimento
PIB	Produto Interno Bruto
QL	Quociente de localização
RAIS	Relação Anual de Informações Sociais
SAGED	Secretaria Adjunta de Geração de Emprego, Trabalho, Renda e Desenvolvimento da Produção
SEBRAE	Serviço de Apoio às Micro e Pequenas Empresas
SENAI	Serviço Nacional de Aprendizagem Industrial
SEPLAN	Secretaria de Planejamento e Desenvolvimento
SINDCALC	Sindicato da Indústria de Calçados de Crato

SINDHORBS	Sindicato de Hotéis, Restaurantes, Bares e Similares do Estado de Goiás
SINDINDUSTRIA	Sindicato da Indústria de Calçados de Cariri
TIC	Tecnologia da Informação e Comunicação
UE	União Europeia

Equivalentes monetários

Taxa de câmbio efetiva 01 de dezembro de 2008

Unidade monetária = R$

R$$2.3 = US$1

US$0.43 = R$1.00

Ano Fiscal

01 de janeiro a 31 de dezembro

Sumário Executivo

Por que Competitividade das Cidades?

A alta prioridade dada pelo governo federal ao crescimento econômico, coloca a competitividade no topo da agenda econômica. Embora as políticas econômicas nacionais sejam importantes para essa agenda, mais de 75 por cento das pessoas vivem em áreas urbanas, que produzem mais de 90% do produto interno bruto (PIB). "O que as cidades podem fazer para melhorar seu desempenho econômico e criar novos empregos?" Prefeitos, governadores e autoridades do governo federal têm-se colocado esta pergunta com frequência. No caso das cidades, a concorrência econômica tornou-se mais intensa com a globalização. Muitas autoridades municipais têm-se esforçado para melhorar a infraestrutura e serviços municipais, enquanto outras têm tentado reduzir o custo de fazer negócios, visando tornar suas regiões mais atraentes para investimentos privados. Por outro lado, promover o crescimento econômico local sem considerar o contexto local e as condições de mercado nem sempre preenche as expectativas. O desafio tanto para os formuladores de políticas locais quanto federais é buscar a melhor forma de promover a competitividade da cidade. "O que daria certo? O que não daria certo? Quais são as condições necessárias para que essas políticas sejam eficazes?" Estas são as principais questões abordadas neste relatório.

O que é Competitividade?

Na esteira de definições semelhantes do Fórum Econômico Mundial (Porter, Sala-i-Martin, e Schwab 2007), este relatório define a competitividade como *o conjunto de instituições, políticas e fatores que determinam o nível de produtividade* de uma cidade ou região. Tomando a produtividade como medida básica, o conceito de competitividade engloba conotações que incluem tanto o nível de crescimento econômico como o potencial de crescimento sustentado. Economias locais competitivas não apenas produzem mais renda para suas cidades como também são mais propensas a crescer mais rapidamente, a médio e longo prazos.

O conceito de competitividade das cidades, no entanto, é controverso. Alguns economistas, principalmente Paul Krugman, premiado com o Nobel, questionam até que ponto faz sentido aplicar o termo "competitividade" para outras entidades que não as empresas. É verdade que as cidades não concorrem entre si como as empresas privadas; de fato, na maioria dos casos, a riqueza das cidades é criada pelo setor privado, e são empresas privadas que têm de competir na esfera local, nacional e global.

Mesmo assim, a localização é relevante, e algumas cidades oferecem melhores condições que outras para que as empresas privadas possam ser mais competitivas. Para se tornarem mais competitivas, as empresas dependem de um ambiente local favorável (que alimente a concorrência e a inovação). Os governos locais podem e devem buscar políticas para melhorar o ambiente de negócios local, o que por sua vez eleva o nível de renda dos seus habitantes. As cidades, nesse sentido, competem umas com as outras para proporcionar um melhor ambiente de negócios, capaz de atrair empresas privadas competitivas. Se as cidades quiserem oferecer um melhor ambiente de negócios, os tomadores de decisão precisam entender os fatores que as empresas privadas consideram importantes, e o papel fundamental dos governos locais.

As políticas discutidas neste relatório dizem respeito, essencialmente, à promoção do desenvolvimento econômico local. No entanto, acreditamos que a competitividade a longo prazo, como conceito dinâmico, é útil para os formuladores de políticas locais, uma vez que implica dois aspectos essenciais de promoção do desenvolvimento econômico local no ambiente atual: (a) as cidades não só precisam fornecer um bom ambiente de negócios, mas precisam se esforçar para proporcionar um ambiente melhor do que as outras cidades, pelo menos em certos aspectos (ou nichos) e (b) as cidades precisam se atualizar e inovar continuamente para alcançar um crescimento sustentado.

Por que a Competitividade de Cidades é Importante para o Brasil?

Para muitos prefeitos e governadores, o crescimento econômico em nível municipal é importante somente na medida em que o aumento de renda e a criação de novos empregos sejam suas prioridades. Mais ainda, eles descobriram que, para que setor privado possa gerar mais empregos, eles têm de competir não só com as cidades brasileiras, mas com outras localidades em todo o mundo. Por isso, é imperativo para as cidades tornarem-se economicamente competitivas. Para os formuladores de políticas federais, tendo em vista o tamanho e as consideráveis disparidades regionais do País, as questões municipais são críticas para a formulação de políticas de crescimento. No passado, a concorrência entre as cidades resumia-se a desgastantes "guerras fiscais".[1] Existe melhor forma de incentivar as cidades a competir? E, indo além, que tipo de papel o governo federal deve desempenhar em relação aos municípios e aos estados na formulação de políticas econômicas que fortaleçam a competitividade econômica global?

O Brasil tem sido, de muitas maneiras, um líder global, com políticas de governo para promover a competitividade da economia local. Por exemplo, o Serviço Brasileiro de Apoio às Micro e Pequenas Empresas (SEBRAE) tem liderado esforços na promoção de atividades empresariais (arranjos produtivos locais) em diferentes setores em todo o País, com foco nas pequenas e microempresas. Da mesma forma, o Serviço Nacional de Aprendizagem Industrial (SENAI) tem sido um instrumento importante na melhoria da qualificação profissional para a indústria local. Incubadoras de empresas brasileiras são conhecidas mundialmente por suas inovações e sucesso.

Ao mesmo tempo, o crescimento econômico e a competitividade das cidades em geral não são considerados prioritários na agenda de desenvolvimento nacional ou local no Brasil. Embora muitas cidades os tenham priorizado, na maioria dos casos os esforços de alto nível, de políticas e de empenho municipais para a realização de uma estratégia viável são escassos. Em nível nacional, ainda não existem políticas e orientações consistentes que digam respeito ao desenvolvimento econômico local.

Outros países, porém, tanto no mundo desenvolvido como nos países em desenvolvimento, estão revendo e reconsiderando suas políticas de desenvolvimento locais. Por exemplo, o Reino Unido estabeleceu uma agenda subnacional de reformas e desenvolvimento econômico em julho de 2007 (HM Treasury 2007). Nos Estados Unidos a *Brookings Institution* publicou um relatório em 2008, destacando que "os Estados Unidos e o governo federal devem colocar a prosperidade das cidades e áreas periféricas – os centros metropolitanos, cruciais da nação – no foco de um novo e amplo esforço para renovar a governança americana" (Brookings Institution 2008). Na China, o dinamismo das cidades e de outros governos locais tem sido fundamental para o seu rápido crescimento econômico, e sucessivos planos nacionais de médio prazo têm garantido a eles um papel de destaque na agenda de desenvolvimento nacional. Com sua profunda descentralização, e o dinamismo exibido pelos municípios, talvez seja o momento de o Brasil desenvolver uma política nacional de crescimento econômico e competitividade de nível municipal.

O Estudo e Seus Resultados

Este relatório apresenta os principais resultados do estudo "Competitividade e crescimento das cidades brasileiras". O objetivo do estudo é contribuir para responder às questões levantadas por prefeitos, governadores e governo central: "O que as cidades podem fazer para melhorar seu desempenho econômico e criar empregos?"A questão é abordada por meio de uma revisão das teorias e opções políticas, da análise comparativa preliminar das cidades brasileiras, e estudos de caso de duas áreas urbanas específicas no Nordeste do Brasil – regiões do Cariri, no Ceará, e São Luís, no Maranhão. Acreditamos que não existe uma abordagem única estratégica da competitividade da cidade que seja aplicável a todas as cidades, e a essência de uma estratégia de competitividade para cada cidade é definir um nicho e sua própria forma de abordagem. Para isso, os formuladores de políticas locais precisam compreender quais os fatores que tornam as cidades competitivas, e que tipos de políticas podem funcionar. Estes dois temas são, portanto, o foco do estudo e do relatório.

Os resultados iniciais do estudo foram apresentados em diversos fóruns no Brasil, incluindo a Conferência Mundial sobre Desenvolvimento das Cidades, realizado em Porto Alegre (13-16 fevereiro de 2008), e do Seminário O Papel das Cidades no Desenvolvimento Econômico Nacional, realizado em Brasília (18-19 junho de 2007). Valiosos *feedbacks* desses seminários e de outras oportunidades foram incorporados neste relatório.

As seções seguintes apresentam um resumo dos capítulos e as principais conclusões.

Capítulo 1. O que Torna as Cidades Competitivas? Determinantes Locais da Competitividade

Diversos fatores contribuem para o crescimento econômico e a competitividade da cidade (Figura 1). Os mais citados são o ambiente macroeconômico, os recursos naturais, o capital físico, a infraestrutura e o ambiente de negócios local (ou custo de fazer negócios). Alguns fatores locais menos reconhecidos estão relacionados à dinâmica da concentração espacial e à inovação – que são os fatores mais importantes para a vitalidade econômica no âmbito da cidade, que é o foco da análise seletiva deste capítulo sobre os determinantes locais da competitividade.

Figura 1. Os Principais Impulsores-chave da Competitividade da Cidade e suas Interconexões

Fonte: Autores, baseados em diversas fontes.

Legado Histórico e Retornos Crescentes Localizados

A vantagem competitiva da cidade demonstra uma forte tendência a persistir durante longos períodos. Portanto, as cidades e regiões competitivas permanecem assim ao longo do tempo e é difícil para as cidades menos competitivas superá-las. No Brasil, as cidades mais competitivas estão no Sudeste. O PIB per capita de São Paulo, embora em declínio em relação à sua participação nacional nas décadas anteriores, ainda estava 67 por cento acima da média nacional em 2005. Mas o persistente sucesso econômico das cidades muitas vezes supera as razões originais de sua existência. Embora São Paulo tenha se desenvolvido inicialmente em função do comércio do café, a sua força econômica atual é de natureza completamente diferente. Assim, embora a *vantagem comparativa* muitas vezes explique as origens de muitas das cidades mais bem-sucedidas de hoje, o sucesso contínuo baseia-se na *vantagem competitiva*, ou na habilidade das cidades de se renovarem, se atualizarem e se reinventarem.

Por trás do contínuo sucesso econômico das cidades estão os processos de aglomeração, por meio dos quais a vantagem competitiva é gerada: mecanismos de *feedback* positivo de retornos crescentes localizados, autoalimentando ciclos virtuosos. Em especial, as economias de urbanização estão associadas a benefícios de produtividade que uma cidade desfruta em função do tamanho de seu mercado, o que facilita a diversidade de produção e consumo e, simultaneamente, atua como um estímulo positivo para a concorrência e a inovação. Economias de localização são os benefícios de produtividade que uma única indústria (ou um *cluster*) de uma cidade pode ter como resultado da concentração. Esses benefícios são o resultado da combinação de mão de obra qualificada, empresas locais especializadas no fornecimento de bens e serviços intermediários e a troca de conhecimento entre as empresas. Economias de urbanização ajudam a explicar o contínuo sucesso competitivo das cidades, enquanto as economias de localização, explicam, em parte, o sucesso duradouro de muitos *clusters*.

Ambiente Inovador

A inovação tem sido caracterizada como a força vital da competitividade, e as cidades derivam sua vantagem competitiva da concentração geográfica das indústrias e dos efeitos secundários do conhecimento, ou das externalidades positivas da produtividade das diferentes atividades das empresas locais individualmente. Esses efeitos secundários do conhecimento ocorrem de três formas:

- *Aprendizagem por meio da observação* ocorre quando, em função da proximidade, uma empresa local aprende, por observação, novas formas de fazer negócios com outra empresa local.
- *Aprendizagem por meio de encontros* ocorre pela interação humana cara a cara, incluindo discussões formais e informais com colegas, fornecedores e clientes. A interação cara a cara é importante por causa da natureza tácita de boa parte do conhecimento e porque permite maior troca de ideias do que as alternativas, tais como e-mails.
- *Aprendizagem por meio da saída* ocorre quando um funcionário deixa uma empresa para trabalhar em outra empresa, ou para iniciar seu próprio negócio, propiciando, assim, a transferência de conhecimento para fora da empresa.

Os efeitos secundários do conhecimento levam à competitividade complementar entre as empresas locais e à formação de um ambiente inovador. Quando as sinergias entre as empresas locais são suficientemente fortes, a economia local será capaz de alcançar a autossustentabilidade do crescimento por meio da exploração da dupla imitação-inovação. Entretanto, se abandonadas à própria sorte, as empresas locais tendem a ignorar os efeitos secundários positivos de geração de conhecimento e inovação, uma vez que os benefícios dessas atividades não são absorvidos pelas firmas individuais. O resultado é a falta de coordenação, que deixa sinergias locais subexploradas. Os governos locais e outros agentes podem, portanto, desempenhar um papel facilitador para ajudar a resolver essa falha de coordenação e promover níveis mais elevados de inovação. Também é importante corrigir o equívoco de que a inovação é igual a "alta tecnologia". De acordo com Michael Porter: "Não existe uma indústria de baixa tecnologia. Há apenas companhias de baixa tecnologia, ou seja, empresas que não usam tecnologia e práticas de ponta para aumentar a produtividade e a inovação" (Porter 1998, p. 89).

Capital Humano

O capital humano é um importante insumo para atividades inovadoras baseadas no conhecimento, na medida em que um maior nível desse capital, permite a transformação mais eficiente de conhecimentos preexistentes em novas formas de conhecimento. O nível de capital humano local é importante também porque a interação cara a cara para a transmissão de conhecimento tácito exige um elevado nível de habilidade de comunicação. O capital humano também ajuda na atração de um *mix* de indústrias favorável e contribui para a habilidade de uma cidade de se reinventar. A existência de um grupo talentoso – um grupo de trabalhadores qualificados e especializados – pode ser crucial para atrair o investimento estrangeiro direto (IED), que ajuda a cidade a ganhar uma posição segura em setores mais elevados na cadeia de valor. Um estudo de caso de Boston, Massachusetts, de Edward Glaeser (2003) mostra que o fator decisivo que separa Boston de Detroit, Michigan, e de Syracuse, Nova York (apesar de as três terem tido um desempenho medíocre de 1950 a 1980 como cidades industriais), tem sido o alto nível educacional de sua força de trabalho, que tem sido apoiada pela tradição histórica da cidade como centro de aprendizagem e educação, e sua reputação como cidade atrativa para os altamente qualificados.

Competição Local

A pesquisa empírica encontrou provas dos efeitos positivos da concorrência local para o crescimento local, porque em um ambiente altamente competitivo uma empresa tem que se empenhar na inovação de produtos, de processos e de marketing, para ter uma vantagem competitiva no mercado local. Empresas acostumadas a um ambiente competitivo local têm mais probabilidade de ter bom desempenho na concorrência global. As evidências mostram também que com o amadurecimento dos *clusters* econômicos a presença de um ambiente competitivo local geralmente se torna mais importante. A Figura 1.4 (capítulo 1), por exemplo, mostra, a partir de um estudo conduzido por Claas van der Linde (2003), que enquanto os *clusters* dos países em desenvolvimento se baseavam mais em vantagens comparativas, os dos países desenvolvidos se baseavam mais em vantagens competitivas. Portanto, o tipo de concorrência local afeta a competitividade local geral.

O elo é mais forte se a concorrência local se dá por meio da inovação e adaptação do que pela concorrência predatória de preços.

Infraestrutura

A contribuição da infraestrutura para o crescimento econômico tem sido bem documentada. Uma dimensão importante da contribuição da infraestrutura, como sublinhado pelo *Relatório sobre o Desenvolvimento Mundial 2009: a geografia econômica em transformação* (Banco Mundial 2008), é o seu papel útil, que permite a ocorrência de economias de aglomeração. Do ponto de vista da competitividade, diferentes tipos de investimento em infraestrutura são importantes para os diferentes tipos de cidades e em diferentes estágios de desenvolvimento. O investimento em serviços públicos básicos e bens públicos locais é importante para fornecer as bases para a criação da densidade das pequenas cidades; infraestrutura de transporte é uma exigência adicional para o crescimento rápido das cidades de porte médio; e as cidades grandes exigem mais investimentos espacialmente orientados em, por exemplo, moradia a preço acessível para superar divisões relacionadas à presença de favelas. Outro resultado importante da melhoria da infraestrutura é a melhora do conforto – tornando a cidade mais habitável, o que tem-se tornado cada vez mais importante para atrair e reter recursos humanos de alto nível.

Qualidade da Governança Local

A qualidade da governança local é importante para a competitividade da cidade na medida em que boa parte do ambiente microeconômico das empresas privadas é afetado ou determinado pelo sector público local. Por exemplo, as *regulamentações locais*, que favorecem ou restringem as atividades de negócios, em assuntos como abertura de empresa, obtenção de licenças, registro de propriedade e emprego de mão de obra podem ter um impacto significativo no crescimento econômico e na competitividade. Estudos constataram que quanto menores as barreiras à entrada e o controle estatal, mais rapidamente se dá o processo de alcançar as melhores práticas tecnológicas na indústria de transformação. Na verdade, tendo a função básica de *fornecer bens públicos locais*, os governos municipais podem desempenhar um papel de liderança na qualidade da infraestrutura e do capital humano (por meio da oferta de educação) – ambos aspectos determinantes para a competitividade, como discutido acima. A habilidade das grandes cidades de continuar a crescer e se reinventar pode ser facilitada ou limitada pelo alcance e eficiência da infraestrutura (especialmente de transporte), que define o tamanho do mercado de trabalho efetivo (Prud'homme e Lee 1999). Em outras palavras, o quanto uma cidade pode crescer também depende muito da eficácia da sua governança.

Uma estrutura de governança eficiente, profissional e participativa, que conduza a escolhas públicas de alta qualidade é especialmente importante para as áreas de alta densidade urbana, onde grande parte dos bens públicos é fornecida pelo governo local (incluindo segurança pública e atividades de lazer). As escolhas públicas definem o futuro da cidade por meio do planejamento e regulamentações relativos ao uso do solo, da formação de uma identidade e de uma visão compartilhada da cidade, e atividades que facilitem a sua realização.

Capítulo 2. O que as Cidades Podem Fazer para Aumentar Sua Competitividade?

A contribuição fundamental do conhecimento e da inovação para o crescimento, como ilustrado por esses avanços teóricos e exemplos de sucesso em todo o mundo, sugere oportunidades para um âmbito mais amplo de intervenções locais visando ampliar os efeitos secundários positivos entre empresas privadas e outros atores da economia local. Uma atuação mais proativa dos governos locais faz que as cidades se tornem e se mantenham competitivas, em um ambiente mundial caracterizado por pressões competitivas crescentes.

O Ponto de Partida: Compreendendo a Economia Local e o Mercado

A intervenção do governo local para aumentar a competitividade deve começar com uma compreensão clara do mercado e dos principais fatores do crescimento econômico da cidade. Tendo em vista que são as empresas privadas locais que determinam a competitividade na maioria dos casos, a intervenção do governo local deve complementar o mercado e ocorrer em situações em que exista uma falha de mercado. Esses cenários incluem o fornecimento pelo governo de bens públicos, a atenuação das externalidades negativas, como a poluição ambiental e os congestionamentos de tráfego, a promoção das externalidades positivas, tais como o compartilhamento de conhecimentos e a solução de falhas de mercado (promovendo sinergias e ações conjuntas, cujos benefícios vão além da empresa local individual). É importante, contudo, reconhecer os riscos associados a esses tipos de intervenções. Se elas forem erradas no tipo ou na escala, ou mal implementadas, a possibilidade de falhas é significativa.

Mas como os governos locais adquirem uma boa compreensão das forças motrizes da economia local e do mercado? Podem ser utilizados tanto métodos quantitativos como qualitativos. Pelos métodos quantitativos, os governos locais podem coletar e analisar informações sobre as condições econômicas locais a serem levadas em conta quando da tomada de decisões (Parcerias das Cidades 2007). No Brasil, uma quantidade significativa de dados está disponível no município, que oferece uma boa base de análise. O uso de dados específicos do setor é particularmente importante para a compreensão da economia local. Os estudos de caso da região do Cariri e São Luís (Capítulos 4 e 5) apresentam metodologias que utilizam dados sobre o emprego da Relação Anual de Informações Sociais (RAIS) para analisar a estrutura econômica local e identificar os setores líderes principais e os *clusters* importantes.

Os métodos qualitativos também podem ser utilizados para complementar a análise quantitativa e para proporcionar uma perspectiva da economia local não captada na base de dados existente. Os métodos qualitativos acarretam envolvimento ativo com o setor privado (tanto com firmas locais quanto de outras regiões com conexões locais) via consultas, reuniões de grupos, pesquisas e entrevistas. Com a identificação dos principais *clusters*, as análises comparativas de setores industriais que cotejem o desempenho dos *clusters* específicos da cidade com o de seus similares no âmbito nacional e mundial podem subsidiar poderosas ações políticas (Palmade 2005).

Em termos práticos, a abordagem de "*cluster*" (encabeçada por Porter) oferece um curso pragmático de ação, com um modelo para os planos de ação do governo local em matéria de competitividade, e ajuda a organizar as ações públicas e privadas focadas nas forças competitivas do mercado. A essência da abordagem de *clusters* não é a "criação de *clusters*", ou a criação de polos de competitividade inexistentes na cidade, mas sim estimular a inovação e a melhoria entre os membros dos grupos existentes ou emergentes na economia local.

A abordagem de *cluster*, ou qualquer outra, não é uma panaceia para a competitividade econômica de uma cidade. Não há nenhuma garantia de sucesso, e os riscos envolvidos nas intervenções governamentais no desenvolvimento econômico é muitas vezes superior ao de outros tipos de atividades públicas. As forças fora do âmbito de controle do governo local são muitas vezes mais importantes do que as intervenções políticas. Por isso, é importante entender os impulsores-chaves do crescimento local, tanto internos quanto externos, e manter uma abordagem cautelosa em relação às intervenções do governo.

Facilitando ao Colaboração no Setor Privado visando à Eficiência Coletiva

Uma premissa fundamental da abordagem de *cluster* é que as empresas não concorrem como unidades isoladas, mas sim dentro de redes complexas de interdependência. O conceito de *cluster* envolve os seguintes elementos: (a) empresas líderes que exportam produtos e serviços para fora da região, (b) uma rede de abastecimento que fornece insumos para essas empresas líderes, e (c) o ambiente de negócios e os fundamentos de caráter econômico, incluindo elementos como recursos humanos, tecnologia, capital financeiro e infraestrutura. A Figura 2 mostra o *cluster* de calçados do Cariri, Ceará, e seus principais membros. A força, ou competitividade, da localização é determinada pela presença dessa rede sofisticada e estreitamente integrada de entidades privadas, públicas e semipúblicas. Além disso, um *cluster* competitivo é uma rede de tal magnitude, que seus membros estão permanentemente aprendendo, inovando e se aperfeiçoando, e o resultado é a melhoria contínua da qualidade e da eficiência. A sofisticação dessas redes e sua capacidade de renovação e inovação contínuas são, ao final, a fonte de competitividade sustentada.

Os governos locais podem ajudar a facilitar as ações colaborativas entre atores do setor privado, o que levaria à *eficiência coletiva*, ou à vantagem competitiva oriunda de economias externas e da busca consciente de ações conjuntas. Por meio do reforço das redes e do comportamento associativo das empresas privadas locais, o governo pode apoiar a criação de ativos relacionais, ou "capital social", de um *cluster* e fornecer bens coletivos locais.

As formas institucionais de tais ativos relacionados ou "instituições de colaboração", incluem associações comerciais, redes de empreendedores, agências de normatização, centros de qualidade e as redes de tecnologia. O processo de organização do *cluster* é de grande importância. A essência de uma iniciativa do *cluster* é estimular as empresas a colaborar, a compartilhar informações e a se organizarem para o bem comum. A criação de organizações colaborativas exige que se desenvolva a confiança, muitas vezes entre concorrentes, e, portanto, pode levar um longo tempo, mas também necessita de apoio considerável. A organização do *cluster* é frequentemente caracterizada por uma fase inicial que requer apoio intensivo e deve ser um processo simultâneo de diagnóstico, discussões em grupo, ações de liderança, que constituem um sistema de *feedback* contínuo entre os elementos. Isso indica um processo orientado para a ação, onde os membros do *cluster* desejam e esperaram resultados rápidos e ações práticas, em oposição à espera prolongada para o diagnóstico e planejamento, sem resultados intermediários. A Figura 3 mostra o processo de trabalho em grupo de um *cluster* global que os autores do capítulo 5 recomendaram para São Luís.

Figura 2. O *Cluster* de Calçados do Cariri

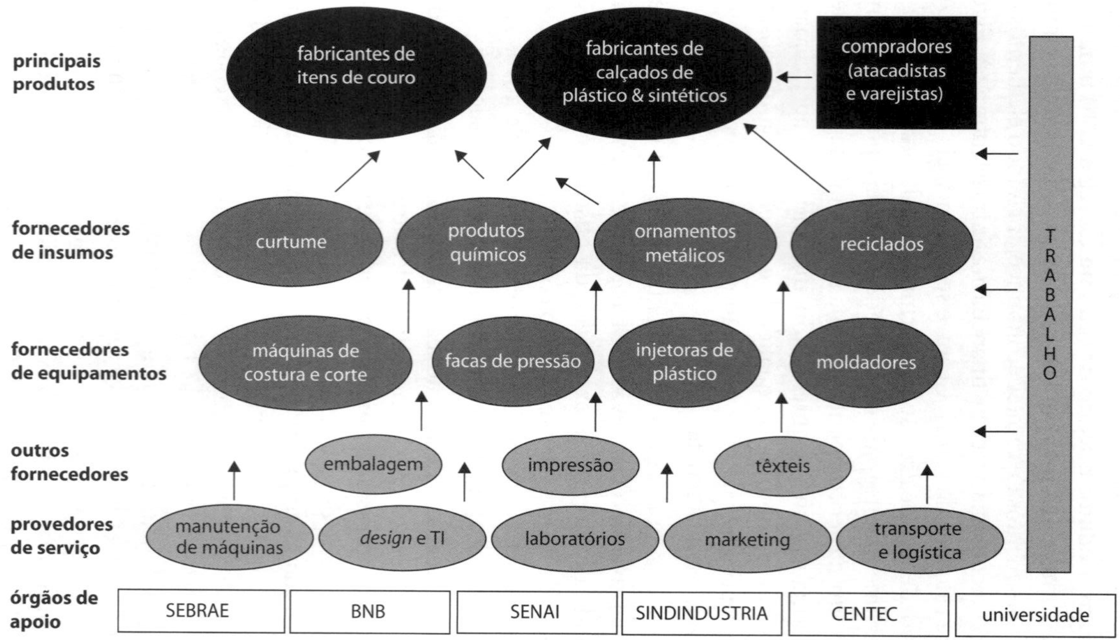

Fonte: Capítulo 4 deste volume.
Nota: TI = Tecnologia da informação, BNB = Banco do Nordeste do Brasil, SEBRAE = Serviço Brasileiro de Apoio às Micro e Pequenas Empresas, CENTEC = Instituto Centro de Tecnologia do Ceará, SENAI = Serviço Nacional de Aprendizagem Industrial.

Exemplos de Ações Específicas para Aumentar a Competitividade

Na busca da competitividade, cada cidade deve formular um único conjunto de estratégias e ações adequadas à sua situação específica e distintas das de outras cidades. Evidentemente, nenhuma abordagem é aplicável a todas as cidades. Na verdade, o desafio mais importante é fazer uma proposta de valor especial e formular uma estratégia que diferencie a cidade das outras. No entanto, algumas ações têm sido utilizadas por muitas cidades, e os exemplos a seguir talvez sejam mais relevantes para o Brasil.

Figura 3. O Método do Funcionamento em Grupo do *Cluster*

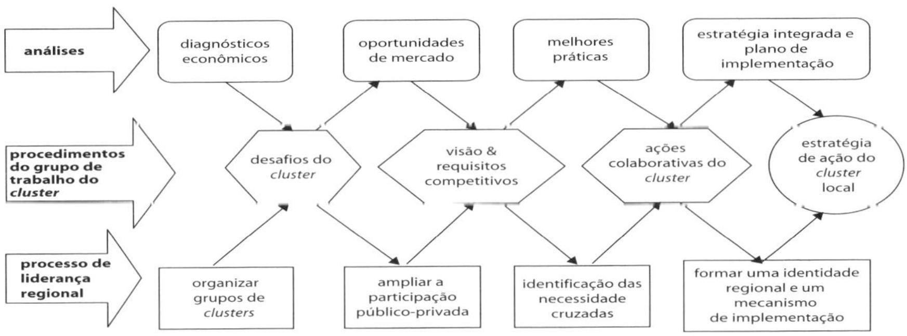

Fonte: Capítulo 5 deste volume.

Marketing e investimentos conjuntos e promoção das exportações. Por meio dessas atividades de apoio, o governo local pode ajudar a expandir a demanda por produtos e serviços locais e atrair investimentos externos (estrangeiros ou nacionais). O marketing coletivo é certamente mais eficaz do que os esforços coordenados por empresas individuais. A chave é fazer esforços de marketing e promoção em estreita colaboração com o setor privado local e com o processo de melhoria de colaboração do *cluster*. Um bom exemplo é a Feira de Tecnologia e Calçados do Ceará, realizada anualmente em Juazeiro do Norte, que se tornou particularmente importante para o *cluster* de calçados no Cariri.

Integração na cadeia de valor. Uma característica importante da economia global de hoje é a presença de cadeias globais de valor, onde a pesquisa e desenvolvimento (P&D), o *design*, a fabricação dos diferentes componentes e o marketing são realizados de uma forma altamente integrada, mas partindo de diferentes localidades (cidades em países diferentes) e por empresas diferentes. Uma forma de aumentar rapidamente a produtividade é juntar-se a uma cadeia de valor, geralmente começando com um segmento menos lucrativo e passando em seguida a segmentos de maior valor agregado. A análise da cadeia de valor ajuda o formulador de políticas a identificar gargalos na cadeia produtiva e determinar três coisas: quais gargalos merecem atenção prioritária do governo, quais podem aguardar solução pelo setor privado, e quais necessitam de parcerias público-privadas.

Desenvolvimento de empreendedorismo e apoio à micro e pequena empresa. Existe margem significativa para as políticas e ações públicas enfrentarem os problemas de imperfeições do mercado que limitam a oferta de financiamento, de serviços de desenvolvimento empresarial e de formação, de construções industriais, os problemas de informação enfrentados por empresas iniciantes e estruturas de mercado não competitivas dominadas por uma empresa ou um pequeno número de empresas.

Apoio à P&D. O governo local pode apoiar a expansão bem focada de P&D por meio do apoio à cooperação universidade-indústria para pesquisas aplicadas inovadoras com potencial de negócio, do apoio de incubadoras de empresas e da busca de talentos para a cidade. Um bom exemplo é o Centro de Informação e Tecnologia para Calçados que está sendo criado no Cariri, e que já funciona em outras cidades do Brasil e do mundo.

Atualização profissional. Duas das maiores prioridades de qualquer plano de *cluster* deve ser a disponibilidade de mão de obra experiente e habilitada e a educação e treinamento personalizados, que aperfeiçoem as competências e conhecimentos. As ações específicas do governo local incluem a análise e antecipação das competências necessárias, a promoção e apoio à participação do empregador e a criação de parcerias estreitas com o SENAI.

Zonas econômicas. Estas oferecem uma combinação de benefícios que facilitam o processo de preparação do terreno para o desenvolvimento industrial, fornecem infraestrutura especializada específica para um grupo de empresas, facilitam a aprendizagem, o intercâmbio e a colaboração entre empresas por meio da alocação física e da criação de uma identidade de *cluster* que facilite a comercialização e a promoção do investimento. Mas a atenção ao mercado, à demanda, à P&D e à gestão profissional é especialmente importante para as zonas econômicas, da mesma forma que a frequente ênfase sobre os incentivos fiscais e a infraestrutura física isoladamente conduziu frequentemente ao fracasso.

Infraestrutura ou serviços especializados. Infraestrutura de alta qualidade nos setores de transporte, energia, água e telecomunicações é sempre importante para a economia local. Além disso, dependendo da vantagem competitiva local exclusiva, pode ser importante incentivar certos tipos de infraestrutura especializada, tais instalações turísticas ou de logística, que podem desempenhar um papel instrumental na atração de *clusters* ou na consecução de estratégias específicas da cidade.

Desenvolvimento econômico comunitário. Ao promover a competitividade, as autoridades locais também precisam buscar soluções para resolver as necessidades de subsistência e de trabalho de suas comunidades de baixa renda. No Brasil, muitas dessas comunidades também são assentamentos informais. Embora os governos federal, estaduais e municipais tenham promovido melhorias nas favelas, o apoio a esforços de desenvolvimento econômico até agora foi muito limitado. Alguns dos modelos usados para o desenvolvimento econômico comunitário nas regiões em dificuldade nos Estados Unidos e Europa, muitas vezes baseados na consolidação e alavancagem do empreendedorismo local dentro dessas comunidades, podem ser uma referência útil. Medidas de apoio ao empreendedorismo e às micro e pequenas empresas, destacado acima, são especialmente relevantes nessas comunidades.

Em Síntese: Plano Estratégico para a Competitividade

Um plano estratégico claro, visionário, e com credibilidade (que não deve ser confundido com um tradicional plano mestre, ou Plano Diretor), articulado pelos formuladores de políticas, pode sinalizar as prioridades políticas do governo e os resultados desejados para o setor privado. As estratégias locais devem ser mais do que apenas uma soma de considerações e princípios políticos compiladas em um plano ou documento. O desafio é identificar as relações críticas entre os muitos agentes que vão moldar a futura situação econômica, social, política e ambiental do território, por meio de respostas a perguntas como: "Como a cidade se distinguirá?" "Qual é o papel econômico da cidade em sua região ou vizinhança?" "Em que *clusters* a cidade pode criar uma vantagem?" "Que aspectos do ambiente de negócios são cruciais para o seu sucesso quando comparada a outras localidades?" Para atrair investimentos, a cidade precisa oferecer uma combinação única de pontos fortes em termos de condições de ambiente de negócios e posições de *clusters*; a mera ausência de pontos fracos não é suficiente.

O processo de planejamento estratégico tem, portanto, três aspectos: identificar as capacidades ocultas (intangíveis) do local, alcançar amplo acordo sobre uma proposta e orientação de valor única para uma cidade e desenvolver um roteiro plausível para atingir uma visão comum

Desenvolver um plano estratégico não é fácil, especialmente no contexto de uma economia de mercado globalizada, onde tecnologia e inovação avançam rapidamente. Sistemas políticos locais e nacionais muitas vezes complicam a situação, tornando difícil a construção de um consenso entre as diferentes partes ou alcançar uma perspectiva de longo prazo comum. Alguns dos elementos-chave de um plano estratégico de sucesso incluem:

- Uma combinação equilibrada de participação pública ampla e de avaliações e diagnósticos minuciosos de especialistas, inovações e melhores práticas globais
- Integração dos investimentos físicos com a transformação econômica e social
- Comunicação eficaz dos resultados de uma forma facilmente compreensível pelo público (como gráficos)
- Consideração cuidadosa da execução por meio de parcerias público-privadas na fase de formulação da estratégia.

Criando Instituições e Capacitação para Competitividade Local

A tarefa de promover a competitividade da cidade apresenta graves desafios institucionais para os governos locais em diversas áreas, especialmente a necessidade de:

- Coordenar esforços no âmbito da autoridade municipal, porque os serviços públicos são frequentemente fragmentados em diversos departamentos, o que torna difícil para as empresas para acessá-los
- Envolver e garantir a forte participação de um grande número de interessados, em particular no setor privado, para o desenvolvimento e a implementação de uma estratégia comum
- Introduzir o *know-how* do negócio e algumas vezes assumir os riscos empresariais, o que exigiria um conjunto de competências e habilidades diferentes das burocráticas usuais
- Coordenar sempre os esforços na região metropolitana e envolver os governos estaduais e federais.

Diferentes modelos para a criação de instituições e a formação de mão de obra foram usados em diversos países, tanto no setor público quanto privado. A forma exata que cada autoridade assume dependerá da situação local e deve ser adaptada consoante essa situação. Independentemente da forma institucional, os governos locais devem ter cuidado na contratação de pessoal em seus esforços de desenvolvimento econômico, e buscar pessoas com experiência empresarial e habilidade para lidar com o setor privado. A parceria com o setor privado torna-se importante em termos de trazer conhecimento, disciplina e um sentido de participação.

Por outro lado, o tipo e o nível de participação dos governos locais nas medidas de aprimoramento da competitividade têm de ser acompanhados pela mão de obra local. Alguns tipos de intervenções acarretam riscos maiores do que outros, incluindo os riscos empresariais e os riscos do mercado. Por isso é importante, para garantir uma formação suficiente, analisar, avaliar e preparar-se para os riscos envolvidos nas intervenções.

Capítulos 3, 4 e 5. Estudos de Competitividade nas Cidades Brasileiras: Avaliação Inicial e Estudos de Casos

Comparação Inicial de Competitividade

Índices de competitividade, como o *ranking* de competitividade nacional realizado anualmente pelo Fórum Econômico Mundial, têm sido amplamente utilizados para identificar e comparar o potencial produtivo das nações e regiões. Em geral, esses índices mostram os "impulsores" de competitividade em múltiplas dimensões. O Capítulo 3 apresenta uma análise comparativa inicial da competitividade das cidades brasileiras. Os resultados são limitados devido à escassez de recursos, ficando a análise baseada principalmente em dados disponíveis, sem dados de pesquisa em primeira mão ou sondagem. Esta comparação inicial utiliza dados do censo demográfico brasileiro de 2000. As cidades foram comparadas em quatro dimensões: urbana, sociodemográfica, institucional/fiscal e econômica. Cada dimensão incorpora uma série de variáveis a partir dos dados do censo. O método de análise do componente principal foi usado para construir os índices. Não é de espantar que as cidades com melhor posição no *ranking* sejam da região Sudeste, e as cidades menos competitivas sejam predominantemente da região Nordeste. É possível aprimorar esses primeiros resultados comparativos com maior empenho na coleta de dados em combinação com o trabalho de pesquisa. Mas esses resultados já podem servir como um instrumento poderoso para que os funcionários municipais, os cidadãos e as empresas avaliem onde cada cidade se coloca em relação às outras, seus pontos fortes e fracos, e as áreas a serem aperfeiçoadas.

Estudos de caso do Cariri, no Ceará, e de São Luís, no Maranhão

Os Capítulos 4 e 5 apresentam dois estudos de caso sobre estratégias para melhorar a competitividade econômica regional da cidade. Ambas as regiões urbanas estão na região Nordeste. Na análise das estruturas econômicas municipais ampliadas, os dois estudos de caso utilizam os dados de emprego da RAIS como base para a identificação do *cluster* mais importante em uma cidade.

O estudo de caso do Cariri concentra-se em um *cluster* (calçados) e analisa em detalhes a dinâmica do *cluster* – sua história, empresas líderes e seguidores, insumos e fornecedores, demanda e compradores, entidades de apoio, organização do capital social, e as fontes (ou ausência) de inovação. A análise mostra que o *cluster* está funcionando de forma vibrante com o surgimento de novos agentes colaboradores, um processo gradual de integração da cadeia de valores e um movimento em direção à inovação e à melhoria de produtos. A análise também identifica os pontos fracos: a necessidade de atualizar e aprimorar a tecnologia e a capacitação, e de intensificar esforços de colaboração e inovação contínua. Uma visão e estratégia para o *cluster* de calçados é apresentada no Capítulo 4.

O estudo de caso de São Luís, capital do Maranhão, apresenta uma situação em que o processo de organização de *cluster* está no estágio inicial. O estudo de caso foi escrito como resultado do processo inicial de mobilização do *cluster* conduzido pelo governo municipal (com o apoio dos autores). Embora a análise estrutural econômica do capítulo ajude a identificar os pontos fortes e fracos, e os principais polos econômicos da cidade, o capítulo se concentra especificamente em dois *clusters* – o *cluster* industrial de portos e o *cluster* turístico. Reuniões de trabalho com a participação dos atores chaves do *cluster*, mediadas por peritos externos, foram os métodos utilizados para a elaboração de uma análise rápida e o desenvolvimento de ações de curto prazo e planejamento para a estratégia baseada em *clusters* para o desenvolvimento econômico da cidade. Os resultados demonstram como uma estratégia de desenvolvimento econômico local baseada em *clusters* pode ser iniciada em uma cidade.

Principais Conclusões

Marco Político Local para a Competitividade de Cidades

Para se tornarem e permanecerem competitivas, as cidades precisam se esforçar para reduzir o custo de fazer negócios por meio da melhoria dos serviços e da infraestrutura e da redução da burocracia. Mas para um país de renda média como o Brasil, que precisa ser economicamente competitivo em um ambiente globalizado, isso não é suficiente. As cidades também precisam se esforçar para agregar valor aos negócios locais. Uma parte crucial da estratégia deve ser criar e manter um ambiente que estimule as empresas locais a inovar e aprender umas com as outras, para fomentar e facilitar a criação de sinergias geradas pela presença de *clusters* econômicos interconectados na cidade; outra parte é a criação de incentivos para todos os atores locais melhorarem continuamente o nível de competitividade – para se tornarem melhores e, eventualmente, o melhor.

No que diz respeito às áreas de intervenção política dos governos municipais e estaduais para aumentar a competitividade da economia local, este relatório centrou-se na abordagem de *clusters* para a competitividade. Como uma versão expandida da abordagem amplamente utilizada de "arranjos produtivos locais", a abordagem de *cluster* em essência visa a facilitar a colaboração do setor privado para a eficiência coletiva: organizar e facilitar as instituições privadas e públicas para chegar a uma visão comum de *cluster*; identificar oportunidades de crescimento e de colaboração; promover ações conjuntas, como a informação, a aprendizagem, o marketing a compra em grupo; e a criação conjunta de fundamentos de caráter econômico, tais como capacitação em P&D, infraestrutura, desenvolvimento de habilidades e instituições público-privadas de apoio.

Apesar de este relatório fornecer vários exemplos de ações que podem ser realizadas, ele enfatiza a importância fundamental das cidades na busca de suas estratégias singulares com base em suas vantagens comparativas e competitivas, em vez de uma aplicação cega de diferentes ações. Finalmente, as abordagens mais ativas discutidas neste relatório vão exigir a presença de uma governança forte e capacidade de gestão do governo local. Os governos locais devem estar plenamente conscientes dos riscos de mercado e de governança envolvidos em suas ações, e devem compatibilizar as ações políticas com a competência das instituições locais e as aptidões dos servidores.

Rumo a um Marco Nacional de Competitividade de Cidades

A ampla variedade de medidas possivelmente efetivas tomadas por governos locais para o crescimento e competitividade da cidade levanta a questão: "Que papel deve desempenhar o governo federal no Brasil?" Talvez seja o caso de caminharmos para um contexto nacional de competitividade de cidades, como foi feito ou proposto na China, no Reino Unido, nos Estados Unidos e em outros países. Alguns dos elementos desse potencial programa são:

- Orientação aos governos municipais e estaduais sobre a forma de competir e divulgar os exemplos de melhores práticas
- Medições de desempenho e parâmetros que permitam às cidades comparar seu desempenho em termos de competitividade em diferentes dimensões
- Promoção de incentivos eficazes à concorrência, por exemplo, o desestímulo a guerras fiscais e o fomento à melhoria de capital humano e à inovação

- Promoção de incentivos interjurisdicionais, especialmente destinados à cooperação econômica e à integração das regiões metropolitanas, por meio da criação de uma estrutura de governança metropolitana e do direcionamento de recursos federais por entidades com jurisdição sobre as áreas metropolitanas.

Nota

1. Este termo refere-se a uma situação em que os governos estaduais e municipais oferecem incentivos fiscais atrativos (reduções fiscais ou outros subsídios) para atrair investimentos, muitas vezes resultando em custos fiscais elevados e benefícios relativamente baixos para a economia local.

CAPÍTULO 1

O que Torna as Cidades Competitivas? Uma Revisão Seletiva das Teorias e Experiências Internacionais

Mark Roberts e Ming Zhang

Introdução

Uma questão fundamental que os formuladores de políticas enfrentam no mundo inteiro é como garantir o sucesso econômico competitivo em um ambiente global em rápida evolução. Esta questão confronta tanto os formuladores de políticas locais (prefeitos e outras autoridades locais), como os responsáveis pelas políticas públicas nacionais. Na verdade, o interesse na competitividade da cidade - como pode ser construída e mantida - tem aumentado dramaticamente nas últimas décadas, e novas abordagens têm surgido. Em particular, tem havido uma mudança de ênfase dos incentivos fiscais espacialmente localizados, baseados na criação de empregos e na atração de negócios, para uma maior consciência de conceitos como economias de aglomeração, *clusters* e disseminação de conhecimentos. Essa mudança, por sua vez, levou à adoção de abordagens mais sofisticadas e analíticas para o desenvolvimento local que envolvem um maior número de atores locais do que no passado.

Em países de renda alta, a prova dessa mudança pode ser encontrada nas políticas adotadas ao longo da última década por países do G-8, como Canadá, Itália e Reino Unido; por estados individualmente, como Arizona e Massachusetts, nos Estados Unidos; e pela série de Avaliações Territoriais da Organização para a Cooperação e Desenvolvimento Econômico (OCDE) – sobretudo a publicação *Competitive cities in the global economy* (2006a). Nos países de renda média e países em desenvolvimento, o conceito de *cluster* ganhou crescente popularidade: pelo menos 10 países da América Latina e Caribe filiados ao Banco Mundial levaram a cabo iniciativas de políticas de *cluster*, assim como Malásia, Marrocos, Senegal e África do Sul (Enright 2000).

O surgimento de novas abordagens para a competitividade da cidade espelhou-se na evolução das diversas áreas acadêmicas, especialmente a economia, a ciência da administração, a ciência regional e a geografia humana. Em economia, por exemplo, a teoria do crescimento endógeno (Lucas 1998; Romer 1986, 1990) e da nova geografia econômica (Krugman 1991a, 1991b; Fujita, Krugman e Venables 1999) surgiram para enfatizar o papel fundamental das economias de conhecimento e das economias de aglomeração, respectivamente, na condução dos resultados de desenvolvimento local. Cada um desses subcampos "aborda tanto as externalidades positivas e negativas das decisões dos agentes locais (nomeadamente empresas, trabalhadores e consumidores) sobre outros agentes locais, quanto as implicações desses efeitos sobre o desenvolvimento local e regional. A literatura também ressalta a importância dos efeitos secundários da divulgação de conhecimentos e os impactos espaciais do custo declinante do transporte e das telecomunicações. Essa ênfase é coerente com a preocupação dos formuladores de políticas sobre como as cidades devem competir em um mundo globalizado que se caracteriza por novas indústrias intensivas em conhecimento.

A investigação sobre os determinantes empíricos da competitividade local também mostrou um rápido crescimento e, embora grande parte dessa investigação tenha sido confinada a países industriais tradicionais, ela tem melhorado muito a compreensão acadêmica desses determinantes. Em outra parte, no campo da ciência da administração, o professor da Harvard Business School Michael Porter foi pioneiro na abordagem de *cluster* para o desenvolvimento local, inspirando um amplo corpo de evidências de estudo de caso sobre a origem do sucesso ou do fracasso dos *clusters*.[1] De forma geral, é possível falar de um novo campo da economia espacial ao abrigo do qual se alinham esses desenvolvimentos, e do qual as diversas produções especializadas sobre a competitividade da cidade são apenas uma parte.

Este capítulo baseia-se nos avanços mencionados acima para formular uma resposta ampla à pergunta: "O que torna as cidades competitivas?" O capítulo pretende ser acessível a formuladores de políticas locais e profissionais da área de desenvolvimento econômico local e é baseado em uma seletiva revisão da literatura política e acadêmica relevante.[2] Em vez de fornecer uma descrição exaustiva de todos os possíveis determinantes da competitividade da cidade, ele enfatiza uma (relativamente) pequena lista de seis impulsores-chave e, dentro desta lista, dá especial atenção aos fatores que têm-se tornado mais importantes à luz da globalização e das tendências tecnológicas globais.[3] O capítulo também enfatiza abordagens do estado da arte que maximizam as chances de sucesso nos tempos modernos, em vez de deter-se sobre as experiências políticas e erros do passado.

Principais Mensagens

As principais mensagens do capítulo são as seguintes:

- Em um ambiente mundial caracterizado pela rápida expansão do comércio e do investimento estrangeiro direto (IED), bem como pelo fracionamento e globalização de muitas cadeias produtivas de valor, a chave do sucesso para qualquer cidade encontra-se na construção de vantagem competitiva.
- A vantagem competitiva é distinta da vantagem comparativa – é um conceito dinâmico associado tanto à contínua melhoria econômica e social de uma cidade, como à sua permanente reinvenção para lidar com o declínio de indústrias obsoletas. Por seu turno, a vantagem competitiva de uma cidade é movida pelo seu nível de produtividade.
- A tendência a disparidades espaciais em produtividade e bem-estar persistirem por longos períodos de tempo destaca a importância das economias de aglomeração para a vantagem competitiva. Economias de aglomeração consistem em economias de urbanização (vantagens na produtividade proporcionadas pelo tamanho e pela densidade do mercado da cidade) e economias de localização (benefícios da produtividade da concentração de uma cidade industrial individual). Economias de urbanização são importantes para a competitividade das grandes cidades, e as economias de localização são importantes para cidades pequenas e médias, assim como para *clusters* setoriais individuais.
- Exemplos históricos de grandes cidades que perderam a vantagem competitiva demonstram que a vantagem competitiva exige também uma cidade que tenha a capacidade de reinventar-se por meio de mudanças estruturais positivas e o cultivo de um ambiente de aprendizagem em toda a cidade.
- Sem inovação, a competitividade de uma cidade está condenada à estagnação. Nas cidades mais competitivas do mundo, a inovação está associada a *clusters* de empresas de alto valor agregado. Os efeitos secundários do conhecimento que caracterizam essas indústrias também estão presentes em indústrias aparentemente mais banais, mas são menos exploradas devido a falhas de coordenação. Nos *clusters* mais fortes, outros agentes

como universidades, agências de desenvolvimento econômico locais e regionais e conselhos de competitividade entram em cena para sanar essas falhas. Ao ajudar a alavancar a vantagem competitiva por meio do planejamento estratégico baseado na identificação das capacidades locais únicas e talvez ocultas, a abordagem baseada em *cluster* pode ajudar a estimular a inovação.

- O capital humano (habilidades, treinamento e educação) estimulam a vantagem competitiva da cidade por meio de uma diversificada gama de mecanismos, contribuindo, de forma notável, para a aptidão da cidade para se reinventar, agindo como um elemento essencial para as atividades inovadoras, facilitando os efeitos secundários do conhecimento e contribuindo para atrair IED e um *mix* favorável de indústrias. Medidas destinadas a melhorar habilidades, treinamento e educação devem, no entanto, ser acompanhadas de medidas que aumentam a demanda por capital humano para que uma "fuga de cérebros" seja evitada.
- As evidências empíricas apontam de forma inequívoca para um impacto positivo da concorrência local no crescimento da produtividade e, por conseguinte, na vantagem competitiva. A concorrência, no entanto, funciona melhor quando coexiste com a cooperação entre as empresas locais para superar as falhas de coordenação e ajudar a criar uma marca comum. A concorrência também funciona melhor quando se baseia na qualidade e não no preço.
- Embora importante, o investimento privado é, por si só, insuficiente para produzir melhorias contínuas na vantagem competitiva; abordagens políticas antigas baseadas em incentivos fiscais localizados para estimular o investimento privado mostraram-se ineficazes.
- Do ponto de vista da competitividade, diferentes tipos de investimento em infraestrutura são importantes para os diferentes tipos de cidades e em diferentes estágios de desenvolvimento. O investimento em serviços públicos básicos e bens públicos locais é importante para fornecer as bases para a construção da densidade das pequenas cidades; infraestrutura de transporte espacialmente integrada é uma exigência adicional para o crescimento rápido das cidades de médio porte; grandes cidades exigem mais investimentos espacialmente orientados, por exemplo, em moradia a preço acessível para superar as divisões relacionadas com a presença de favelas.
- A qualidade da governança local tem importante influência sobre os outros impulsores-chave da competitividade da cidade; burocracia excessiva sufoca a concorrência, a baixa formação do setor público dificulta a oferta serviços públicos de boa qualidade e a falta de credibilidade do governo

impede a formação de uma visão estratégica compartilhada. A governança local de boa qualidade também é importante para atrair IED em setores de alto valor agregado. Esses IED podem incentivar os efeitos secundários do conhecimento na economia local.

O Ambiente Global em Constante Mutação e a Necessidade de Competitividade

Nas últimas décadas, os avanços nos transportes e nas tecnologias de telecomunicações têm coincidido com políticas de crescente abertura internacional para criar um ambiente altamente dinâmico e global em que as cidades devem competir. É nesse contexto que a questão da competitividade da cidade chegou ao topo da agenda de políticas. Desde meados da década de 1970, os custos de frete caíram pela metade (Krueger 2006, apud Banco Mundial 2008) na medida em que o transporte marítimo passou pela revolução da "conteinerização" e o registro aberto de embarcações cresceu. O transporte aéreo de cargas, ajudado pela invenção do motor a jato na década de 1950, tornou-se uma opção cada vez mais viável para as atividades com alta relação valor-peso e tem, ao mesmo tempo, permitido o transporte de produtos perecíveis a longas distâncias, tais como as flores de corte do Quênia. O custo médio de uma chamada telefônica de três minutos para os Estados Unidos despencou nas últimas décadas. Enquanto em 1997 o custo médio da região latino-americana era de US$ 4, em 2003, havia caído para perto de US $ 1.[4] Com a aceleração da abertura internacional, a China e os antigos países comunistas da Europa Oriental e Ásia Central se abriram ao comércio internacional, assim como a Índia, enquanto a Organização Mundial do Comércio, e antes dela o Acordo Geral sobre Tarifas e Comércio, coordena um amplo processo de liberalização do comércio multilateral.

Vários fatos testemunham a natureza das mudanças ocorridas no ambiente global e que são uma consequência da evolução acima (Venables 2006, p. 15, 32):

- *A força de trabalho global dobrou, aumentando para 1,46 bilhões de trabalhadores.* Este é um resultado do colapso do bloco soviético e da liberalização do comércio unilateral na China e na Índia, no início da década de 1990.
- *O comércio mundial cresceu a uma taxa duas vezes maior que a renda mundial.* Esta é uma consequência da queda dos custos de exportação, impulsionada pela liberalização do comércio e pelo progresso tecnológico no setor de transportes.

- *O comércio de bens intermediários (peças e componentes) tem crescido e representa agora cerca de 30 por cento do comércio mundial.* Isso reflete o fato de que muitos bens e serviços que antes não eram comercializados tornaram-se comercializáveis. É uma das consequências importantes da divisão global da cadeia de valor da produção em muitas indústrias, de acordo com a qual componentes e produtos semiacabados podem atravessar fronteiras nacionais várias vezes. Isto levou ao aparecimento de processos de especialização vertical, em que países e cidades são agora capazes de alcançar a competitividade por meio da especialização em um único fragmento da cadeia de produção de uma mercadoria específica.
- *O IED cresceu o dobro da taxa do comércio mundial.* Isto também é em parte uma consequência da fragmentação global dos processos de produção e consequente crescimento rápido das corporações multinacionais.

Reduções nos custos das telecomunicações e uma ampla revolução na Tecnologia da Informação e Comunicação (TIC) também ajudou a introduzir uma nova era da informação, em que novos tipos de indústrias intensivas em conhecimento têm surgido e o custo marginal de transmitir informação digital caiu para próximo de zero. Como resultado, o mundo parece ter atravessado um limite de conectividade de informações.

Nesse contexto, a vantagem competitiva representa, independentemente da localização, a chave para o sucesso de qualquer cidade que busca melhorar os padrões de vida de seus habitantes. Ela fornece os meios para uma cidade poder tirar pleno partido dos benefícios da globalização e, simultaneamente, minimizar os riscos a ela associados. A vantagem competitiva é logicamente distinta da vantagem comparativa (Porter 1998, p. 78). Enquanto este último é um conceito estático ligado à existência (ou falta) de dotes naturais, o primeiro é um conceito dinâmico associado tanto à contínua melhoria de uma cidade como à sua reinvenção permanente para lidar com os choques econômicos adversos e os associados ao declínio das indústrias. A construção da vantagem competitiva, portanto, fornece um meio de ajudar as grandes cidades da América Latina a lidar com o início precoce de desindustrialização, em parte como resultado do rápido crescimento e industrialização da Ásia. Isso inclui as principais cidades da América Latina, como Cidade do México, onde três quartos da força de trabalho estão agora envolvidos em atividades do setor de serviços (OCDE 2006a, p. 132).[5]

Como a vantagem competitiva pode ser medida? Esta é uma questão controversa em que inexiste pleno consenso.[6] Do ponto de vista prático e político, no entanto, o mais simples, embora muito imperfeito, é medir o PIB per capita.[7] Evidências tanto para as cidades da OCDE (OCDE 2006a, p. 56) quanto para as regiões do Reino Unido (HM Treasury 2001, p. 5), por sua vez, sugerem que o principal determinante do PIB per capita é a produtividade do trabalho,[8] de modo que é a evolução da produtividade a principal força motriz por trás da vantagem competitiva de uma cidade. Esta opinião é corroborada pela teoria econômica básica. Notavelmente, enquanto outros determinantes[9] do PIB per capita podem influenciar o nível de competitividade de uma cidade, a produtividade é o único determinante capaz de aumentar sem limite e, portanto, capaz de influenciar a taxa de aumento de longo prazo da competitividade. Como consequência, somente através dos ganhos a longo prazo de produtividade uma cidade pode construir uma vantagem competitiva e alcançar um elevado nível de prosperidade.

Impulsores-chave da Competitividade das Cidades

Os determinantes potenciais da vantagem competitiva de uma cidade são muitos e variados. Em vez de proporcionar uma discussão exaustiva de todos esses fatores, este capítulo enfatiza um subconjunto relativamente pequeno de seis fatores essenciais baseados em leituras da literatura acadêmica, empírica e política (Figura 1.1):

Figura 1.1 Os Principais Impulsores-chave da Competitividade das Cidades e suas Interconexões

Fonte: Autores, baseados em diversas fontes.

- Legado histórico
- Inovação
- Capital humano (habilidades, treinamento e educação)
- Concorrência local
- Investimento privado e infraestrutura
- Qualidade da governança local.

Inovação, capital humano e concorrência local, todos demandam forte apoio empírico, e, particularmente o capital humano, vantagem competitiva apoiada por uma variedade de mecanismos. Há também boas razões para acreditar que esses impulsores-chave se tornaram relativamente mais importantes nas últimas décadas como consequência do maior dinamismo e abertura da economia global.[10] O mesmo é verdade em relação à qualidade da governança local como fator essencial da vantagem competitiva. O legado histórico de uma cidade, entretanto, é enfatizado porque destaca o papel fundamental das economias de aglomeração (vantagens econômicas resultantes da densidade da atividade econômica) na condução espacial de resultados econômicos e, portanto, na vantagem competitiva. Economias de aglomeração podem surgir de qualquer *cluster* de firmas e empresas do mesmo setor da indústria (economias de localização) ou de firmas e empresas de diferentes setores das economias (economias de urbanização). Dentro de qualquer país, existe uma hierarquia das cidades e, à medida que nos movemos dentro dessa hierarquia, a vantagem competitiva de uma cidade passa a depender menos das economias de localização e mais das economias de urbanização. Como consequência, os determinantes da vantagem competitiva de uma cidade dependem, em certa medida, do tamanho da cidade e da posição na hierarquia urbana do país.

Finalmente, a infraestrutura aparece de diversas formas, todas importantes. A infraestrutura de transporte promove a conectividade espacial dentro e ao redor de uma cidade, e funciona como um antídoto para o congestionamento, que poderia estrangular as economias de aglomeração. Quando dirigido às famílias, o investimento em habitação e serviços básicos (água, eletricidade e outros serviços públicos) pode ajudar na integração das comunidades informais, reduzindo as divisões dentro de uma cidade e promovendo maior coesão. Além disso, quando dirigido a empresas, o investimento em serviços básicos podem reduzir os custos de fazer negócios e promover a produtividade. Investimentos em equipamentos culturais e outros, entretanto, podem ajudar a atrair turistas e trabalhadores qualificados, o que é importante, dado o *status* de capital humano como fator essencial.

Apesar de os seis impulsores-chaves da vantagem competitiva serem discutidos aqui como entidades discretas (mostradas na Figura 1.1 como caixas com bordas sólidas), é essencial não negligenciar as sinergias que existem entre eles, alguns dos quais são ilustrados como caixas com bordas tracejadas. Essas sinergias implicam que a vantagem competitiva é mais bem alcançada por meio de uma abordagem holística da política, que, simultaneamente, aponta as limitações locais operando em todos os condutores. E o que é importante, a natureza exata dessas limitações, mesmo dentro de um mesmo país, diferem muito de cidade para cidade, o que sugere fortemente que a política precisa envolver um vasto leque de atores locais. E, porque as autoridades locais podem negligenciar tanto as sinergias positivas quanto as negativas dentro da sua e de outras cidades, também é importante que o governo nacional também desempenhe um papel nisso. O governo nacional é também importante para a estabilidade macroeconômica, pois a sua omissão pode prejudicar gravemente a vantagem competitiva de todas as cidades do país, independentemente da eficácia das políticas locais.

Legado Histórico e a Consequente Importância das Economias de Aglomeração

Cidades não são reféns de suas histórias. Como discutido mais detalhadamente no Capítulo 3, uma cidade que não tem vantagem competitiva não tem opções para a sua construção. Da mesma forma, uma vez adquirida, a vantagem competitiva pode ser perdida se houver a combinação de más políticas, falta de capacidade de resistência a longo prazo, transformações estruturais na economia em geral, e mesmo má sorte, como será discutido abaixo.

Não obstante o exposto acima, há uma forte tendência de disparidades ao nível da cidade na vantagem competitiva perdurarem por longos períodos de tempo. Na França, nenhuma cidade que era relativamente grande (isto é, que tinha uma população de mais de 50.000) em 1911, "morreu" nos 97 anos seguintes, e praticamente nenhuma nova cidade nasceu. O mesmo é verdadeiro para o Japão: no ranking das 30 maiores cidades em 1985 estão as mesmas cidades que em 1925, e houve uma constância notável em relação às populações das cidades (Eaton e Eckstein 1997). Esta prova de persistência no desempenho relativo espelha e é uma importante causa do desempenho que existe no nível mais agregado das áreas subnacionais.

A chamada literatura de convergência mostra que durante mais de 120 anos, a tendência dos estados mais pobres dos EUA de crescer mais rápido economicamente e alcançar os mais ricos tem sido extremamente fraca. Entre 1880 e 2000, a diferença de produtividade entre dois estados apresentava uma tendência a ficar próxima de 1,5 por cento ao ano. Isso implica que, na ausência de choques, leva quase meio século para metade da diferença de produtividade entre um estado rico e um pobre ser eliminada (Barro e Sala-i-Martin 2004, p. 409, Tabela 11.1). Da mesma forma nas regiões europeias, a despeito do contínuo aprofundamento da integração econômica e política, há poucas evidências de aumento dessa tendência ao longo do último quarto de século (Roberts e Setterfield 2007, p. 22). Essa ausência de aumento é apropriadamente resumida no título de um artigo acadêmico pelos economistas Fabio Canova e Albert Marcet (1995), "Os pobres continuam pobres: não-convergência entre países e regiões".

Nos países de renda média e em desenvolvimento como o Brasil, disparidades ao nível de competitividade das cidades tem sido relativamente pouco influenciada pela passagem do tempo. Apesar de uma história de iniciativas de desenvolvimento regional que remontam à década de 1950, as cidades mais dinâmicas e competitivas no Brasil continuam em sua maioria no Sudeste. Apesar da queda relativa ao longo das últimas décadas, o PIB per capita de São Paulo estava ainda 67 por cento acima da média nacional em 2005, segundo dados do Instituto Brasileiro de Geografia e Estatística (IBGE). Da mesma forma, a renda per capita na região Sudeste era 2,9 vezes maior que no Nordeste, em 1939, e continuava 2,8 vezes em 1992 (Banco Mundial 2008, Capítulo 8).

A vantagem competitiva também persiste, embora não tão forte, ao nível de muitas cidades industriais individualmente, como demonstrado pelo sucesso duradouro de muitos dos mais visíveis e conhecidos *clusters* do mundo. Por mais de 50 anos, o Vale do Silício, em San Jose, Califórnia (Estados Unidos), tem mantido a vantagem competitiva na vanguarda das indústrias de TIC. Esta empalidece, porém, diante da comparação com os 300 anos em que o *cluster* industrial financeiro em Londres (Reino Unido) tem sustentado o sucesso competitivo. Por sua vez, é menos da metade do período que Solingen (Alemanha) levou para tornar-se um *cluster* de nível mundial na indústria de cutelaria.[11]

Embora a existência de uma cidade ou de uma cidade industrial frequentemente tenha suas origens em algumas vantagens naturais, de "primeira natureza", como a localização favorável na costa ou uma localização que já foi estrategicamente vantajosa do ponto de vista de defesa militar, esse fator desde há muito perdeu sua importância (Krugman 1991b). Uma série de cidades do Reino Unido teve suas origens como "burhs", ou cidades-fortalezas, no sistema de defesa nacional projetado pelo rei Alfredo o Grande, na Idade Média, para repelir incursões Vikings. Apesar do eventual declínio, as cidades do tradicional cinturão manufatureiro dos EUA foram capazes de manter uma vantagem competitiva muito tempo depois que as razões para o domínio inicial do cinturão – uma vantagem inicial no acesso a recursos naturais, tais como carvão e petróleo – haviam desaparecido (Krugman 1991b, p. 13-14). Da mesma forma, no Brasil, a posição competitiva favorável do Sudeste em relação ao Nordeste pode ser atribuída às condições mais favoráveis para a industrialização criadas na segunda metade do século XIX (Banco Mundial 2005, p. 11).

A tendência do sucesso de durar mais que os fatores que o provocaram ressalta o fato de que, embora a vantagem comparativa pode explicar a origem de muitas das cidades mais bem-sucedidas de hoje, o sucesso contínuo baseia-se na vantagem competitiva. Ele também lança luz sobre os mecanismos que ajudam tanto a gerar quanto a sustentar a competitividade. Em particular, essa tendência revela que o processo pelo qual a vantagem competitiva é gerada é caracterizado por mecanismos de *feedback* positivo, ou vantagens de "segunda natureza", que autorreforçam os círculos de sucesso (Kaldor 1970; Krugman 1991a, 1991b; Venables 2006, p. 27). Esses mecanismos de *feedback* emanam de economias de aglomeração, que podem surgir tanto ao nível das economias urbanas (economias de urbanização) quanto ao nível das cidades industriais individualmente (economias de localização).

As economias de urbanização estão associadas aos benefícios de produtividade que uma cidade é capaz de desfrutar principalmente por conta do tamanho e densidade do mercado, o que facilita a diversidade da produção e consumo, ao mesmo em que atua simultaneamente como um estímulo positivo para a concorrência e a inovação. Esses benefícios de produtividade podem ser ao mesmo tempo estáticos e dinâmicos na natureza, de modo que podem beneficiar a cidade tanto em relação à taxa de crescimento quanto em relação à competitividade. Evidências sobre os benefícios da produtividade estática das economias de urbanização são fortes nos países desenvolvidos – o consenso indica que o dobro do tamanho da cidade, sobre uma ampla gama de tamanhos, está associado com um ganho de produtividade de 3-8 por cento (Rosenthal e Strange 2004). No México, o trabalho empírico mostra que os salários diminuem com a distância da Cidade do México, o que indica que a produtividade deve ser maior onde a aglomeração é mais forte, pois é somente por meio da alta produtividade que as empresas podem se dar ao luxo de pagar altos salários (Hanson 1997). Evidências do dinamismo das economias de urbanização são ao mesmo tempo mais difícil de passar e sujeitas a controvérsia. No entanto, coerentemente com a existência de tais economias, uma série de estudos nos Estados Unidos (Glaeser et al. 1992) e na Europa (Van Stel e Nieuwenhuijsen 2004) relata uma relação positiva entre a diversidade da base industrial de uma cidade e seu crescimento.

Economias de localização são os benefícios de produtividade que uma cidade industrial individualmente usufrui como resultado de sua concentração. Essas vantagens derivam de três fontes distintas: (a) a presença de um grupo especializado de trabalho, (b) a presença de empresas locais especializadas no fornecimento de bens e serviços intermediários, e (c) os fluxos de conhecimento entre as empresas.

Nos casos (a) e (b) acima, os benefícios da competitividade são estáticos (efeitos de nível); no caso (c) são efeitos dinâmicos (efeitos de crescimento).[12] Considerando que as economias de urbanização ajudam a explicar o persistente sucesso competitivo das grandes cidades, as economias de localização são ingredientes essenciais para a vantagem competitiva das pequenas e médias cidades, e explicam o sucesso de longa data de muitos *clusters* setoriais. Respectivamente, elas ajudam a "vincular" a vantagem competitiva ao nível da cidade e da cidade industrial (Arthur 1994). Essa trava ajuda simultaneamente a bloquear a potencial concorrência de outras cidades e locais em relação à cidade industrial. No caso das economias de urbanização, a literatura sobre a nova geografia econômica acredita que isso ajuda a criar uma "sombra urbana", onde a vantagem competitiva de uma cidade é tal, que é extremamente difícil para outras cidades até mesmo se estabelecerem em um determinado raio geográfico (Fujita, Krugman e Venables 1999). A implicação é que é muito difícil para um único país, não importa o quanto seja bem desenvolvido, ter mais do que um pequeno número de cidades verdadeiramente de nível mundial.

Como afirmado anteriormente, no entanto, seria um exagero dizer que a tendência para a vantagem competitiva de persistir é difusa. A experiência do pós-guerra dos países industriais tradicionais nos fornece inúmeros exemplos de cidades que perderam competitividade e, com ela, a população, como resultado de uma combinação de más políticas, incapacidade de responder a longo prazo a mudanças estruturais macroeconômicas, e má sorte. Considere, por exemplo, nos EUA o "cinturão da ferrugem", que compreende as cidades de Detroit, Michigan, e Syracuse, Nova York. Nas palavras do eminente economista urbano Edward Glaeser (2003, p. 143), ela trilharam um "caminho triste para a irrelevância urbana". Considere também a outrora grande indústria de construção naval e grandes cidades manufatureiras do norte da Inglaterra e da Escócia. Já tendo sido o porto mais importante do Império Britânico, Liverpool tem estado em declínio contínuo desde a década de 1930, sofrendo um êxodo população como consequência. Entre os anos censitários de 1931 e 2001, sua população caiu quase pela metade, de 846.000 para 435.000 habitantes.

Os exemplos acima fornecem uma importante lição. Parte da razão por que cidades como Detroit e Liverpool perderam a vantagem competitiva, e perderam posições dentro de suas respectivas hierarquias nacionais de cidades, é que, por uma série de motivos, têm sido incapazes de se reinventar diante de choques econômicos adversos duradouros. Em contrapartida, outras cidades em posição semelhante conseguiram efetivamente se reinventar. No Reino Unido, Manchester e Glasgow, para não falar de Newcastle e Leeds, revelaram-se mais capazes de reinventar-se do que Liverpool. cômoda mesma forma, dentro do "cinturão" americano, Boston tem sido capaz de se reinventar, apesar do fato de que "um observador urbano olhando para Boston, em 1980, teria todos os motivos para acreditar que ela seguiria o caminho de Detroit e Syracuse" (Glaeser 2003, p. 143). Claramente, então, a mensagem que vem da experiência internacional é que a vantagem competitiva baseia-se em mais do que economias de aglomeração – requer também a capacidade de se reinventar por meio da mudança estrutural positiva e do cultivo de um amplo ambiente de aprendizagem na cidade.[13] Os motores remanescentes da vantagem competitiva desempenham um papel importante em ajudar a determinar a habilidade de uma cidade para efetuar uma mudança estrutural positiva e criar um ambiente assim.

Curiosamente, as economias de localização, que são muito importantes para ajudar a construir a vantagem competitiva das cidades pequenas e médias, também podem se tornar problemáticas uma vez que a indústria especializada entra em declínio. Isso ocorre porque elas podem ajudar a "cimentar" essas cidades em uma estrutura industrial que se torna desfavorável, uma vez que as indústrias em questão experimentam choques econômicos adversos duradouros. A diversificação da estrutura industrial, portanto, representa um fator importante na capacidade de uma cidade de se reinventar. Disso resulta que a reinvenção também pode vir com mais facilidade, preenchidas outras condições, às grandes metrópoles migrando depois para as cidades menores. A diversidade ajudou Boston em sua reinvenção (Glaeser 2003); e para as cidades americanas maduras durante 1956-1987 (um tempo de choques econômicos desfavoráveis para tais cidades), a diversidade da estrutura industrial, foi benéfica tanto para o emprego quanto para o crescimento dos salários (Glaeser et al. 1992).

Inovação

A inovação está no cerne da vantagem competitiva de uma cidade. De acordo com o modelo padrão de crescimento econômico dos economistas, o modelo Solow-Swan (Solow 1956; Swan 1956), a posição competitiva de uma economia é finalmente condenada à estagnação na ausência de inovação.[14] Percebendo isso, tanto a União Europeia (UE) quanto a OCDE têm dado ênfase à inovação no seu pensamento sobre as políticas econômicas de desenvolvimento local. A promoção da inovação, portanto, representa um componente-chave da Agenda de Lisboa da UE sobre o desenvolvimento regional; é um dos cinco principais motores de crescimento da produtividade em nível nacional, regional e local do governo do Reino Unido (HM Treasury 2001, p. 23-25); e tem sido enfatizada pela OCDE.[15] Em muitas das cidades mais competitiva em nível mundial, a inovação está associada a *clusters* de empresas com alto valor agregado, e atividades intensivas em P&D, incluindo a indústria de alta tecnologia, telecomunicações, biofármacos, e serviços financeiros. Nesse contexto, a OCDE definiu *clusters* como "concentrações geográficas de grupos de indústrias dentro do qual as empresas e outros [*players*] nos sistemas espaciais econômicos são formal ou informalmente ligados por meio de suas atividades" (OCDE 2006a, p. 104).

Tais indústrias distinguem-se pelas economias de localização particularmente poderosas do tipo discutido na seção anterior. Mais importante, são caracterizadas por efeitos secundários do conhecimento extremamente fortes, que se tornaram cada vez mais importantes na medida em que a economia global se tornou mais dinâmica e inter-relacionada. Nesse contexto, *spillovers* (efeitos secundários) são os efeitos de repercussão positiva, ou externalidades, na produtividade que surgem da produtividade das atividades de um ator local, mas que beneficiam outros *players* locais. Essas externalidades emanam da frequentemente não intencional transmissão de conhecimentos, o que explica a referência aos atores como sendo "informalmente conectados" na definição da OCDE de *clusters*. Três mecanismos principais transmitem efeitos secundários do conhecimento (Tabela 1.1).

Os mecanismos de transmissão do conhecimento descritos na Tabela 1.1 implicam que a produtividade e, consequentemente, a competitividade das empresas dentro de um *cluster* são complementares. Isso indica a existência de sinergias locais entre empresas do *cluster*.[16] Segundo as teorias econômicas de crescimento endógeno, que tentam explicar o progresso tecnológico, se essas sinergias forem suficientemente fortes dentro de um *cluster*, o *cluster* alcançará um crescimento autossustentável por meio da exploração de um vínculo imitação-inovação. Com esse vínculo, as empresas estarão envolvidas na co-aprendizagem contínua, num processo dinâmico de causação circular e cumulativa (Romer 1986, 1990; Lucas 1988). Além disso, o *cluster* tenderá, naturalmente, a ser um "*cluster* comercial" (Porter 2002), o que implica que o crescimento demonstrado será dirigido à exportação, do tipo que os economistas há muito tempo associaram à promoção da prosperidade local (North 1955, Kaldor 1970; Dixon e Thirlwall 1975; Rowthorn 2000, 2005). Esta é precisamente a situação alcançada nos *clusters* de alto valor agregado que caracteriza as cidades mais competitivas do mundo.

No entanto, como a definição da OCDE indica, os *clusters* também envolvem outros atores além de empresas. Esses outros atores – que podem incluir universidades, agências de desenvolvimento econômico local e regional especialmente criadas, e os conselhos de competitividade (Capítulo 2) – são importantes porque a teoria do crescimento endógeno também implica que, se deixadas à própria sorte, as empresas locais tendem a ignorar as externalidades positivas de suas decisões de negócio. Isto é especialmente verdadeiro para micro e pequenas empresas (MPE), não só porque as externalidades são em grande parte não intencionais, mas porque os efeitos de *feedback* indireto nessas empresas tendem a ser insignificantes. Embora a decisão tomada por uma MPE possa aumentar a produtividade de outras empresas no mesmo *cluster* por meio de um efeito de transbordamento, que indiretamente transbordará de volta a própria MPE, o impacto será provavelmente tão pequeno que passará despercebido pelo proprietário ou gerente da MPE. O *feedback* será mais perceptível para as empresas maiores, portanto é mais provável que seja levado em conta em decisões de negócios. Mas mesmo nesse caso a tendência das empresas será investir pouco em atividades que provoquem benefício competitivo mútuo. O resultado é a falta de coordenação, que acaba deixando sinergias locais pouco exploradas.

Nos *clusters* mais fortes, é precisamente a existência de outros atores, referidos na definição da OCDE, que ajuda a resolver as falhas de coordenação. Parte disso pode envolver simplesmente a existência de instituições de *cluster* que tornam as empresas locais cientes das sinergias positivas entre elas, incentivando-as a "internalizar" as sinergias em suas ideias de negócios. Essa consciência mútua do benefício das sinergias é vista, por exemplo, no *cluster* de *lingerie* da Carolina do Norte. Os membros desse *cluster* "orgulhosamente destacam que não há segredos entre eles. Eles concorrem menos um com o outro do que em bloco com a Turquia, [República da] Coreia e México" (National Governors Association 2002 p. 14). Os outros *players* deveriam facilitar os mecanismos pelos quais ocorrem os efeitos secundários do conhecimento entre eles, ao mesmo tempo em que atuam como fontes de efeitos secundários – considere-se os contribuintes do *Industrial Liaison Program* operada pelo *Massachusetts Institute of Technology* (MIT), que ajuda a sustentar a competitividade do *cluster* de biotecnologia de Massachusetts (OCDE 2006a, p. 120, Quadro 2.6). A quantidade de empresas e dos outros *players* que define o sucesso de um *cluster* representa um "sistema de inovação regional" ou uma "rede de inovação regional", o que ajuda a cidade tanto a construir quanto a manter sua vantagem competitiva (Hotz-Hart 2000).

Tabela 1.1 Mecanismos para a Transmissão dos Efeitos Secundários do Conhecimento

Mecanismo	*Descrição*
Aprendizado por observação	Ocorre quando, por força da proximidade (espacial e/ou industrial), uma empresa local adquire conhecimento por meio da observação de outra empresa local sobre, por exemplo, uma nova tecnologia ou uma nova maneira de adaptar uma tecnologia já existente. Esse mecanismo pode envolver também o aprendizado sobre uma nova forma de fazer negócios, em termos de concepção adequada de sistemas de gestão, novos métodos de marketing e outros.(1)
Aprendizado por meio de encontros	Ocorre por meio da interação face a face ou comportamento associativo. Pode ocorrer, por exemplo, tanto de modo formal como informal, não só com os seus pares, mas também com fornecedores e clientes.(2) A interação face a face é necessária devido à natureza tácita de boa parte do conhecimento, especialmente aqueles altamente contextuais e incertos. Nesse sentido, o conhecimento é diferente de informação – enquanto a segunda pode ser codificada, o primeira não pode.(3) A interação face a face também permite um intercâmbio de ideias mais frequente do que nos meios de comunicação alternativos, como o e-mail, e permite formas paralelas de comunicação, como a linguagem corporal. Esses meios paralelos ajudam a garantir a transmissão correta do significado. Finalmente, o contato face a face cria confiança, facilita o fluxo de conhecimento e reduz os custos de fazer negócios.(4)
Aprendizado pela saída da empresa	Ocorre quando (a) um empregado troca de empresa dentro de um *cluster*, ou (b) por meio de atividades empreendedoras,(5) nas quais um funcionário deixa um empresa para iniciar o seu próprio negócio.[a] Ela também pode envolver o movimento de indivíduos de instituições de pesquisa, incluindo as universidades, para o setor privado.

Fontes: (1) National Governors Association (2002, p. 13); (2) Lucas (1988); National Governors Association (2002, p. 10); (3) Feldman e Audretsch (1999, p. 411); (4) Venables (2006, p. 23); (5) National Governors Association (2002, p. 25).

a. Nesse contexto, um mercado de trabalho local flexível, onde os trabalhadores podem facilmente passar de uma empresa a outra, pode ser bom para a competitividade da cidade. No entanto, essa possibilidade ao mesmo tempo gera um incentivo ao oportunismo, onde uma empresa se aproveita dos custos de treinamento incorridos por outras empresas. Assim como os efeitos secundários do conhecimento, isso cria uma falha de coordenação sob a forma de subinvestimento coletivo do *cluster* em educação e treinamento, o que fornece a base para alguma forma coletiva de ação para superar a falha de coordenação.

Do ponto de vista de muitas, se não da maioria das cidades do mundo desenvolvido ou em desenvolvimento, existe um problema: a tentativa de especializar-se em indústrias de conhecimento intensivo e de alta tecnologia que caracteriza as cidades mais competitivas em nível mundial é uma estratégia extremamente arriscada, com uma probabilidade muito alta de fracasso. Tal conclusão decorre da lógica das economias de aglomeração – em especial do fato já comentado de que essas economias promovem o aumento da vantagem competitiva nas cidades onde ela já existe, deixando de fora cidades que não têm uma posição competitiva. A consequência é que, no cume mais alto da cadeia de valor, uma única cidade muitas vezes pode alcançar o domínio global de um setor ou subsetor. Tomemos, por exemplo, o *cluster* de equipamento de implantação de íons, localizado perto de Boston, Massachusetts. Esse *cluster* produz um tipo de máquina de fabricação de semicondutores e responde por quase 90 por cento do mercado mundial (van der Linde 2003, p. 136). Da mesma forma, as mesmas economias de aglomeração implicam que uma única cidade frequentemente domina a P&D formal dentro de um país. Este é o caso de Canadá, Finlândia, Grécia, Irlanda, Japão, Coreia e Holanda, onde uma única região metropolitana é responsável por quase metade da atividade inovadora nacional, quando medida pela atividade de patenteamento (OCDE, 2006a, p. 59).

Por sorte, entretanto, a inovação e os efeitos secundários do conhecimento não deveriam ser associadas apenas com *clusters* no estilo Vale do Silício. Na verdade, elas são um fenômeno muito mais generalizado, característico de muitas indústrias aparentemente banais, assim como de indústrias de alta tecnologia. O conceito de efeitos secundários do conhecimento antecede as modernas indústrias de TIC de quase um século (Glaeser 2003, p. 143). Na verdade, Porter (1998 p. 89) argumentou que:

> Não há tal coisa como uma indústria de baixa tecnologia. Há apenas companhias *low-tech*, ou seja, as empresas que não usam tecnologia e práticas de ponta para aumentar a produtividade e a inovação. Um *cluster* vibrante pode ajudar qualquer empresa em qualquer indústria a competir das formas mais sofisticadas, utilizando as mais avançadas competências e tecnologias.

Considere o *cluster* de flores na Holanda, que, apesar do caráter aparentemente *low-tech* de seus negócios, representa um dos maiores polos documentados no mundo (van der Linde 2003, p. 136), e deriva sua vantagem competitiva, em parte, do abastecimento coletivo de feiras altamente especializado e sofisticadas estruturas de venda (Porter 1998, p. 89). Considere também a replicação bem-sucedida desse *cluster* no Brasil pela comunidade holandesa que migrou para o interior de São Paulo. Os três municípios que a comunidade escolheu para viver recentemente se fundiram em um município chamado Holambra, que hoje é responsável por 70-90 por cento das exportações de flores brasileiras. A comunidade imigrante holandesa soube fazer a lição. Antes de se especializar em flores, eles tentaram competir no café, mas entraram muito tarde no jogo para terem sucesso.[17] Este exemplo demonstra, em primeiro lugar, a importância do conceito de *cluster* para as cidades latino-americanas, bem como a necessidade de intervenção para eliminar as falhas de coordenação. O que é mais uma questão em aberto é a forma adequada de intervenção. Certamente, como demonstram os exemplos acima, não é necessário tomar a forma tradicional de intervenção direta do governo. Segundo, o exemplo fornece aos formuladores de políticas locais um lema importante: "Conheça sua economia". Aproveitara vantagem competitiva requer planejamento estratégico a partir da identificação de que uma localidade tem aptidões únicas, talvez ocultas. Isso é consistente com a teoria da nova geografia econômica, de que as vantagens de segunda natureza têm maior probabilidade de concretizar-se se construídas sobre vantagens de primeira natureza.[18]

Apesar da ênfase dada à proximidade na transferência de conhecimentos, as sinergias locais não são o único tipo de sinergia que ajuda a criar vantagem competitiva. Igualmente importantes são as sinergias não-locais – que deveriam ser pensadas como sendo externas a uma cidade. Por exemplo, um tipo de sinergia que pode ser menos de âmbito local, mas que, contudo, é importante para a vantagem competitiva, é o efeito do mercado doméstico.[19] Este é um tipo de sinergia positiva que resulta da interação dos custos de iniciar um negócio com os custos de transporte e mobilidade do trabalho, e sua escala espacial pode estender por várias regiões de um país (Venables 2006, p. 23-24). O conceito de *cluster* não fornece, portanto, uma panaceia para a competitividade. Os formuladores de políticas devem igualmente estar cientes de outros tipos de sinergias, que não estão relacionados ao *cluster* e que podem ser igualmente importantes para a vantagem competitiva (Feser 2002).

Capital Humano

Tem-se argumentado que "se a inovação e o conhecimento representam a essência da competitividade da cidade, o capital humano [habilidades, treinamento e educação] atua como gene do grupo" (National Governors Association 2002, p. 15). Isso reflete o fato de que o capital humano age tanto como insumo para atividades inovadoras, baseadas no conhecimento, como constitui um componente essencial do mecanismo de transmissão de determinados tipos de efeitos secundários do conhecimento (Figura 1.2). O primeiro papel tem sido novamente enfatizado pelos economistas em seus modelos de crescimento endógeno.

Em muitos desses modelos, a taxa de inovação de uma cidade ou polo, e por consequência seu crescimento, está positivamente relacionada ao nível do capital humano (Romer 1990). Isto porque um alto nível de capital humano permite a transformação mais eficiente de conhecimentos preexistentes em novas formas de conhecimento. Enquanto isso, o último papel do capital humano emana da necessidade de comportamento associativo – interação face a face direta e troca de informações – para a transmissão de conhecimento tácito. Dadas as sutilezas típicas envolvidas com esse conhecimento, habilidades de comunicação são vitais para a transmissão bem-sucedida, e tais habilidades são normalmente associadas a uma força de trabalho local com maior nível educacional. Por exemplo, dados empíricos dos Estados Unidos mostram que o salário individual do trabalhador está positivamente relacionado com o nível médio de escolaridade na cidade em que ele ou ela atualmente reside e trabalha. Isso implica um efeito de efeito secundário de conhecimento substancial agindo por meio do capital humano – um ano a mais no nível de educação média da cidade está associado a um aumento da produtividade local de 2,8 por cento (Rauch 1993). Um aumento no nível de escolaridade, portanto, não beneficia apenas os destinatários diretos da educação adicional, mas também os trabalhadores em geral.

Figura 1.2 Os Canais de Contribuição do Capital Humano para a Vantagem Competitiva da Cidade

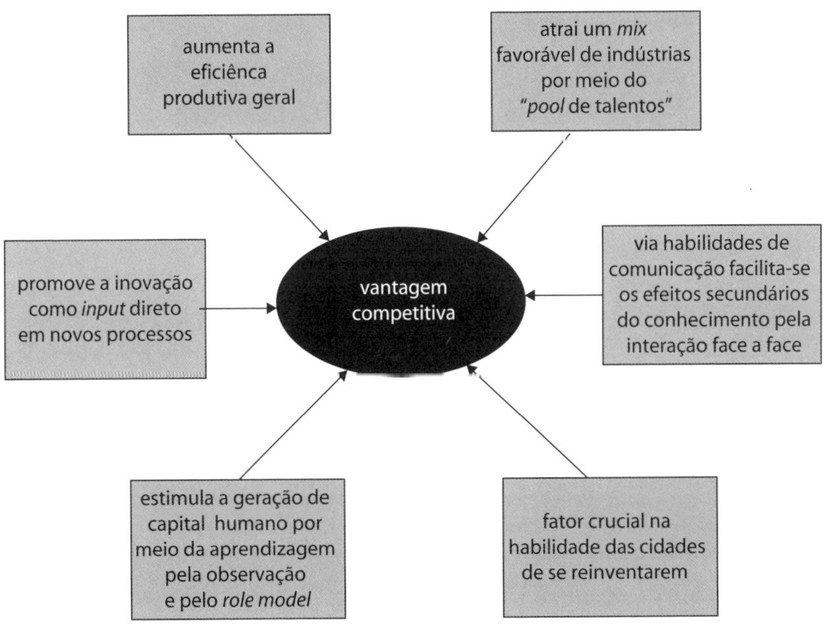

Fonte: Autores.

A importância do capital humano como motor essencial da vantagem competitiva de uma cidade não está de forma alguma limitada pelos papéis acima. Seu papel na atração de um mix favorável de indústrias e na contribuição para a capacidade de uma cidade de se reinventar é provavelmente tão ou mais importante. A existência de um grupo de talentos –um *pool* de mão de obra qualificada e especializada – pode ser crucial para atrair o IED que ajuda uma cidade a ganhar uma base de sustentação em setores que estão mais acima na cadeia de valor. Esta é uma dimensão em que o capital humano tem-se tornado um motor mais proeminente da competitividade da cidade, dado o fato acima mencionado de que os fluxos de IED têm crescido o dobro da taxa do comércio mundial (e, portanto, quatro vezes a taxa de renda mundial).

No que diz respeito ao capital humano como fator determinante da capacidade de uma cidade para se reinventar, é preciso lembrar a discussão anterior sobre a capacidade de Boston de se reinventar após 60 anos de declínio, entre 1920 e 1980. É preciso lembrar também do contraste com outras cidades americanas como Detroit e Syracuse, que não conseguiram se reinventar, apesar de estarem em situação semelhante por volta de 1980. O fator decisivo que diferencia Boston de Detroit e Syracuse tem sido o alto nível educacional de sua força de trabalho, que tem sido auxiliada pela força histórica da cidade como centro de aprendizagem e educação, e sua reputação como uma cidade atrativa para os altamente qualificados (Glaeser 2003):

> Como Syracuse e Detroit, Boston era uma fria cidade industrial que passou por maus bocados no período 1950-1980. Mas ao contrário dessas cidades, Boston tinha universidades, uma força de trabalho com alto nível educacional e um setor financeiro residual. Na década de 1980, a procura por mais escolaridade disparou. A revolução da informática acelerou e aumentou a demanda por educação. Como resultado, Boston se saiu extremamente bem.

Assim, no contexto da rápida evolução global da tecnologia – que, como afirma a citação, aumentou os retornos desse capital, como em qualquer caso – o capital humano tem sido fundamental para o revigoramento de Boston e, em consequência, de sua forte vantagem competitiva ao longo das últimas duas a três décadas.[20] Além disso, o capital humano foi fundamental não só para a capacidade de Boston de reinventar-se no final do século XX, mas também anteriormente, durante intervalos periódicos desde suas origens como cidade na primeira metade do século XVII. Em momentos críticos da história de Boston, portanto, o capital humano tem permitido à cidade superar a longo prazo os choques econômicos adversos e ajudado a manter sua vantagem competitiva.

Boston tem feito isso por meio da facilitação de mudança estrutural positiva e do cultivo de um amplo ambiente de aprendizagem na cidade.[21]

O problema que as cidades de renda média e dos países em desenvolvimento enfrentam é que muitas vezes elas estão em séria desvantagem no que diz respeito à disponibilidade local de capital humano. Em parte isso se deve à existência de grandes mercados de trabalho informal, que negam aos trabalhadores o acesso à formação no local de trabalho e a outros mecanismos de acumulação de capital humano. Considere-se a Cidade do México, onde as atividades informais representam cerca de um terço de todo o emprego, ou Istambul, onde elas representam cerca de metade da economia local (OCDE 2006a, p. 132-133). A situação é ainda pior nas cidades de países em desenvolvimento que estão muito aquém do México e Turquia, o que indica a importância de trazer esses trabalhadores para o setor formal e dar-lhes acesso à educação.

Embora promover a acumulação de capital humano seja necessário para atingir um alto nível de vantagem competitiva, isso não é suficiente. Sem medidas políticas de acompanhamento que consigam impulsionar a procura por trabalhadores altamente qualificados, existe um risco muito real de "fuga de cérebros" local, à medida que trabalhadores migram seletivamente para outras cidades mais competitivas. Na prática, isso significa que as iniciativas que aumentam o nível de acumulação de capital humano em cidades menos competitivas podem subsidiar a acumulação em mais cidades competitivas. Na verdade, é até mesmo possível imaginar um impacto líquido negativo sobre a competitividade local se tais iniciativas são financiadas localmente.

Competição Local

A teoria econômica aponta para uma relação ambígua entre o nível e a intensidade da competição local (seja no nível da cidade ou de um *cluster*) e a vantagem competitiva (Figura 1.3). Por um lado, acredita-se que a concorrência local acirrada tenha um impacto negativo na competitividade, pois, ao comprometer os privilégios de monopólio da inovação, reduz o retorno esperado para exercer essa atividade no lugar.[22] primeiro Por outro lado, acredita-se que tenham impacto positivo na competitividade, porque, em um ambiente altamente competitivo, uma empresa não pode se dar ao luxo de descansar sobre os resultados obtidos no passado – se não inovar, logo verá seu mercado usurpado por um rival que está muito disposto a roubar os seus clientes lançando mão de produtos, processos e inovações de marketing, que servem para darlhe uma vantagem competitiva no mercado local.[23]

Figura 1.3 As Relações Teóricas entre Competição Local e Vantagem Competitiva

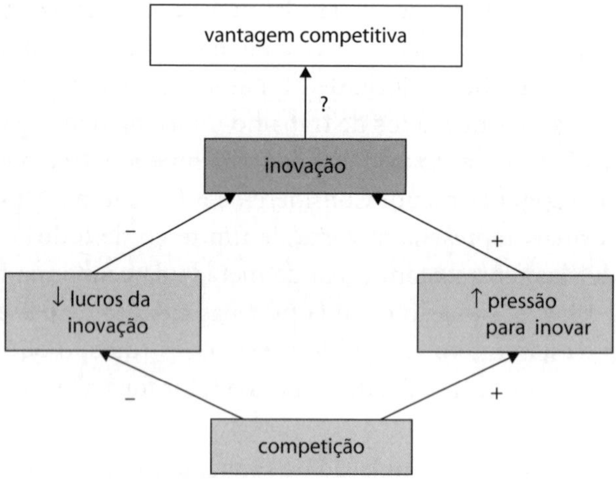

Fonte: Autores, baseados em Gleaser et al. (1992).

Apesar da ambiguidade teórica, no entanto, a mensagem da literatura empírica é clara – a forte concorrência entre empresas locais é sem dúvida boa para a competitividade da cidade. Glaeser destaca o seguinte: "Todas as pesquisas que eu conheço nesta área atestam o efeito positivo da concorrência para o crescimento" (Glaeser 2000, p. 93). Este consenso empírico corresponde à intuição – parece apenas certo argumentar que, se uma cidade quer competir com sucesso no atual ambiente global em rápida evolução, suas empresas devem em primeiro lugar ser capazes de competir localmente. A esse respeito, a concorrência local aumentou em importância relativa como motor essencial. Coerente com isso, a existência de concorrência local dominante como determinante da competitividade é um dos principais fatores que diferencia os *clusters* de países desenvolvidos dos de países em desenvolvimento (Figura 1.4). A chave para o sucesso de uma cidade de renda média ou de país em desenvolvimento, portanto, reside em estabelecer um mudança na competitividade dos seus *clusters*, que é baseada em vantagens comparativas, para a competitividade baseada em vantagens competitivas. É esse movimento que representa o segredo para alcançar aumentos sustentáveis da prosperidade. Existe uma clara interação com o capital humano aqui – quanto mais elevado é o nível do capital humano, com mais eficácia qualquer aumento dado na concorrência local se traduzirá em atividades inovadoras. Novamente, portanto, existem sinergias positivas entre os principais motores da competitividade da cidade.

Figura 1.4 As Determinantes Primárias da Competitividade do *Cluster* nos Países Desenvolvidos e em Desenvolvimento

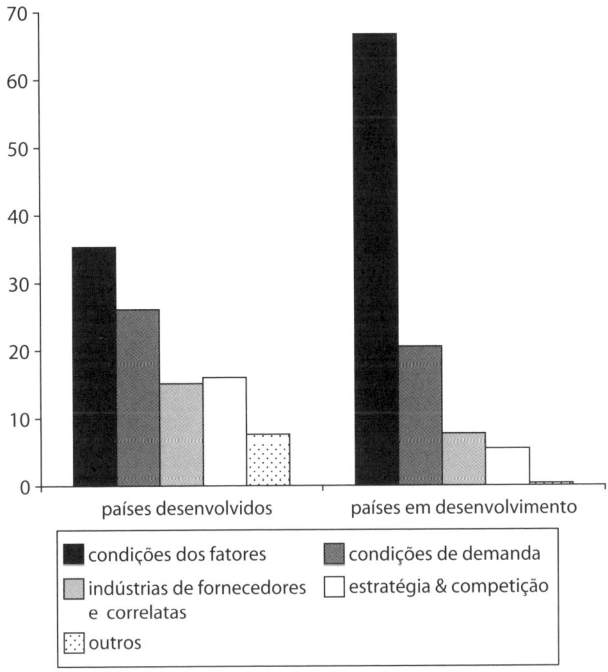

Fonte: Adaptado de van der Linde (2003, p. 146, Figura 7.11), baseado em um meta estudo de literatura cobrindo 833 *clusters* em 49 países, sendo 24 em desenvolvimento.

Não obstante o exposto acima, a relação positiva entre concorrência local e vantagem competitiva está subordinada à competição ter lugar ao longo do vetor correto. As ligações estabelecidas entre a concorrência e a competitividade acima operam por meio da inovação. Não se exige a concorrência predatória de preços local, mas concorrência em qualidade, inovação e adaptação. É com base nessa concorrência que os países desenvolvidos competem e esse é o tipo de concorrência característica de uma dinâmica positiva competitiva, em que a trajetória dos movimentos de crescimento local cresce em direção a indústrias e atividades de maior valor agregado.[24]

A necessidade de tal competição não entra em contradição com a necessidade de cooperação entre as empresas para explorar as sinergias locais e superar a falta de coordenação. Isso ocorre porque os dois elementos – competição e cooperação – podem operar em diferentes planos. Em particular, a cooperação deve ocorrer quando de outro modo haveria áreas em que a coordenação é falha, como no transbordamento de conhecimento não internalizado ou falhas do mercado em oferecer conjuntamente benefícios de infraestrutura física e de marketing. Por exemplo, os empresários locais podem cooperar para criar uma marca de identidade comum (por exemplo, vinho de Napa Valley) de um ponto de vista não local.[25] No entanto, por trás dessa imagem exterior é necessário que haja forte concorrência baseada na qualidade.

Investimento Privado e Infraestrutura

O investimento privado por parte das empresas em fábricas e equipamentos, embora sem dúvida importante, é um fator, por si só, insuficiente para lançar uma cidade em um caminho positivo de co-aprendizagem e melhoria contínua. De acordo com o modelo padrão dos economistas de crescimento (Solow-Swan), qualquer aumento no investimento privado, a menos que acompanhado de inovação simultânea, gera apenas um impulso temporário no crescimento econômico local. As evidências sugerem que a crença de que o investimento privado é, por si só, capaz de trazer melhorias sustentadas na vantagem competitiva está mais de acordo com o velho estilo de abordagens para o problema do desenvolvimento local. Tais abordagens, baseadas em incentivos fiscais espacialmente direcionados, em grande medida não corresponderam às expectativas e são hoje amplamente consideradas inadequadas para a tarefa de construção da competitividade da cidade em um ambiente global aberto e altamente dinâmico. No Canadá, Itália e Reino Unido, décadas de políticas baseadas principalmente em subsídios do investimento privado falharam em seu objetivo de reduzir as disparidades regionais (Armstrong e Taylor 2000). Da mesma forma no Brasil, enquanto algumas indústrias manufatureiras para as quais os custos de transporte são baixos têm sido atraídas para as regiões menos desenvolvidas do Norte e Nordeste do país, os "fundos de investimento" (*constitutional funds*) – cujos gastos anuais chegaram a US$ 3-4 bilhões – não conseguiram atrair indústrias verticalmente integradas (Carvalho, Lall e Timmins 2008, apud Banco Mundial 2008).

O investimento em infraestrutura pode assumir diversas formas. Apesar da evidência macroempírica, a relação de causalidade entre essas várias formas de investimento, por um lado, e o desenvolvimento, por outro, apresente resultados contraditórios,[26] é forçoso concluir que os tipos de investimento em infraestruturas que são importantes para uma cidade em um dado momento dependem do tamanho da cidade e de seu nível de desenvolvimento (Banco Mundial 2008). Para uma cidade pequena ou uma que está apenas começando a crescer, o investimento em serviços públicos básicos e bens públicos locais é importante. Isso inclui o investimento em energia e infraestrutura de abastecimento de água, bem como em saúde e saneamento básico. Esses tipos de investimentos em infraestrutura fornecem a base sobre a qual a cidade pode construir a densidade, colhendo, assim, os benefícios das economias de aglomeração e criando vantagem competitiva.

Em contraste, uma cidade de porte médio ou de rápido crescimento requer, além de serviços públicos básicos e bens públicos locais, o investimento em infraestrutura espacialmente conectada, que consiste predominantemente de infraestrutura de transporte – rodoviário, ferroviário e várias outras formas de transporte público – e auxilia na resolução de problemas de congestionamento que poderiam ameaçar sufocar economias de aglomeração, estrangulando a vantagem competitiva durante o processo.

Uma distinção importante aqui é entre a infraestrutura de transporte intra e interurbana. A primeira melhora a conectividade espacial dentro de uma cidade, que, assim como melhora os movimentos intraurbanos de bens e serviços e reduz os tempos de viagem para o trabalho, pode facilitar o comportamento associativo entre os indivíduos e as empresas localizadas em diferentes bairros. A última melhora a conectividade espacial entre uma cidade e (a) a região do país de que faz parte, e (b) outras cidades na hierarquia urbana de um país ou portfólio de lugares. Para uma cidade de porte médio, (b) pode ser particularmente importante para ajudar a capturar atividades industriais maduras que estão procurando sair das cidades mais bem posicionadas na hierarquia urbana, onde o preço dos terrenos e imóveis comerciais, para não falar do trabalho, é mais caro. Na Coreia, por exemplo, a descentralização precoce da atividade manufatureira de Seul foi feita para locais que estavam a uma hora de carro da capital; no Brasil, as indústrias que se mudaram de São Paulo, seguiram os corredores de transporte no estado vizinho de Minas Gerais (Banco Mundial 2008, Capítulo 2).

Importante, os investimentos em conectividade espacial com outras cidades tendem a falhar a menos que sua sequência seja planejada corretamente e acompanhada por tentativas de resolver as dificuldades simultaneamente em outros motores essenciais da competitividade da cidade. Isso porque, como a literatura sobre a nova geografia econômica mostra, grandes projetos de transporte interurbano aumentam não só o acesso da cidade que é beneficiária dos projetos destinados a mercados de outras cidades, mas também vice-versa. Se os outros motores essenciais não forem acionados, isso poderia resultar em perda de uma fatia do mercado, para não mencionar do capital humano.

Para uma cidade grande de um país em desenvolvimento ou de renda média, os investimentos gerais em serviços públicos básicos, bens públicos locais e infraestrutura espacialmente conectada precisam ser complementadas com investimentos em infraestrutura espacialmente segmentados, incluindo investimentos na oferta de moradia a preço acessível. Trata-se de superar as divisões intracidade, tais como assentamentos informais ou comunidades de favelas, que surgem, em parte, por causa do sucesso de uma cidade em crescer e atrair migrantes rurais e outros. Vejamos o caso de Goiânia, capital do estado de Goiás no Brasil. Desde 1950, Goiânia passou de cidade de porte médio, com 40.000 habitantes, para uma população de mais de 1 milhão. Grande parte desse crescimento populacional, porém, tem sido acomodada em favelas – o número de favelas aumentou de 200 para 1.160. Sem investimentos em habitação popular e em outras infraestruturas que visem melhorar a integração dos seus habitantes com o resto da cidade, esses assentamentos podem se tornar um obstáculo potencial à vantagem competitiva de Goiânia (Banco Mundial 2008, Capítulo 1).

Um outro tipo de investimento em infraestrutura que pode ser importante para a vantagem competitiva é o investimento em infraestrutura urbana ou instituições culturais (museus, galerias de arte, esporte e entretenimento e outras). Essas estruturas de entretenimento podem ajudar uma cidade a estabelecer-se como um local de turismo – veja-se o caso do Museu Guggenheim em Bilbao, Espanha, que ajudou a transformar uma cidade industrial decadente em um centro turístico, que já atraiu mais de 9 milhões de visitantes desde sua abertura em 1997.[27] Elas também podem ser importantes para atrair e reter capital humano. A importância do capital humano para a capacidade de Boston de reinventar-se periodicamente já foi enfatizada. O que não foi mencionado, entretanto, é que o alto nível de estruturas de entretenimento urbanas de Boston e seu *status* histórico como uma cidade do consumo têm sido vitais para sua reputação de cidade atrativa, a qual, por sua vez, tem desempenhado um papel crucial na sua capacidade de reter capital humano em períodos de recessão econômica (Glaeser 2003).

A Tabela 1.2 resume as cinco principais formas de investimento e sua relação com a competitividade de uma cidade.

Tabela 1.2 Diferentes Formas de Investimento e sua Relação com a Competitividade da Cidade

Tipo de investimento	*Relação com a competitividade da cidade*	*Tipo de cidade para a qual é mais importante*
Investimento privado de empresas em plantas, maquinário e equipamento	• Ajuda a aumentar o estoque de capital das empresas e facilita a introdução de tecnologias modernas. Importância enfatizada pela existência de uma relação positiva entre investimento privado e produtividade em 23 cidades chinesas, 2002-2003.(1) • Reflete a importância da alocação eficiente de recursos para empresas locais, que é livre de pagamentos informais para o banco e entidades públicas. Esse tipo de investimento "reduz de forma significativa os custos de transação ... comparado ao cenário em que a própria empresa tem de conseguir recursos para o seu desenvolvimento (via empréstimos informais, recursos pessoais ou investidores privados)".(2) • Acesso a fontes formais de financiamento (capital de risco e financiamento com recursos próprios ou de amigos) é um problema específico para as MPE na maioria das cidades, mesmo em países desenvolvidos.(3)	Todas as cidades
Investimento em serviços públicos e bens públicos locais	• Infraestrutura de energia e de fornecimento de água; instalações básicas de saneamento, saúde e meio ambiente.	Pequenas cidades, estabelecendo as bases para a economia de aglomeração e vantagens competitivas; importante na solução do problema das favelas nas grandes cidades

(continua)

Tipo de investimento	*Relação com a competitividade da cidade*	*Tipo de cidade para a qual é mais importante*
Investimento em infraestrutura espacialmente conectiva	• Assume diversas formas, tais como a melhoria das vias de transporte: (a) dentro de uma cidade, (b) entre uma cidade e sua região metropolitana e (c) entre uma cidade e outras cidades. • Os benefícios de (a) e (b) são enfatizados pelos interessados no desenvolvimento local no Reino Unido;[4] Banco Mundial (2008), *Relatório sobre o desenvolvimento mundial 2009: a geografia econômica em transformação*, enfatiza a importância de (a) – (c). • Também inclui o investimento em infraestrutura de TIC (redes fixas e móveis de telefonia, linhas fixas e cobertura de Internet banda larga), que é importante para facilitar a conectividade aos mercados e as informações de mercado, reduzindo assim os custos de fazer negócios. Tem o potencial de estimular a inovação por meio da promoção de certos tipos de efeitos secundários do conhecimento, com algumas evidências de repercussões positivas sobre na Europa.[5]	Cidades de porte médio de rápido crescimento que sofrem de problemas emergentes de congestionamento; cidades grandes com problemas crônicos de congestionamento
Investimento em habitação	• Investimento em habitação acessível ajuda a reduzir as disparidades intraurbanas de padrões de vida entre bairros (por exemplo, a existência de favelas), que poderiam ser um fonte de divisão e tensão, prejudicando a saúde e a produtividade da população afetada.	Grandes cidades
Investimento em infraestrutura urbana	• Contribuição importante para tornar uma cidade habitável e, portanto, atraindo e retendo capital humano. Também pode contribuir para a construção de um *cluster* de turismo.	Cidades industriais decadentes

Fontes: (1) Dollar et al. (2003, p. 47) ; (2) Dollar et al. (2003, p. 41-42); (3) Armstrong e Taylor (2000); (4) Office of the Deputy Prime Minister (2003); (5) Martin (1998; apud Banco Mundial 2005, p. 7).

Qualidade da Governança Local

A qualidade da governança local é um fator que influi na determinação do custo de fazer negócios numa cidade e, com isso, afeta crucial e favoravelmente o clima de investimento local (Dollar et al. 2003, p. 6). Por sua vez, o clima favorável de investimento local afeta a atratividade de uma cidade para o investimento estrangeiro, incluindo, sobretudo, em IED. Nesse sentido, a qualidade da governança local não pode, por assim dizer, ser considerada um fator independente da sua competitividade. No entanto, um ambiente institucional eficiente direcionado ao mercado é necessário não só para atrair IED, mas também para criar os incentivos por meio dos quais o crescimento a longo prazo da economia local pode ser sustentado (Jacobs 2003). Leis que favoreçam ou restrinjam as atividades de negócios, em áreas como abertura de empresas, obtenção de licenças, contratação de funcionários, registro de propriedade, obtenção de crédito, proteção do investidor, pagamento de impostos, cumprimento de contratos e fechamento de uma empresa, podem ter um impacto significativo no crescimento econômico e competitividade (Banco Mundial 2007), e os governos em nível local têm mais influência sobre esses fatores, talvez mais do que outros. Verificou-se, por exemplo, que os países que regulam a entrada no mercado de forma mais rígida têm mais corrupção e mais economia informal, sem a compensação de melhoria na qualidade de bens públicos ou privados (Djankov et al. 2002). Um trabalho da OCDE sugere que facilitar a regulação do mercado de produtos e dos encargos administrativos está associado à aceleração do crescimento da produtividade multifatorial em toda a economia (Bassanini, Scarpetta e Hemmings 2001).

Na verdade, a qualidade da governança local tem fortes implicações sobre a maioria dos motores de competitividade destacados neste capítulo. Fornecer infraestrutura é a função primordial dos governos locais, dado o seu papel como provedores de bens públicos locais. O capital humano depende em grande medida da qualidade da educação, que em geral é fornecida pelos governos locais. A capacidade das grandes cidades de continuar crescendo e se reinventando pode ser facilitada ou limitada pelo alcance e eficiência da infraestrutura (especialmente transporte intraurbano), que define o tamanho do mercado de trabalho efetivo (Prud'homme e Lee 1999). Finalmente, a regulação de negócios pode ter um impacto significativo sobre a presença e o nível da concorrência local. Nos países da OCDE verificou-se que quanto menos barreiras à entrada e menos controle estatal, mais rápido o acesso às tecnologias e melhores práticas na indústria manufatureira (Nicoletti e Scarpetta 2003).

Como mencionado, o governo local também afeta a vantagem competitiva por meio de sua influência na atração de IED, um tipo de investimento que se tornou relativamente mais importante, com o advento da globalização (ver seção anterior, "O Ambiente Global em Rápida Mutação e a Necessidade de Competitividade"). Mesmo que o investimento privado seja, por si só, incapaz de colocar uma cidade no caminho da melhoria contínua de competitividade, o fato de que o IED tornou-se relativamente mais importante indica que a qualidade da governança local será um importante fator na decisão sobre se as cidades na região da América Latina e do Caribe e em outros lugares acabarão se tornando vencedoras ou perdedoras da globalização. Além disso, diferentemente de todos os tipos de investimento privado, o IED é um dos que têm mais probabilidade de dinamizar sinergias benéficas em relação à inovação e à acumulação de capital humano.

No contexto acima, tem-se argumentado que, à medida que a globalização ocorre, uma cidade cuja qualidade da governança local é boa se torna mais suscetível de atrair IED que dê grande valor a esse fator (Venables 2006, p. 31). Esses investimentos tenderão a ser feitos em atividades de maior valor agregado, que podem fornecer um meio para a introdução de novas tecnologias em uma localidade. Isso por si só pode incentivar os efeitos secundários do conhecimento para a economia local, nomeadamente por meio do mecanismo empresarial de trabalhadores locais que deixam uma empresa multinacional para criar negócios próprios e, ao fazê-lo, levam o conhecimento adquirido com eles. Um exemplo claro disso é a indústria de vestuário em Bangladesh. Esta indústria teve início em abril de 1980, quando uma fábrica de camisetas foi aberta com uma *joint venture* entre Desh Garment Ltd., pertencente ao empresário de Bangladesh Noorul Quader, e a Corporação Daewoo da Coreia. Posteriormente, "dos 130 trabalhadores da Desh treinados pela Daewoo, 115 deixaram a Desh durante a década de 1980 para criar suas próprias empresas de exportação de vestuário. Eles se diversificaram em luvas, casacos e calças. Essa explosão de empresas de vestuário iniciada por ex-trabalhadores da Desh foi responsável pelos US$ 2 bilhões em vendas de vestuário hoje em Bangladesh" (Easterly 2002, p. 147-148).

Por isso é importante para as cidades melhorar as áreas de baixo desempenho na governança local. Elas precisam garantir que tanto o governo local quanto o sistema judiciário local funcione de uma forma aberta e transparente. Isso ocorre porque maior responsabilização e transparência proporcionam proteção individual contra a corrupção e atua como impedimento contra a especulação pelos *players* econômicos locais e como um estímulo à participação no comportamento produtivo.

Um quadro fiscal responsável e transparente – em particular para as operações do governo local – pode ajudar a evitar que uma cidade fique sobrecarregada com uma carga incontrolável de dívidas. Ele também pode ajudar nos esforços fiscais do governo local para financiar seus planos de gastos. Isso ocorre porque esse quadro ajuda a sociedade civil a ver a relação entre os impostos cobrados e os gastos que trazem resultados, fornecendo garantias de que as receitas não estão sendo mal utilizadas ou desperdiçadas. Dessa forma, nas palavras do economista David Dollar et al. (2003, p. 36), a população local vê o governo local como desempenhando o papel de "mão que ajuda" em vez de "mão que tira". Além disso, em termos de regulamentos locais sobre interesses públicos legítimos, tais como meio ambiente, saúde e segurança, a transparência é importante para criar uma esfera de atuação em nível local. Nessa esfera de atuação, "uma economia [pode], espera-se, trabalhar muito melhor" (Dollar et al. 2003, p. 36).[28]

Uma estrutura de governança eficiente, profissional e participativa, que possa levar a escolhas públicas de alta qualidade é especialmente importante para as áreas de alta densidade urbana, onde não apenas são uma grande parte dos bens públicos fornecidos pelo governo local (incluindo segurança pública e atividades de recreação, como parques, museus, e esportes), mas a escolha pública também molda fundamentalmente o futuro das cidades por meio do ordenamento do território e regulamentos, da formação de uma identidade e de uma visão compartilhada de cidade, e de atividades que facilitam a sua realização.

Sumário e Conclusões

O objetivo deste capítulo foi abordar a questão: "O que torna as cidades competitivas?" Para tentar responder a esta questão, o capítulo seguiu pesquisas acadêmicas nos campos das ciências econômica e da administração, entre outros, e sobre a experiência política internacional. Foi apresentada uma lista dos seis principais motores da competitividade de uma cidade ou vantagem competitiva – legado histórico, inovação, capital humano, concorrência local, investimento privado e infraestrutura e a qualidade da governança local. A importância relativa desses determinantes irá variar de cidade para cidade, de acordo com seu tamanho, estágio de desenvolvimento, e posição na hierarquia nacional de cidades. Em geral, porém, a construção da vantagem competitiva exige a resolução simultânea de restrições fundamentais que afetam todos esses fatores.

O Capítulo 2 avança no argumento de que uma abordagem de *cluster* é bastante adequada para o desenvolvimento econômico local. Essa abordagem também ajuda a lidar com uma das principais lições políticas que emergem deste capítulo: a saber, que devido à lógica das economias de aglomeração e a tendência associada das indústrias de ficarem "presas" a determinados locais e serem "expulsas" de outros locais, os formuladores de política terão a melhor chance de alcançar o sucesso competitivo se procurarem aproveitar os pontos fortes que uma cidade já possui. Como afirmado anteriormente, isso leva ao lema: "Conheça sua economia". Novamente, fornecendo as ferramentas de diagnóstico que ajudam a identificar os pontos fortes e fracos de uma cidade, bem como suas oportunidades e ameaças, uma abordagem de *cluster* fornece um caminho potencial a seguir para esses atores locais que têm uma agenda política positiva.

Notas

1. Outros assuntos relevantes extraídos da economia e outros campos incluem modelos de sistemas territoriais de inovação, modelos evolutivos e de *path-dependence* (dependência da história), abordagens de capital social e abordagens criativas de cidades.
2. Com referência à literatura acadêmica, o foco principal será em percepções (*insights)* oriundos da economia.
3. A outro fator importante – o legado histórico de uma cidade – é também dada atenção especial, devido às percepções sobre os mecanismos de geração de vantagem competitiva que o fator histórico oferece.
4. Para maior discussão sobre esses assuntos, ver Banco Mundial (2008, capítulo 6).
5. Este valor é para 2003.
6. De fato, alguns economistas, notavelmente Krugman (1996), questionaram em que medida é significativo aplicar o termo "competitividade" para entidades outras que não as empresas.
7. Esta é a medida utilizada pela OCDE (2006a, p. 56). Uma razão pela qual é imperfeita como medida da competitividade é porque a mobilidade do trabalho e do capital cria uma tendência para a equalização do fator de ganhos marginais. Isso implica que as diferenças de crescimento do PIB per capita podem não revelar a verdadeira dimensão das diferenças subjacentes à vantagem competitiva.
8. Para resumir, "produtividade", a partir deste ponto em diante, será usada para significar "produtividade do trabalho".
9. Existem duas delas: eficiência do mercado de trabalho medido pela taxa de emprego e a taxa de atividade, que é influenciada tanto pela proporção da população em idade produtiva que participa do mercado de trabalho local (taxa de participação) quanto pelo tamanho da população em idade de trabalho com relação ao total da população.
10. Advertências incluem, por exemplo, Simon e Nardinelli (1996), que fornecem evidências sobre a importância central do capital humano para explicar o crescimento das cidades inglesas e galesas entre o final do século XIX e XX. Da mesma forma, Glaeser (2003) documenta a importância do capi-

tal humano, embora de forma radicalmente diferente, no sentido de ajudar Boston periodicamente a se reinventar ao longo de um período de mais de três séculos.

11. Este *cluster* surgiu em 1348 (van der Linde 2003, p. 141).
12. O reconhecimento desses benefícios remonta ao século XIX (Marshall 1920).
13. Este requisito de que as cidades sejam capazes de reinventar-se para garantir vantagem competitiva duradoura está de acordo com uma mais de "*path-dependent*" da importância da história na determinação dos resultados competitivos no longo prazo. Na verdade, até mesmo para cidades como Boston, a reinvenção não se deu sem dificuldade. Boston experimentou um declínio da população em relação aos Estados Unidos por seis décadas de 1920-1980. A questão política relevante, portanto, tornou-se: Com que rapidez pode uma cidade se reinventar rapidamente diante de choques econômicos negativos de longo prazo? E existem fatores, abertos à influência política que podem facilitar o processo de reinvenção?
14. Entende-se por inovação neste capítulo tanto a criação de novos produtos, dispositivos, métodos e processos, quanto a adaptação/melhoria dos produtos, dispositivos, métodos e processos existentes. Fundamentalmente, portanto, a inovação inclui a adaptação bem-sucedida de ideias de fora (isto é, não locais) para o contexto local.
15. A OCDE (2006a, p. 59) associou a inovação a um mix "mais favorável" de indústrias.
16. Essas sinergias positivas locais, devido à necessidade de proximidade, tendem a ser muito concentradas espacialmente. Na verdade, o trabalho de Rice, Venables e Pattachini (2006) sugere que, no Reino Unido, essas sinergias se extinguem a uma distância de 80 minutos de carro. Em países de renda média e em desenvolvimento, onde a infraestrutura de transporte é menos desenvolvida, esse intervalo será menor. Isso ressalta a importância das sinergias entre os seis principais impulsionadores.
17. Somos gratos a Giorgio Romano Schutte, do escritório da Parceria de Cidades em São Paulo por este exemplo.
18. Isso pressupõe uma definição mais ampla de vantagens de natureza primária, de modo a incluir não apenas as características geográficas físicas de um determinado local, mas também os aspectos de sua herança cultural, institucional e histórica.
19. A existência de tal efeito foi teorizada por Krugman (1980).
20. Deve-se notar, no entanto, que a vantagem competitiva de Boston foi ameaçada, mais recentemente, pela rígida regulamentação em relação a novas construções.
21. Além das pesquisas já citadas nesta seção, as evidências da importância do capital humano para a competitividade no Reino Unido foram fornecidas

por Roberts (2004), nos Estados Unidos por Glaeser, Scheinkman e Shleifer (1995), e no Brasil por da Mata et al. (2007).

22. Esta é a posição assumida na teoria do crescimento da cidade de Marshall--Arrow-Romer, como estilizada por Glaeser et al. (1992).
23. Isso é consistente com as teorias do crescimento da cidade de Porter e Jacobs, novamente como estilizadas por Glaeser et al. (1992).
24. Nesse contexto, há uma vertente da teoria econômica que modela o crescimento econômico de uma localidade positivamente dependente da elasticidade-renda da demanda por seus bens comercializáveis e, inversamente, da elasticidade-renda da demanda pelos bens que importa (Thirlwall 1980; McCombie e Thirlwall 1994). Dentro desse quadro, a concorrência extra-preço de sucesso pode ser interpretada como o aumento da elasticidade--renda da demanda por bens comercializáveis e a redução das importações. O resultado disso é um aumento na taxa de crescimento local sustentável.
25. Estas ações conjuntas podem ser caracterizadas como cooperação pré-concorrencial.
26. Ver Straub (2008) para uma visão geral.
27. "Bilbao, 10 years later", The New York Times, 23 de setembro de 2007.
28. Bombay First-McKinsey (2003) destacou que a má governança é uma restrição essencial que impede Mumbai em se tornar-se uma cidade de classe mundial.

CAPÍTULO 2

O que as Cidades Podem Fazer para Aumentar Sua Competitividade? Políticas Locais e Ações para a Inovação

Ming Zhang

Este capítulo resume as políticas e ações concretas que os governos locais no Brasil podem adotar em seus esforços para aumentar a competitividade da economia local. Enfatiza especialmente medidas para melhorar os aspectos inovadores e de conhecimento das economias locais.

Para enfrentar um de seus mais importantes desafios, o crescimento econômico, os líderes municipais perguntam: "O que pode ser feito para aumentar a competitividade econômica de minha cidade?" As políticas públicas municipais para promover a competitividade local estão normalmente focadas em três áreas:

- Fornecimento de infraestrutura de transportes, telecomunicações, água e saneamento
- Melhora dos serviços públicos, tais como educação, saúde, segurança pública e habitação
- Redução de custos para realização de negócios por meio da simplificação da legislação, tornando mais fácil abrir empresas, pagar impostos, contratar trabalhadores, adquirir terrenos e encerrar negócios.

Essas três grandes áreas de ação são fundamentais, especialmente no contexto brasileiro em que a infraestrutura e a burocracia foram identificadas como as principais restrições para a competitividade econômica. O *Global competitiveness report 2007-2008* (Porter, Sala-i-Martin e Schwab 2007), por exemplo, classifica o Brasil, num total de 131 países, na 128.ª posição quanto ao "peso da regulamentação governamental", na 120.ª posição quanto à "qualidade do sistema educacional"; na 121.ª posição quanto ao "custo dos negócios relacionados ao crime e à violência" e na 97.ª posição quanto à "qualidade da infraestrutura global". Estes foram, sem dúvida alguma, fatores cruciais que reduziram a competitividade global da economia brasileira, que ocupou na classificação global a 72.ª posição. Em nível municipal, a Corporação Financeira Internacional (International Finance Corporation - IFC), que mede as barreiras administrativas em nível municipal na América Latina, classificou no ano de 2007 a maioria dos 25 municípios brasileiros participantes entre as piores posições do *ranking* regional (IFC 2007). As maiores deficiências foram encontradas no indicador de desempenho para a obtenção de licença de funcionamento e alvará de construção. Os esforços dos governos locais, portanto, podem contribuir substancialmente para enfrentar essas importantes restrições à competitividade.

No entanto, avanços teóricos e exemplos de sucesso sugerem que essas três grandes áreas de ação por si sós não são suficientes. Para ser competitivo em nível mundial, não basta simplesmente oferecer custos baixos e ou mesmo uma excelente infraestrutura. Conhecimento e inovação podem ser significativamente reforçados por efeitos secundários do conhecimento positivo entre empresas privadas e outros *players* da economia local, proporcionando oportunidades para aumentar as intervenções locais. Um papel mais proativo do governo local pode garantir que as cidades se tornem e permaneçam competitivas em um ambiente mundial caracterizado por crescentes pressões competitivas. Este capítulo concentra-se nos possíveis rumos das ações nessa área.

A revisão da literatura recente, no Capítulo 1, sugere que há falhas de coordenação de mercado: se deixados à própria sorte, os *players* locais não são capazes de coordenar e executar ações conjuntas que beneficiem a economia local como um todo. A participação ativa do governo na criação de incentivos ou mecanismos de coordenação pode preencher essa lacuna e beneficiar empresas individuais. Ao mesmo tempo, o risco de envolvimento do governo pode ser elevado, e como tal a coordenação é complexa e a tendência de os governos de exceder-se e substituir as forças de mercado em vez de complementá-las pode, muitas vezes, pode ser significativa.

Este capítulo procura destacar uma gama de possíveis ações governamentais locais para os municípios, estados e formuladores de políticas federais brasileiros na promoção da competitividade da economia local. Indo além das áreas bem servidas de infraestrutura, serviços e custo de negócios, o capítulo se concentra nas políticas de promoção de conhecimento e inovação na economia local para a competitividade, com base num amplo leque de experiências internacionais e brasileiras de diferentes fontes, bem como os dois estudos de caso: o da região do Cariri, no sul do estado do Ceará, e o de São Luís, no estado do Maranhão (Capítulos 4 e 5). Ao analisar as experiências internacionais, tentamos selecionar exemplos que consideramos relevantes para o Brasil. Os resultados preliminares foram apresentados em uma série de fóruns no Brasil com a participação dos formuladores de políticas de diferentes níveis. Os comentários e críticas obtidos nesses intercâmbios ajudaram a melhorar este capítulo.

A principal mensagem deste capítulo é que, para a economia local ser competitiva em um ambiente globalizado, a simples redução do custo de fazer negócios por meio da oferta de infraestrutura e serviços públicos de alta qualidade, e a redução de custos de transação, embora importantes, não são suficientes. As principais cidades também estão tomando medidas para agregar valor aos negócios locais, criando um ambiente de incentivo à inovação e à troca de conhecimento entre as empresas locais, a fim de atualizar o nível de competitividade do conjunto da economia local.

O Ponto de Partida: Entender o Mercado e a Economia Local

As intervenções dos governos locais com vistas a impulsionar a competitividade devem começar pelo entendimento claro do mercado e dos principais mecanismos de crescimento econômico da cidade. É essencial que os formuladores de políticas locais tenham em mente que, na maioria dos casos, são as empresas privadas locais que determinam a competitividade, e, nesse caso, a intervenção do governo local deveria complementar, e ser efetiva apenas quando houvesse falhas de mercado. Tais cenários pressupõem que o governo seja capaz de oferecer bens públicos, atenuando as externalidades negativas, como a poluição ambiental e congestionamentos de tráfego, e promovendo as externalidades positivas, tais como a troca de conhecimentos e supressão das falhas de coordenação. É importante também que os formuladores de políticas locais reconheçam os riscos à intenção de corrigir as falhas de mercado. Na medida em que as intervenções previstas possam ser erradas no tipo ou em escala, ou possam ser implementados sem a competência adequada, a possibilidade de falha pode ser significativa.

Como os governos locais podem adquirir uma boa compreensão das forças motrizes da economia local e do mercado? Tanto o método quantitativo quanto o qualitativo podem ser utilizados.[1] Quantitativamente, os governos locais podem coletar e analisar informações sobre as condições econômicas locais para serem aplicadas na tomada de decisão (Cities Alliance 2007). No Brasil, uma quantidade significativa de dados está disponível em nível municipal. A Figura 2.1 esquematiza a importância do setor em relação crescimento, com dados de emprego da Relação Anual de Informações Sociais - RAIS[2] para detectar um *cluster* importante em uma cidade. A importância do setor é medida com um "quociente de localização", que varia entre 0 e 1. A figura ajudará a cidade a identificar os *clusters* importantes e emergentes. Explicações mais detalhadas podem ser encontradas nos estudos de caso realizados em Cariri e São Luís.

Os métodos qualitativos também podem ser utilizados para complementar os resultados das análises quantitativas e possibilitar uma compreensão da economia local não captada pelo sistema de coleta de dados existente. Esses métodos essencialmente implicam envolvimento estruturado com o setor privado (tanto localmente quanto com empresas de outras regiões ligadas às empresas locais) por meio de medidas como consultas, reuniões de grupos, pesquisas e entrevistas.

Em termos práticos, "abordagem de *cluster*" (proposta por Porter [2000]), oferece um caminho pragmático para os planos de ação do governo local para estimular competitividade. Embora os debates sobre o conceito e a teoria da "abordagem de *cluster*" sejam extensos (Martin e Sunley 2003), acreditamos que muitas das recomendações de políticas a partir da abordagem de *cluster*, tais como a ênfase no ambiente de redes do setor privado, no ambiente regulatório e no aprendizado constante, são consistentes com os recentes avanços teóricos e empíricos. A abordagem de *cluster* oferece um esquema prático para os formuladores de políticas para organizar as ações públicas e privadas (capital social) centradas nas forças competitivas do mercado. A essência da abordagem de *cluster* não é a "criação do *cluster*" ou criação de *clusters* competitivos ainda inexistentes na cidade,[3] mas sim o estímulo à inovação e à atualização entre os membros do *cluster* emergente ou existente na economia local.[4]

Nem a abordagem de *cluster* nem qualquer outra medida é uma panaceia para a competitividade econômica de uma cidade. Não há garantias de sucesso, e o risco do empenho do governo no desenvolvimento econômico é muitas vezes maior do que em outros tipos de atividade do governo. As forças fora âmbito de controle do governo local são, na maioria das vezes, mais importantes que as intervenções políticas. Por isso, é importante entender os principais indutores do crescimento local, tanto internos quanto externos, e manter uma postura prudente em relação às intervenções do governo.

Figura 2.1 Detectando os *Clusters* Locais: Aplicando o Quociente de Localização e a Taxa de Crescimento de Emprego

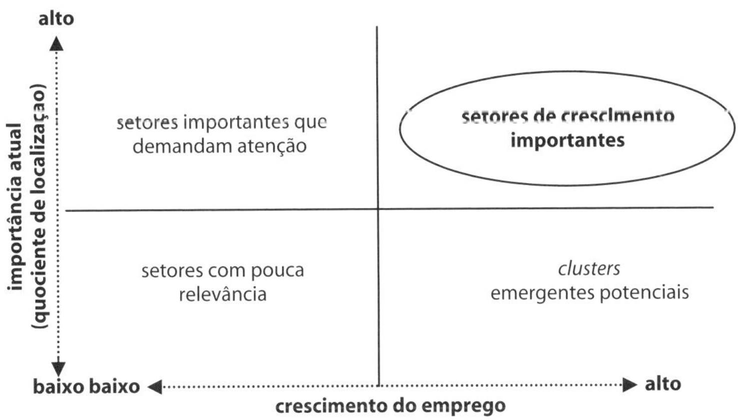

Fonte: Autores.

Facilitar a Colaboração no Setor Privado em Nome da Eficiência Coletiva

Uma premissa fundamental da abordagem de *cluster* é que as empresas não concorrem como unidades isoladas, mas sim dentro de redes complexas de interdependência. O conceito de *cluster* abrange os seguintes elementos: (a) empresas líderes que exportem produtos e serviços para fora da região, (b) uma rede de fornecedores de insumos que atendam essas empresas líderes e (c) a existência de um ambiente empresarial e suas bases econômicas, incluindo elementos como recursos humanos, tecnologia, capital financeiro e infraestrutura. A Figura 2.2 é um exemplo clássico de *cluster* de vinho na Califórnia, enquanto a Figura 4.2, no Capítulo 4, mostra o atual *cluster* de calçados no Cariri, estado do Ceará.[5] A força (ou competitividade) da localização é determinada pela presença de uma rede sofisticada e bem integrada de entidades privadas, públicas e semipúblicas. Além disso, um polo competitivo é uma rede de tal magnitude, que seus membros aprendem continuamente, inovam e melhoram, o que resulta em desenvolvimento contínuo da qualidade. A sofisticação de uma rede tal e sua capacidade de renovação e inovação contínuas são, ao final, a fonte da competitividade sustentada de uma localidade.

Os *clusters* podem se formar "naturalmente", sem muito incentivo do governo (por exemplo, o *cluster* de vinhos de Napa Valley). Em outros casos, a formação de *clusters* competitivos pode ser facilitada ou acelerada pela intervenção governamental. A essência da abordagem de *cluster* não é criar novos *clusters*, embora haja casos de sucesso na criação de *clusters*, mas sim promover e explorar sinergias ou interdependências para alavancar a inovação. O conceito de *cluster* oferece "uma poderosa estrutura para as empresas se organizarem, trabalharem em conjunto e também com o governo para atender suas necessidades e promover os seus interesses" (Waits 2000).

Figura 2.2 O *Cluster* de Vinho de Napa

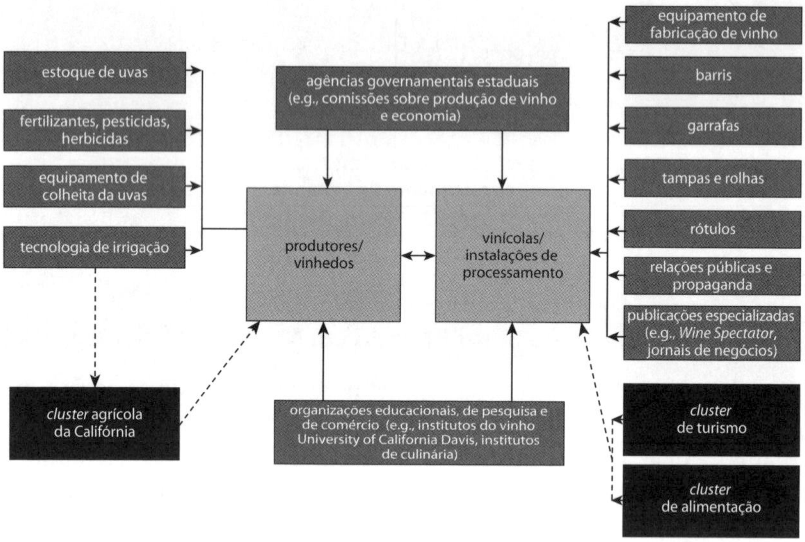

Fonte: California Wine Institute, California State Legislature. Baseado na Pesquisa de 1997 de estudantes do R. Alexander, R. Arney, N. Black, E. Frost, e A. Shivananda, como citado em Porter (2000).

Uma tarefa fundamental é facilitar as parcerias entre os membros do setor privado que possam levar à "eficiência coletiva" ou à vantagem competitiva derivada de economias externas e a busca deliberada de ações conjuntas (Schmitz e Nadvi 1999). Para esse objetivo, é importante que os governos locais fortaleçam as redes e o comportamento associativo das empresas privadas locais (National Governors Association 2002). Os ativos relacionais (ou "capital social") de um *cluster* dependem da confiança, bem como da frequência e da intensidade dos intercâmbios pessoais. Para construir um *cluster*, é essencial construir habilidades relacionais e fornecer bens coletivos locais.

As formas institucionais desses ativos relacionais, ou "instituições para colaboração" (Porter 2000), incluem associações comerciais, redes de empresários, órgãos de padronização, centros de qualidade e redes de tecnologia. As associações e alianças dentro de um *cluster* desempenham um papel decisivo. E os exemplos bem-sucedidos geralmente apresentam as seguintes características: o reconhecimento pelo governo da identidade do *cluster*; status de corporação; liderança empresarial forte; recrutamento ativo de membros; missão objetivos e planos claros; funcionários exclusivos; um portal eletrônico interativo; estrutura para cobrança de taxas dos membros ou plano de barateamento de custos; serviços reais; e atividades profissionais e sociais frequentes (National Governors Association 2002).

Essas redes privadas podem participar de uma grande variedade de atividades para fortalecer a cooperação. As redes de *clusters* organizadas no Colorado, Estados Unidos, por exemplo, realizaram as seguintes tarefas principais (Waits 2000):

- Catalogação dos principais componentes do *cluster* e mapeamento das inter-relaçoes entre empresas
- Articulação do uma visão plausível do que o *cluster* pode vir a ser nos próximos 10 a 20 anos
- Identificação de oportunidades de crescimento do *cluster* na direção desejada pela expansão das empresas existentes, abertura de novas empresas e atração de empresas de fora
- Identificação de oportunidades para mais sinergias dentro do *cluster*
- Identificação das necessidades de capital econômico específico para as estratégias propostas

Não há uma única fórmula ou modelo que se aplique à organização e às atividades dos grupos. As atividades específicas dos *clusters* devem se restringir à natureza do *cluster* e ao estado atual das atividades do grupo. No caso do Colorado, os exemplos de atividades do grupo incluem:

- Informação compartilhada: Identificação dos membros e do impacto do *cluster*, promoção de uma visão mais clara da indústria e melhoria da comunicação entre as empresas do *cluster*
- Co-aprendizagem: Realização de programas educacionais e de treinamento
- Marketing conjunto: Realização de atividades coletivas para promover produtos ou serviços do *cluster* no exterior ou dentro do próprio país (por exemplo, missões comerciais, feiras e anúncios)

- Compra conjunta: Fortalecimento das relações comprador-fornecedor dentro do polo ou compra conjunta de equipamentos que de outro modo não seria possível
- Produção compartilhada: Formação de alianças para fazer um produto ou conduzir pesquisa e desenvolvimento (P&D) em conjunto
- Elaboração conjunta das bases econômicas: Lançamento de atividades coletivas para construir instituições educacionais, financeiras e governamentais mais fortes que permitam às empresas competir melhor.

Os diferentes tipos de *clusters* sugerem diferentes tipos de "necessidades de eficiência coletiva". Em uma análise de *clusters* da América Latina, Altenburg e Meyer-Stamer (1999) classificam três tipos de *clusters* "comuns": os *clusters* de sobrevivência das micro e pequenas empresas; os *clusters* de produção em massa, mais avançados e diferenciados; e os *clusters* de empresas transnacionais. Eles propõem os tipos de políticas úteis para cada tipo de *cluster*, que estão resumidos na Tabela 2.1.

O processo de organização do *cluster* tem muita importância. A essência da iniciativa de *cluster* é estimular as empresas a colaborar, compartilharem informações e se organizarem com vistas ao bem comum. A criação de parcerias exige muitas vezes a conquista da confiança, muitas vezes entre concorrentes, e isso pode levar tempo e precisa ter apoio considerável. A organização de um *cluster*, portanto, é frequentemente caracterizada por uma fase inicial que requer apoio intenso.[6] A Figura 2.3 mostra um processo típico de *cluster* que os autores do Capítulo 5 recomendaram para São Luís, que também pode ser adaptado a outras situações. A característica importante é o processo simultâneo de diagnóstico, ação em grupo, e exercício da liderança que constituem um sistema de intercâmbio contínuo entre cada um dos elementos. Isso indica um processo orientado para a ação, onde os membros do *cluster* desejam e esperam resultados rápidos e o cumprimento de certas metas, em vez da longa espera por diagnóstico e o planejamento sem metas intermediárias.

Outros aspectos importantes do processo de *cluster* são os papéis de liderança e de facilitador do *cluster*. Uma liderança forte, seja por um líder do setor privado ou público, é crucial para o sucesso do *cluster*. Além disso, um facilitador experiente pode ser fundamental na determinação da qualidade e eficácia do processo de envolvimento do grupo. O facilitador deve ter a capacidade de envolver diferentes atores, buscar consenso e ser orientado para a ação. No início do processo desenvolvimento do *cluster*, é sempre útil receber apoio profissional e treinamento como facilitador.

Tabela 2.1 Diferentes Políticas para Diferentes Tipos de *Clusters*

Tipo de Cluster	*Características*	*Políticas*
Clusters de subsistência de micro e pequenas empresas	É o tipo mais frequente de *cluster*, que produz bens de consumo de baixa qualidade para os mercados locais, principalmente em atividades em que as barreiras à entrada são poucas. Muitos grupos são informais, e a maioria precisa de apoio.	Associar o apoio às MPE com políticas de *clusters* específicas, com ênfase na promoção da cooperação entre as MPE por meio de: • Incentivo ao diálogo entre os financiadores locais para identificar projetos economicamente viáveis de ação coletiva • Concessão de subsídios para atividades conjuntas de grupos de MPE, tais como estudos de mercado, estudos de viabilidade, ou a participação em missões comerciais e feiras • Foco na mediação entre as empresas com o objetivo de criar confiança e identificar interesses comuns
Clusters de produção em massa mais avançados e diferenciados	A produção é bastante restrita aos bens de consumo padronizados para mercados de massa, geralmente com pouca inovação e alto nível de integração vertical. Enfrentam muitas vezes situações "sanduíche", ou seja, concorrência tanto da base inferior (custos) quanto da superior (inovação).	Estimular as empresas a ir além dos esforços de ajuste incremental por meio de: • Alteração do papel das associações empresariais, para que elas possam organizar a ação coletiva de autoajuda e articular sua demanda entre os atores políticos • Profissionalização das associações empresariais • Melhoria do ambiente local para as empresas privadas por meio de estreita cooperação, remoção de regulamentações desnecessárias e melhoria da eficiência burocrática • Promoção da cooperação entre empresas em áreas como proteção ao meio ambiente, avaliação e teste, ensino e formação profissional básica, desenvolvimento de tecnologia, *design* e marketing • Criação de serviços de consultoria e informações (como um centro de comércio internacional) • Treinamento • P&D e desenvolvimento de tecnologia.

(continua)

Tipo de Cluster	*Características*	*Políticas*
Clusters de corporações transnacionais	Principalmente dominada por filiais de manufaturas de classe internacional; pouca ligação com as instituições e as MPE locais e, consequentemente, baixo grau de efeitos de transbordamento do conhecimento. Muitas vezes não conseguem desenvolver um empreendedorismo local dinâmico em áreas de conhecimento intensivo.	Atração de IED adicionais para intensificar o sistema de produção locais, por meio de: • Promoção seletiva no estrangeiro e investimento do governo nas vantagens dinâmicas da localização, como mão de obra especializada ou de instituições de P&D • Incentivo às empresas locais para aperfeiçoar a capacidade tecnológica, a fim de tornarem-se fornecedores do *cluster* transnacional, por exemplo esquemas de troca que atendam à oferta e à demanda, mesmo com apoio específico aos potenciais fornecedores • Esforços cuidadosos de transferência de tecnologia para empresas locais

Fonte: Resumo do autor baseado em Altenburg e Meyer-Stamer (1999).
Nota: MPE = micro e pequena empresas; IED = investimento estrangeiro direto.

Figura 2.3 Os Procedimentos do Grupo de Trabalho de *Cluster*

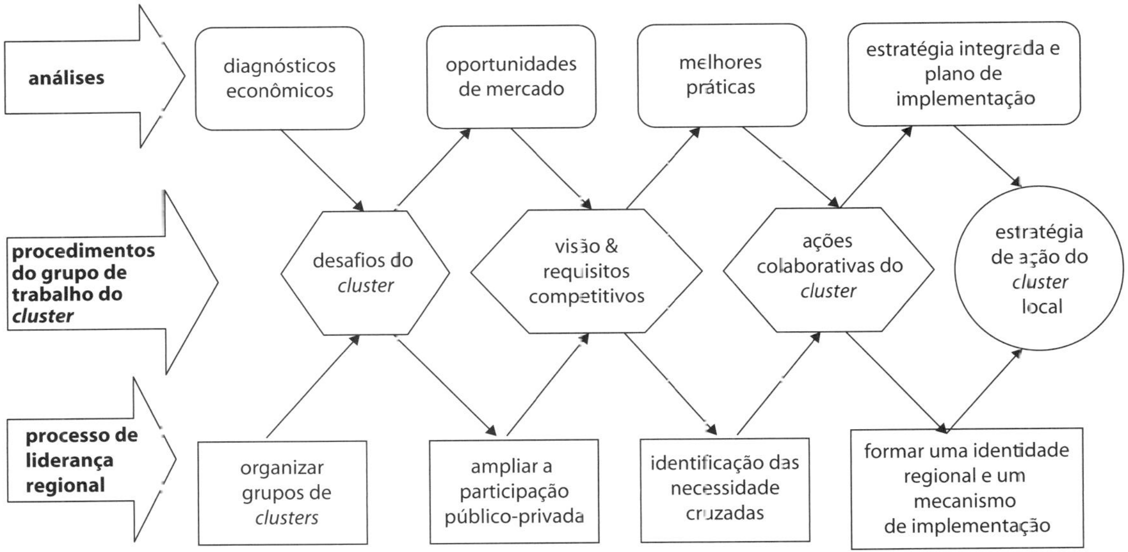

Fonte: Capítulo 5.

Exemplos de Ações Específicas para Aumentar a Competitividade

Ao buscar a competitividade, cada cidade deve procurar e formular um único conjunto de estratégias e ações que serão adequadas à sua situação específica e diferentes das de outras cidades. Não existe uma única alternativa aplicável a todas as cidades. Na verdade, o desafio mais importante é sugerir uma proposta singular e formular estratégias que diferenciem a cidade das outras. No entanto, algumas ações têm sido utilizadas por muitas cidades. Esta seção resume alguns exemplos dessas ações no mundo todo. A lista não é exaustiva e o tratamento de cada tema neste capítulo é necessariamente muito seletivo. O objetivo é fornecer exemplos de possíveis tipos de políticas e ações locais. Formuladores de políticas locais devem considerar as características específicas de suas cidades para avaliar a aplicabilidade de ações específicas e seu potencial de adaptação e uso.[7]

Marketing, Investimentos e Promoção de Exportações em Conjunto

Esta é claramente uma área em que os governos locais podem assumir a liderança e desenvolver atividades para expandir a demanda por produtos e serviços locais e atrair investimentos externos (estrangeiros ou nacionais). Os exemplos de ações que poderiam trazer benefícios gerais para as empresas locais incluem pesquisa de mercado, promoção da cidade, organização de eventos locais característicos e promoção ativa de exportações e investimentos.

A *pesquisa de mercado* inclui atividades para identificação de mercados potenciais para produtos e serviços da cidade; analisa as características da demanda e padrões para produtos específicos fabricados na cidade; adquire uma compreensão melhor dos distribuidores e compradores; e identifica os principais produtos intermediários (Gausch 2007).

A *promoção da cidade* visa associar a cidade a uma imagem, produto ou abordagem específica. A divulgação não afeta apenas o sucesso dos esforços de marketing, mas também influencia a estratégia global do *cluster*, uma vez que envia um sinal sobre a visão dos produtos do *cluster*. O exemplo do Chianti Classico (Quadro 2.1), em Siena, na Itália, é notável pelo esforço coletivo dos membros do polo para cultivar cuidadosamente a imagem de marca.

A organização de eventos para o fortalecimento da economia local e o aumento do conhecimento sobre os produtos e marcas locais é outra medida eficaz. Os Jogos Olímpicos, por exemplo, desempenharam papel decisivo no desenvolvimento das economias locais de Atlanta, no estado da Geórgia, EUA, Barcelona na Espanha, e Turim na Itália. As cidades menores podem promover outros tipos de eventos que correspondam a sua características locais únicas.[8]

O *promoção das exportações e investimentos* podem gerar retornos substanciais, como mostra uma análise de órgãos de exportação (Banco Mundial 2006). Embora a análise tenha abrangido apenas os órgãos nacionais de promoção das exportações, o promoção local e regional bem gerida também pode trazer benefícios significativos. Alguns dos impulsores-chave para o sucesso incluem a participação intensa do setor privado (por exemplo, como diretores do grupo de promoção das exportações) e ênfase na pesquisa de mercado.

Quadro 2.1

Marketing e o Promoção de Produtos Regionais: Chianti Classico, Siena, Itália

A região de Siena é caracterizada por uma cultura agrícola tradicional. Nessa área, identificar os produtos agrícolas produzidos localmente com a "denominação de origem" ou rótulos associados com a qualidade do produto (ou ambos) se tornou uma ferramenta de promoção e *marketing* importante para produtos como o vinho Chianti Classico. No início do século XX, na Itália, os subdistritos geográficos foram criados para diferenciar a "área de origem" dos produtos produzidos na localidade. O Chianti Classico está entre os sete subdistritos do distrito de vinho Chianti e hoje é reconhecido como a mais antiga área geográfica de origem. Por meio de um comportamento associativo forte e da adesão a padrões rigorosos de qualidade e produção, os produtores do vinho Chianti Classico conseguiram criar o rótulo *Denominazione di origine controllata* (DOC), criado em 1967, e o rótulo *Denominazione di origine controllata e garantita* (DOCG,) em 1984, permitindo aos produtores tornar conhecida e divulgar a qualidade de seus produtos para o mercado internacional. Os consumidores estão cada vez mais conscientes do conjunto rigoroso de normas de produção impostas pelos rótulos DOC e DOCG, o que deu impulso à reputação da variedade do tipo Classico. Os produtores se beneficiam imensamente da distinção "Clássico": uma garrafa de Chianti Classico custa três vezes mais que um Chianti padrão.

Entre os principais fatores de sucesso da variedade Chianti Classico estão o forte comportamento corporativo dos produtores e os esforços para introduzir no mercado a relação entre o produto e o território. O comportamento associativo começou no início do século XX, com a formação de um consórcio (estabelecido legalmente em 1930) para monitorar a qualidade dos produtos e os processos de produção. Como a maioria dos produtores tem pequena escala, o consórcio Chianti serviu para reunir aos produtores a fim de desenvolver uma estratégia comum de comercialização, garantir a necessária colaboração entre os diferentes participantes da cadeia de valor e implementar sistemas de controle de qualidade para acompanhar o produto desde o cultivo da uva até o engarrafamento do vinho. Mais recentemente, o consórcio Chianti iniciou uma intensa pesquisa para melhorar a qualidade das videiras e as práticas de cultivo. A capacidade do consórcio para a experimentação de novas técnicas de viticultura e fabricação de vinho minimizando os riscos aos produtores individuais confere a seus membros uma vantagem competitiva considerável.

Outro fator de sucesso do "Clássico" é o esforço dos produtores para promover o vínculo entre o produto e o território. O vinho se adaptou às mudanças de reputação do território ao longo do tempo; hoje o vinho é associado ao isolamento geográfico, produção em pequena escala, que são características dos produtos valorizadas pela maioria dos consumidores.

Fonte: OCDE (2002).

Integração na Cadeia de Valor

A cadeia de valor é a sequência de atividades necessária para fabricar um produto ou prestar um serviço. Uma característica importante da economia global de hoje é a presença de cadeias globais de valor, onde P&D, design e fabricação de diferentes componentes, assim como comercialização, são realizados de forma altamente integrada, mas a partir de diferentes localidades (cidades de países diferentes) e por empresas diferentes. Nas economias em desenvolvimento, uma forma rápida de aumentar a produtividade é entrar em uma cadeia de valor, geralmente começando com um segmento de menor lucratividade e depois passando para segmentos de maior valor agregado. A análise da cadeia de valor ajuda o formulador de políticas a identificar gargalos na cadeia produtiva e determinar quais deles merecem atenção prioritária do governo, qual provavelmente pode ser resolvido pelo setor privado e qual requer uma parceria público-privada (Schmitz 2005). Exemplos da abordagem baseada na cadeia de valor incluem os seguintes:

- *Atração de investimentos adicionais como parte da cadeia de valor para atingir sinergias de localização.* O governo da cidade, em seus esforços de atração de investimentos, pode ter como alvo as empresas que estão intimamente ligadas às empresas existentes na cidade, tanto nas relações a montante (fornecedores) como a jusante (intermediários dos compradores finais). O Quadro 2.2 nos fornece um exemplo disso em Guadalajara no México na década de 1990. Isto é particularmente relevante quando uma única empresa transnacional opera na cidade e sua ligação com a economia local é fraca. Enquanto a presença de uma empresa desse tipo representa uma vantagem importante para que outros fornecedores relacionados se estabeleçam na mesma localidade, isso é vantajoso também para as multinacionais. É fundamental para o sucesso aproveitar o conhecimento e a assistência dessas empresas transnacionais, que têm potencial para liderar a criação de um verdadeiro *cluster* em vez de uma única grande empresa.
- *Reforçar as elos fracos na cadeia de valor, ajudando as empresas locais a entrarem na cadeia de valor existente.* Isso pode ser feito por meio do aumento do nível de qualidade e uniformidade das empresas locais para suprir as empresas líderes na cadeia de valor. Adquirir a capacidade de ser fornecedor de empresas líderes é um marco crucial para os fornecedores locais, pois os requisitos de custo, qualidade e velocidade são muitas vezes desafiadores; essa conquista pode alçar os padrões de produção local até

mesmo ao nível internacional. O governo local pode auxiliar o processo de mobilização de ações coletivas de empresas locais de pequeno porte, facilitando a aquisição de tecnologias e habilidades e incentivando o estabelecimento de relações mutuamente benéficas entre as principais empresas e fornecedores locais. A indústria brasileira de calçados na década de 1970 (Quadro 2.3) e a indústria do vestuário vietnamita na década de 1990 são bons exemplos disso.

Quadro 2.2

Integração na Cadeia de Valor: A Indústria Eletrônica em Guadalajara, México

Guadalajara é a segunda maior cidade do México, conhecida como o "Vale do Silício" mexicano. A cidade conseguiu atrair fábricas de produtos eletrônicos lideradas pela IBM, a primeira empresa transnacional a instalar uma fábrica de computadores pessoais na cidade. Hoje, outras transnacionais como Hewlett-Packard, Motorola, NEC, Philips e Siemens montam e testam equipamentos na cidade.

Pelo menos três características distinguem Guadalajara de outras áreas geográficas caracterizadas por aglomerações simples de montadoras desconectadas. Em primeiro lugar, apesar de a P&D ainda ser conduzida na matriz, e a produção em Guadalajara envolver apenas processos padronizados, as empresas podem ir além das simples funções de montagem e dedicar-se à automação e a atividades de produção de maior complexidade tecnológica. Em segundo lugar, Guadalajara atrai cada vez mais empresas terceirizadas globais, como a SCI Systems, Inc. e a Solectron, que oferecem uma ampla gama de serviços de montagem para as corporações de renome. Além disso, espera-se que outros fornecedores de insumos invistam no *cluster*. Em terceiro lugar, a ação coletiva por parte das empresas do *cluster* é crescente. Há pelo menos duas associações de empresas ativas em Guadalajara que as empresas transnacionais de produtos eletrônicos utilizam para a troca de informações, adotando assim feições semelhantes às do Vale do Silício. Essas associações também pressionam o governo local a oferecer incentivos a novos fornecedores de classe mundial. Outra inovação de desenvolvimento de negócios é a criação de um Programa de Desenvolvimento de Fornecedores pelo governo local e das associações empresariais, estas financiadas pelas corporações transnacionais. Embora o número de fornecedores mexicanos seja pequeno, avanços têm sido feitos para integrar os fornecedores locais na cadeia de valor. Como resultado da formação inicial da indústria eletrônica, o desenvolvimento da indústria de *software* em Guadalajara tem seguido esse exemplo.

Fonte: Altenburg e Meyer-Stamer (1999, p. 1705).

- *Identificação de oportunidades de valor agregado na cadeia, à medida que certas atividades aumentam o valor da cadeia e são mais lucrativas do que outras.* No caso de São Luís (Capítulo 5), por exemplo, existem oportunidades para o desenvolvimento de indústrias que utilizam produtos atualmente exportados (minerais e produtos agrícolas) como principais insumos e uma coordenação de ações do governo em relação a terrenos para instalação, emissão de licenças, redução da burocracia e promoção de investimentos.

Quadro 2.3

Interligação de Pequenas Empresas em Cadeias de Abastecimento Existentes: o Desenvolvimento de Indústria de Calçados no Rio Grande do Sul

O programa para atualizar os pequenos fornecedores, realizado pelo SEBRAE (Serviço Brasileiro de Apoio às Micro e Pequenas Empresas) no Estado do Rio Grande do Sul, em meados da década de 1990, foi destinado a pequenas empresas que forneciam componentes especializados ou serviços e que procuravam melhorar a qualidade dos produtos e o padrão de entrega. Para capacitá-las, o SEBRAE integrou as pequenas empresas às cadeias de abastecimento existentes. No caso dos calçados, o ponto de entrada foram as grandes indústrias de calçados. Por meio dessas empresas, foram estabelecidos contatos com os fornecedores de pequeno porte. O aperfeiçoamento foi focado no treinamento dos contratantes e os dos pequenos fornecedores. Os assuntos abordados foram tanto técnicos quanto comportamentais, à medida que se reconheceu que as melhorias só poderiam ser feitas se ambos os lados desenvolvessem respeito e confiança mútuos.

Os temas abordados nas sessões de treinamento foram então testados pelo cumprimento das ordens existentes. Ao fazer isso, a iniciativa do SEBRAE evitou dois problemas comuns: que as empresas oferecessem ajuda antes que percebessem precisar dela, e que os problemas fossem reconhecidos pelas empresas só depois de elas terem perdido pedidos. O custo do programa foi compartilhado entre o SEBRAE e as empresas participantes. A associação empresarial local e o centro de tecnologia ajudaram na execução do programa. Considerando as apresentações em seminários da associação empresarial e as discussões com os vários interessados, o programa foi bem-sucedido, especialmente em alcançar pequenos fornecedores de insumos e serviços.

Fonte: Schmitz (2005).

Desenvolvimento do Empreendedorismo e Apoio às Micro e Pequenas Empresas (MPE)

As Micro e Pequenas Empresas (MPE) desempenham um papel importante no desenvolvimento econômico local. Frequentemente representam a maioria dos postos de trabalho em uma cidade, e são muitas vezes fonte de inovações que trazem novas oportunidades para a economia local. Elas também ajudam a nutrir o espírito empresarial local, que é um elemento importante na competitividade local, embora muitas vezes seja difícil de quantificar. Contudo, as MPE enfrentam regularmente inúmeros problemas, como a falta de acesso a financiamentos e equipamentos modernos, a falta de informações sobre métodos e processos de produção e as deficiências de padronização e controle de qualidade, que dificulta o funcionamento de cadeias de produção cooperativas e fortes. Há uma margem de ação significativa para as políticas públicas combaterem as insuficiências do mercado, tais como o financiamento limitado, o desempenho empresarial e o treinamento insuficientes, a escassez de imóveis industriais, problemas de informações enfrentados por empresas estreantes e a estrutura de mercado não competitiva dominada por uma ou algumas empresas. O desafio dos governos locais é atingir as MPE por meio de uma estratégia de desenvolvimento empresarial custo-efetiva. A seguir indicamos algumas medidas que os governos locais podem adotar para apoiar as MPE (OCDE 2003):

- *Assegurar que as microempresas recebam a devida atenção* no sistema de apoio à empresa. Por exemplo, o processo de melhoria do *cluster* poderia dar prioridade às MPE, porque elas podem se beneficiar, mais que as grandes empresas, de ações conjuntas e do apoio do governo.
- *Estabelecer centros de desenvolvimento de pequenos negócios* para apoiar as MPE por meio da formação em gestão, aconselhamento/consultoria e serviços de pesquisa (Quadro 2.4). Por exemplo, os estudos sugerem que as microempresas, por vezes, não conseguem crescer por causa de problemas associados à gestão de funcionários e recrutamento; sendo assim, o treinamento nessas habilidades poderia ajudar.
- *Reduzir a burocracia.* Isso é especialmente importante para as MPE, pois elas não têm os recursos e a experiência para superar a burocracia associada a abertura de um negócio, contratação de funcionários e aquisição de espaço.
- *Facilitar o acesso das MPE às oportunidades de financiamento existentes.* Os governos locais podem fazer isso (como, por exemplo, o programa CrediAmigo, do Banco do Nordeste) por meio de iniciativas de promoção e assistência. Eles também podem reunir financistas locais e as principais MPE do *cluster* para facilitar a compreensão das particularidades do negócio, fornecer capital inicial para as áreas críticas (*angel investment*, ou "investimento-anjo", que é amplamente utilizado em todo mundo) e desenvolver um programa municipal de financiamento das MPE (em parceria com instituições financeiras).

- *Incentivar as pequenas empresas a utilizar a Internet,* obtendo informações do governo online (governo eletrônico) e promovendo a difusão da informação e de tecnologia.
- *Garantir a disponibilidade de locais de negócios* a custos acessíveis e flexíveis, por exemplo, por meio de incubadoras ou outro serviços de acomodação de empresas.

Apoiar a Pesquisa e Desenvolvimento

A P&D tornou-se particularmente importante na medida em que a concorrência econômica torna-se cada vez mais global. Muitas vezes, a única maneira de uma empresa sustentar uma posição competitiva é inovar continuamente e de forma consistente, sendo a P&D fonte essencial de inovação. A seguir são apresentadas algumas ações que os governos locais podem adotar para impulsionar a P&D:

Quadro 2.4

Criação de Centros de Empreendedorismo nos Estados Unidos

Os prédios de incubadoras e os centros de empreendedorismo servem como centros de recursos completos para empresários em muitos estados dos americanos, fornecendo vários tipos de assistência, como orientação sobre regulamentações estatais e consultoria de marketing no próprio local. A Rede de Empresários de Wisconsin (Wisconsin Entrepreneurs' Network -WEN), uma parceria entre o sistema de ensino superior, uma fundação e um órgão estatal, estabelece uma consultoria individualizada, *worshops* educacionais, programas de nível executivo, aprendizagem interativa e estratégias de acesso a tecnologias e capital. A WEN dirige projetos nos quais os consultores avaliam a intenção de crescimento do cliente e sua capacidade de sucesso. Clientes promissores são encaminhados para um dos centros regionais para avaliações mais profundas sobre gestão, tamanho do mercado, vantagem competitiva e outros fatores de sucesso.

Outros centros de empreendedorismo do estado são mais focados em uma população ou indústria específica. Illinois lançou o Centro de Empreendedorismo Hispânico de Illinois (Illinois Hispanic Entrepreneurship Center - IHEC), sediado em Chicago, para estimular a inovação e a geração de empregos. O estado comprometeu fundos e realizou uma parceria com a Câmara de Comércio Hispânica de Illinois para abrir o novo centro. O IHEC irá oferecer prêmios em dinheiro e serviços de apoio para ajudar na criação de pequenas e médias empresas economicamente viáveis e sustentáveis em suas comunidades e em todo o Estado de Illinois. O Estado de Iowa oferece incentivos fiscais para estabelecer aceleradores de negócios para ajudar os empresários a se tornarem mais bem-sucedidos e atrair e desenvolver empresas de alta tecnologia. Os beneficiários do financiamento incluem centros de desenvolvimento empresarial e centros de novos empreendimentos.

Fonte: National Governors Association (2005).

Quadro 2.5

Centros de Tecnologia

Os CITE (Centros de Inovação Tecnológica, ou Centros de Tecnologia) são parcerias público-privadas de apoio à inovação e transferência de tecnologia, por meio do fornecimento de serviços especializados às empresas existentes ou emergentes em determinados setores. Os serviços estão focados em um determinado produto ou setor para fortalecer as cadeias de valor e o desenvolvimento das MPE. As atividades específicas do CITE incluem facilitar a transferência da tecnologia existente para as empresas; preencher lacunas nas cadeias de valor setoriais; identificar os gargalos e as oportunidades de inovação de produtos e processos; e apoiar a comercialização de novos produtos. O conjunto de serviços depende das necessidades dos países e de setores específicos: alguns se concentram fortemente em P&D, enquanto outros prestam principalmente assistência técnica. Os CITE são financiados por instituições públicas e privadas, embora cobrem das empresas clientes pelos serviços, a fim de assegurar o comprometimento e a natureza de demanda dirigida da atividade. Com o tempo, espera-se que se tornem financeiramente autossustentadas pelos serviços que prestam. A participação do setor privado é fundamental para a estrutura de gestão, pois permite aos Centros de Tecnologia responder às necessidades do setor privado.

CITE na Espanha. As iniciativas privadas apoiadas pelos governos regionais deram origem aos CITE na Espanha, que são hoje uma faceta indispensável da política nacional de inovação do país. A P&D e os serviços tecnológicos representam a maioria dos serviços prestados e das receitas geradas pelos centros. Além de trabalhar com Micro e Pequenas Empresas (MPE), muitos CITE na Espanha criam incubadoras para incentivar a criação de novas empresas, de acordo com o foco do centro. Em termos de apoio financeiro, o governo nacional representa 10% de todos os recursos por meio de subvenções e empréstimos em condições favoráveis, e os governos regionais representam 23%. Os CITE na Espanha tem tido cada vez mais êxito na cobrança de honorários por serviços prestados; em 2004, cerca de 59% da renda do CITE vinha de fundos privados. Em 2004, os CITE espanhóis trabalharam com 25.000 empresas clientes.

CITE no Peru. Os primeiros CITE no Peru foram criados em 1998 como parte de um programa de assistência técnica com o governo espanhol e, posteriormente, receberam apoio do Banco Mundial. Em 2006, havia 12 CITE operando em diferentes setores do Peru: 9 privados ou mistos (centros supervisionado por câmaras de comércio, instituições de pesquisa ou organizações não-governamentais [ONG]) e 3 públicos (apoiados pelo Ministério de Produção, com um corpo dirigente do setor privado). Os centros proporcionaram principalmente

(continua)

Quadro 2.5 *(continuação)*

assistência técnica, serviços (melhoria da qualidade, informações de mercado, projetos técnicos e mais) e treinamento para as Micro e Pequenas Empresas (MPE), na maioria das vezes. Os CITE públicos obtiveram 60% de sua receita de fundos públicos, enquanto os CITE privados cobrem todos os seus custos operacionais por meio da cobrança pelos serviços prestados, embora a maioria receba doações de organizações internacionais. Desde 2001, os CITE públicos treinam mais de 25.000 trabalhadores no Peru. Em 2005, os CITE prestaram serviços para 1.743 empresas clientes.

Fonte: Banco Mundial, documentação do projeto.

- *Expandir a P&D com foco em pesquisa aplicada.* Os retornos sociais dos gastos com P&D mostraram-se muito altos. Mas os governos locais também devem concentrar seus recursos limitados em P&D especializando-se em indústrias relacionadas a tecnologias e competências científicas específicas em vez de implementar estratégias de ciência e tecnologia de base ampla. Um exemplo bem-sucedido de ações de P&D para os *clusters* específicos são os centros de tecnologia na Espanha e no Peru (Quadro 2.5), como parcerias público-privadas para a tecnologia e inovação.
- *Explorar os recursos das universidades* na cidade e incentivá-las a se envolver em pesquisas aplicadas estreitamente ligadas à concorrência local dos *clusters* industriais. Nesse caso, os governos municipais podem desempenhar o papel fundamental de catalisadores, como demonstrado na Finlândia por meio da parceria entre o município de Helsinque, a Universidade de Helsinque e as empresas locais (Quadro 2.6). Nos casos em que a inovação e a tecnologia se tornaram a marca da cidade (como por exemplo, em Turim, na Itália), a cidade deve investir para expandir significativamente a capacidade das principais universidades.
- *Apoio à inovação* por meio de incubadoras de empresas bem orientadas e bem geridas. A incubação de empresas oferece às empresas iniciantes e em crescimento *expertise*, redes de relacionamentos e instrumentos para tornar seus empreendimentos bem-sucedidos. As incubadoras normalmente fornecem: um espaço de trabalho administrado com instalações compartilhadas; consultoria e treinamento em serviços financeiros; uma pequena equipe de gestão com competências as essenciais; e selecionam em média de 20 a 25 empresas iniciantes para entrar na incubadora (Scaramuzzi 2002). O Brasil tem uma rede bem desenvolvida de incubadoras de empresas que os governos locais podem explorar e apoiar.[9]

Quadro 2.6

P&D – O Culminatum de Helsinque, Finlândia

Ao longo das duas últimas décadas, a cidade de Helsinque e a Universidade de Helsinque trabalharam juntas em inovações para apoiar empresas de base científica na condução de planejamento logístico e de transporte, na promoção de pesquisas urbanas e na promoção de Helsinque como destino para estudantes internacionais.

Os dois órgãos também colaboraram na criação da organização público-privada Helsinki Region Centre of Expertise Culminatum Ltd. (o "Culminatum"). A organização é baseada no modelo de hélice tripla, significando, nesse caso, que um terço de suas ações são de propriedade de universidades e institutos de pesquisa, um terço pertencem à cidade de Helsinque, a municípios vizinhos, e ao Conselho Regional de Uusimaa, e um terço à comunidade empresarial, financiadores e empresas do parque científico.

O Culminatum funciona como fórum e base para o desenvolvimento de projetos de cooperação. Seu principal objetivo é duplo: supervisionar as atividades de criação de *clusters* locais em seis setores da economia baseados em conhecimento, e transformar a região de Helsinque em um centro internacional de inovação e P&D. Na criação de *clusters* locais, o Culminatum promove o intercâmbio de conhecimentos e informações entre as universidades e instituições técnicas, catalisando, assim, as iniciativas baseadas no conhecimento e atividades de criação de *clusters*. Nesse contexto, o Culminatum também apoia o crescimento de empresas surgidas nas universidades. Além disso, o fórum também levou à maior interação entre MPE e instituições de ensino superior.

Ao promover a região de Helsinque como um sistema classe mundial para a inovação, uma *ideopolis*, uma estratégia comum de inovação (Yhdessä Huipulle: Juntos para Cima), foi desenvolvida em 2005 pelos parceiros do Culminatum. A estratégia inclui 26 projetos de inovação, em que as universidades, as cidades e a comunidade empresarial colaboraram, e que estão centradas em quatro objetivos principais: (i) aumentar o interesse internacional pela pesquisa e educação locais; (ii) desenvolver *clusters* fortes e criar centros de testes e laboratórios vibrantes para o desenvolvimento de serviços e produtos; (iii) aplicar as inovações para renovar os serviços de bem-estar sociais prestados por cidades e consolidar o papel das cidades em P&D; e (iv) apoiar o crescimento de negócios surgidos na universidade, por exemplo, por meio do desenvolvimento de um conceito de parque científico de segunda geração.

Fonte: OCDE (2006a, p. 128).

- *Atrair talentos e especialistas* que tenham estudado nos principais centros de pesquisas do exterior (ou em outras regiões do Brasil) e que tenham adquirido experiência e contatos com alguns dos principais *clusters* de fora da região é a abordagem mais rápida (Yusuf 2003, p. 254-267). A utilização das conexões e redes sociais da cidade natal, em combinação com a oferta de incentivos especiais e oportunidades de negócios, podem ser úteis para atrair esses talentos.

Melhorar as Qualificações

De todos os fatores que motivam e criação de *clusters*, nenhum é mais universalmente importante do que os recursos humanos. Duas das maiores prioridades de qualquer plano de *cluster* devem ser a disponibilidade de mão de obra experiente e qualificada e a educação e treinamento específicos e especializados que produzam, atualizem e aprofundem competências e conhecimentos (National Governors Association 2002).

O Brasil tem um programa de treinamento profissional razoavelmente bem desenvolvido, financiado com recursos públicos advindos da cobrança de um imposto de 2,5 por cento sobre os salários. Os governos locais podem se empenhar na qualificação profissional dos trabalhadores e na atualização de habilidades de trabalho específicas adaptadas às necessidades da economia local. Algumas das medidas que podem ser tomadas para intensificar esse importante esforço são destacadas nas seções seguintes.

Compreender e Antever as Necessidades de Qualificação Local. Os governos locais podem começar por identificar a carência de mão de obra qualificada à luz de aspectos econômicos específicos e a situação atual da mão de obra disponível. Na verdade, os governos locais podem usar os *clusters* para identificar essas deficiências de qualificação de mão de obra. Muitas cidades dos países OCDE estabeleceram "observatórios" locais ou regionais para analisar a demanda de projetos e suprir as lacunas de qualificação da mão de obra local. Exemplos disso incluem o observatório de Marchmont, no Reino Unido, o acordo alemão Baden-Württemberg e os Observatórios Regionais de Emprego e Formação (Observatoires Régionaux de l'Emploi et de la Formation – OREF) na França. Nos Estados Unidos, o Conselho de Investimento da Força de Trabalho (Workforce Investment Boards – WIB), nos estados e nos níveis inferiores, muitas vezes se responsabilizam pelas tarefas de: (a) mapeamento dos métodos de treinamento da força de trabalho, tais como projetos de grupos de aprendizes, reciclagem de adultos e iniciativas de formação que permitam a adequação entre a oferta e a procura por meio do treinamento profissional; (b) fornecimento de serviços de apoio às empresas, que estimulam a geração de empregos; e (c) disponibilização de instalações compartilhadas para atividades de treinamento, atividades de formação geral e educação na comunidade e outras atividades para jovens adultos. Pelo menos 50 por cento dos membros dos conselhos vêm do setor privado.

Adequar a Concepção dos Programas de Treinamento às Necessidades do Cluster Local. Para aumentar a competitividade da economia local, é importante que as pessoas com as qualificações necessárias aos *clusters* mais importantes sejam intensamente treinadas. Esta é outra fonte útil de competitividade local. Por isso, na maioria das vezes, é necessário oferecer cursos adaptados ao contrário dos cursos comerciais da faculdade. A parceria entre as instituições públicas de formação e as principais empresas do setor privado, em termos de planejamento e execução do currículo, a realização das sessões de treinamento (por exemplo, no trabalho ou em centros comunitários) e estágios podem trazer resultados positivos.

Incentivar o Investimento e a Participação do Empregador no Treinamento da Força de Trabalho. As autoridades locais podem incentivar os empregadores de que investir na treinamento da força de trabalho irá beneficiar seus negócios muito além do objetivo pretendido com o treinamento fornecido pelo empregador. Os governos locais também podem incentivar os principais *clusters* a incluir verbas coletivas de treinamento nos *clusters* como uma importante medida de competitividade. Finalmente, o estreito envolvimento dos empregadores, mesmo em treinamentos patrocinados pelo setor público, ajudará a garantir a efetividade do treinamento da força de trabalho.

Adaptar a Oferta de Treinamento ao Grupo Alvo. As empresas que fornecem mão de obra nos Estados Unidos, como a Jane Addams Resource Corporation (Quadro 2.7) e o Fundo de Parceria de Formação de Wisconsin preferem contratar como instrutores de curso membros técnicos de áreas específicas (em oposição aos instrutores com altas qualificações acadêmicas) que possuam a capacidade de transmitir conhecimentos técnicos e que tenham empatia com os seus colegas de trabalho. O mesmo acontece no *job shadowing* canadense – quando o instrutor vai a campo para avaliar como os *trainees* estão aplicando o que aprenderam no trabalho – e tem efeitos positivos.

Treinamento de **Trainees** *e a Melhora do Padrão de Qualidade dos Recursos.* Alcançar e manter a qualidade treinamento profissional em um ambiente no qual o conhecimento profissional evolui rapidamente representa um desafio significativo para os instrutores, pois seus conhecimentos podem se tornar rapidamente obsoletos. As instituições que oferecem treinamento sofrem, portanto, constante pressão para adaptar seus serviços de forma a atender as exigências do mercado. A política de "formação de formadores" é fundamental para a eficácia das iniciativas de aperfeiçoamento profissional, tanto para as competências pedagógicas quanto para atualizações profissionais.

Quadro 2.7

Treinamento da Força de Trabalho – Jane Addams Resource Corporation, Illinois, Estados Unidos

A Jane Addams Resource Corporation (JARC), uma organização sem fins lucrativos, utiliza uma abordagem que combina a força de trabalho e o desenvolvimento econômico para ajudar na conservação e no crescimento da indústria de empregos locais no bairro Ravenswood, na região norte de Chicago. Em 1991, a demanda por qualificação em metalurgia cresceu, e desse modo a JARC abriu seu centro de treinamento próprio, denominado Programa de Capacitação em Metalurgia (Metalworking Skills Program –MWSP), em parceria com duas empresas metalúrgicas. O centro começou com um grupo piloto de apenas 7 trabalhadores, e passou para 280 trabalhadores e 30 empresas em um único ano. Em 2003, 95 trabalhadores de mais de uma dúzia de empresas participaram do programa. A maioria das empresas são pequenos estabelecimentos. A MWSP oferece a trabalhadores empregados de baixa renda e baixa qualificação acesso a cursos de atualização e aquisição de habilidades técnicas numa linguagem e contexto que melhor atendam a suas necessidades. Além disso, busca mudar a maneira como os empregadores contratam,treinam e promovem empregados e ajudar as empresas na luta para se tornarem mais produtivas.[a]

Um dos aspectos inovadores da MWSP é que o treinamento é orientado pela demanda. Um empresário declarou que buscou a JARC para treinamento por diversas razões, tais como: a JARC oferece flexibilidade nos tipos de cursos oferecidos para os empregados e os organiza em horários e locais mais convenientes do empregado; os cursos são contextuais, na medida em que oferecem treinamento no mesmo tipo de máquinas que os funcionários efetivamente já utilizam no local de trabalho; mesmo o cursos de alfabetização e aritmética têm seus programas orientados para a metalurgia; e, finalmente, o custo de treinamento é competitivo, sobretudo quando complementado com recursos do Estado e programas federais. O diretor executivo da JARC declarou que "as empresas estão no negócio para fazer as peças, mas não é o seu trabalho serem educadores. ... Eis onde a JARC pode entrar em cena".

O treinamento é apenas um aspecto das operações globais da JARC. A JARC se vê como uma organização intermediária que objetiva auxiliar empresas em sua área a permanecerem como entidades de negócios viáveis, a fim de manter uma base forte de emprego nos bairros. A JARC trabalha em estreita colaboração com as empresas locais para identificar seus problemas e, então, ajudar a obter os recursos e ferramentas por meio dos quais possam enfrentar esses problemas. Outras atividades incluem o desenvolvimento de atividades imobiliárias de reforma de prédios para preservar a qualidade do espaço industrial na área e um curso de 14 semanas reconhecido para pessoas desempregadas e subempregadas, que ensina os fundamentos da metalurgia e também programas de aprendizado para adultos.

Fonte: OCDE (2006b, pp. 200-2001).
a. O website da JARC é www.jane-addams.org.

Zonas Econômicas

As Zonas Econômicas (ou suas variantes denominadas por distritos industriais e parques tecnológicos) têm sido amplamente utilizadas como uma medida para o desenvolvimento econômico local. Há muitos casos de sucesso nas zonas econômicas, mas também muitas falhas que levaram à perda de valiosos recursos financeiros e físicos. As experiências com os distritos industriais no Brasil parecem não ser muito positivas. Apesar da popularidade da abordagem de zona econômica, um estudo empírico detalhado de sua eficácia ainda não foi realizado.

Em teoria, a abordagem de zona econômica oferece uma combinação de benefícios: facilita o processo de uso do solo para o desenvolvimento industrial, o que seria difícil para as empresas individuais agindo de forma isolada; fornece a infraestrutura especializada necessária a um grupo de empresas (estradas, telecomunicações, energia, água e outros); facilita o aprendizado entre as empresas, os intercâmbios e a colaboração por meio do compartilhamento de localizaçao das empresas; e cria uma identidade de *cluster*, facilitando a promoção do comércio e do investimento.

No entanto, o estabelecimento de zonas econômicas também é arriscado. Os investidores podem não surgir, resultando em desperdício de investimentos. Os locadores que realmente a usam podem ser atraídos pelos generosos incentivos fiscais oferecidos para instalar-se na zona e podem ter se deslocado de outras cidades ou mesmo de outra parta da mesma cidade; essas empresas podem não conseguir sobreviver ou prosperar ao longo do tempo, especialmente quando os incentivos terminam. O *cluster* esperado das empresas desejadas (por exemplo, empresas de alta tecnologia) pode não se concretizar quando outras áreas são mais atraentes e competitivas. No início dos anos 1990, alguns estados americanos investiram pesado nos *clusters* de centros de tecnologia específicos. A cidade de Chattanooga, no estado do Tennessee, por exemplo, tentou sem sucesso desenvolver um *cluster* de tecnologia ambiental, criando o espaço, comercializando-o e incentivando as empresas a participarem. Ao mesmo tempo, a área vizinha de Oak Ridge Knoxville conseguiu desenvolver esse tipo de *cluster*, pois a tecnologia e os conhecimentos já haviam sido incorporados à indústria nuclear (National Governors Association 2002). No Brasil, a extensa utilização de incentivos financeiros para as zonas econômicas resultou em desperdício de recursos financeiros e de recursos do solo, em alguns casos com muito pouco para mostrar em termos de real impacto sobre o desenvolvimento econômico.

Há muitos casos de tentativas de zonas econômicas mal-sucedidas, o que exige algumas precauções. Atenção especial deve ser dada ao mercado no lado da demanda, e o seguinte questionamento deveria ser colocado: A zona econômica proposta atende as necessidades específicas do potencial de negócios emergente na cidade e na região? Há inquilinos interessados com os compromissos sólidos? A zona proposta atrairá talentos para a área desejada? A zona construída faz parte da ampliação das comodidades existentes oferecidas pela cidade? Os recursos de P&D e de capacitação podem ser tão importantes, ou até mais importantes, que a infraestrutura física prevista na zona. O Parque Industrial de Ciência de Hsinchu, em Taiwan, na China, por exemplo, só prosperou como centro de tecnologia (especializado em semicondutores) com esforços significativos em P&D e alocados pelo Instituto de Pesquisa e Tecnologia Industrial, apoiado pelo governo (Chen 2008). Na China, onde as zonas econômicas se proliferaram, verificou-se que, embora os incentivos financeiros tenham desempenhado papel crucial na atração de empresas para essas zonas, o processo de *cluster* tornou-se mais importante depois que as empresas se fixaram e determinaram a sustentabilidade do crescimento das zonas (Zheng et al. 2008).

Finalmente, uma gestão profissional e voltada para administração de parques e distritos industriais é um elemento fundamental para uma abordagem bem-sucedida de zona. A inserção do setor privado por meio de investimentos, co-financiamento ou participação dos membros do conselho de administração das zonas econômicas pode desempenhar um papel importante melhoria dos conhecimentos sobre mercado e disciplina.

Infraestrutura ou Serviços Especializados

Infraestruturas de alta qualidade, como transporte, energia, água e telecomunicações são por si sós importantes para a economia local. Além disso, dependendo da vantagem competitiva específica do local, a melhoria de determinados tipos de infraestrutura especializada ou recursos podem ser importantes, desempenhando um papel chave na estratégia de *clusters* específica a que a cidade aspira. Dois exemplos em particular de infraestrutura de turismo e logística são descritos a seguir.

Infraestrutura Associada ao Turismo. Muitas comunidades priorizam especialmente o turismo porque o desenvolvimento do turismo local, na maioria das vezes, traz benefícios que não se restringem ao próprio setor. O turismo pode fortalecer a identidade local, enfatizando seu caráter "único". Pode fornecer um forte imperativo para melhorar o ambiente local com rigorosas medidas ambientais, como saneamento básico e coleta de lixo, para conseguir maior visibilidade para a cidade. Claramente, as melhorias ligadas ao turismo também podem ser usufruídas pelos residentes locais. Dependendo do tipo de turismo, as comunidades muitas vezes precisam desenvolver infraestruturas especiais, como museus, galerias de arte, exposições e centros de convenções. Precisam também criar meios de transporte e melhorar a paisagem urbana, incluindo parques públicos e instalações desportivas. Para muitas comunidades, a preservação e o restauro do patrimônio cultural e natural são tarefas fundamentais, pois esses atrativos representam as características únicas de uma cidade, que nenhum outro local pode substituir. E, finalmente, a infraestrutura leve, como a história local, a cultura e os eventos que são elementos integrantes da infraestrutura turística.

Infraestrutura logística. Esta tornou-se cada vez mais importante com o rápido crescimento do comércio. Os avanços tecnológicos aumentaram drasticamente a eficiência da manipulação logística. Além disso, muitas empresas implementam iniciativas de corte de custos e processos de produção por demanda, ou seja, fornecimento de matéria-prima e instalações de armazenagem devem ser facilmente acessíveis e preferencialmente próximas. Combinado com a necessidade de acesso tempestivo ao mercado, a logística tornou-se uma parte vital na decisão de localização ou realocação de qualquer empresa. Isso exige que as cidades prestem especial atenção às necessidades de transporte de mercadorias, à facilidade de conexão intermodal e à disponibilidade e qualidade das instalaçoes de armazenagem e distribuição.

Desenvolvimento Econômico Comunitário

Para avançar na agenda de competitividade, os servidores municipais precisam procurar soluções para direcionar a vida profissional e as necessidades de emprego das comunidades de baixa renda. No Brasil, muitas dessas comunidades também são assentamentos informais. Enquanto os governos federal, estaduais e municipais dedicam-se à revitalização de favelas para melhorar a infraestrutura, a habitação e os serviços nessas comunidades, os esforços de apoio ao desenvolvimento econômico até o momento têm sido limitados. Alguns dos modelos usados para o desenvolvimento econômico comunitário nas regiões em dificuldade dos Estados Unidos e Europa, muitas vezes baseadas na consolidação e no incentivo ao empreendedorismo dentro das comunidades locais, podem ser referências úteis. Medidas de apoio ao empreendedorismo e às Micro e Pequenas Empresas (MPE), discutidos anteriormente, são especialmente relevantes nessas comunidades. As abordagens a seguir, mais fortemente enraizadas nas comunidades, também são particularmente relevantes.[10]

***Sociedades de Desenvolvimento Comunitário* (Community Development Corporations – CDC).** As Sociedades de Desenvolvimento Comunitário referem-se a organizações sem fins lucrativos que oferecem programas e serviços e se envolvem em outras atividades para promover e apoiar a comunidade, muitas vezes focadas em atender moradores de baixa renda ou bairros violentos.

A primeira CDC foi formada nos Estados Unidos na década de 1960. Desde então se expandiu rapidamente em tamanho e em número. Em 2006, 4.600 CDC nos Estados Unidos desenvolviam mais de 86.000 unidades habitacionais a preços acessíveis e 813 milhões de metros quadrados de espaço comercial e industrial por ano. As CDC estão envolvidas em uma série de atividades: creches, geração de empregos e treinamento, assistência habitacional, investimento no desenvolvimento imobiliário e aquisição de ações empresas iniciantes com ma gestão experiente. As CDC bem-sucedidas tendem a trabalhar com pequenos investimentos e mais próximas do setor privado, especialmente com as pequenas empresas e a comunidade financeira. As CDC dependem de uma equipe profissional em regime de dedicação integral.

Instituições Financeiras para o Desenvolvimento da Comunidade **(Community Development Financial Institutions - CDFI).** As CDFI abrangem uma variedade de organismos que fornecem crédito, assistência técnica e outros serviços financeiros, que ajudam a população de baixa renda, associações de desenvolvimento comunitário e outras entidades comunitárias que buscam estratégias de desenvolvimento de riquezas para a comunidade. Há cinco tipos principais de CDFI: bancos de desenvolvimento comunitário, cooperativas de desenvolvimento de crédito, fundos de empréstimo para o desenvolvimento comunitário, fundos de capital de risco para o desenvolvimento comunitário e fundos de empréstimos a microempresas. Em termos de financiamento, historicamente, as sociedades de auxílio mútuo desempenharam um papel importante na formação capitais para uma grande variedade de necessidades, incluindo seguros, assistência médica e crédito para habitação. A indústria moderna do CDFI segue a tradição do auxílio mútuo e outros esforços comunitários, incluindo programas de financiamento de negócios da CDC originários da década de 1960, que têm uma ampla variedade de formas. As CDFI diferem das tradicionais instituições financeiras na medida em que cultivam o conhecimento especializado sobre as comunidades com as quais realizam negócios, oferecem empréstimos a taxas abaixo de mercado (por meio de subsídios) e oferecem empréstimos sem exigir as garantias ou a história de crédito que os bancos tradicionais exigem (OCDE 2005, p. 207-209).

Empresas Sociais. As empresas sociais referem-se a entidades com ou sem fins lucrativos que operam negócios tanto para aumentar as receitas como para continuar a missão social de suas organizações. Essas empresas constroem riquezas controladas localmente e ajudam tanto a estabilizar as economias da comunidade quanto representam uma mudança na operação sem fins lucrativos para um modelo de colaboração com populações "clientes" nos esforços de construção da comunidade. A empresa social é particularmente comum nas entidades sem fins lucrativos com foco no treinamento profissional, uma vez que as próprias empresas podem ser integradas aos programas. Diversos tipos de entidades sem fins lucrativos, no entanto, utilizam estratégias inovadoras de negócio.

Resumo – Plano Estratégico para a Competitividade

Um plano estratégico é sempre importante para uma cidade, mas a globalização e a concorrência global trouxeram uma nova necessidade:

> a tecnologia, a globalização e o comportamento cada vez mais errático das indústrias e das empresas multinacionais tornaram imperativo para as cidades se antecipar às transformações contínuas. Nessas condições, é arriscado supor que as forças do mercado irão naturalmente orquestrar mudanças estruturais nos centros urbanos competitivos e, ao final, produzir resultados positivos. A inferência mais plausível é que a integração e a fluidez econômica de circulação introduzidas pela globalização tornou urgente para os centros metropolitanos o acompanhamento próximo das mudanças industriais, observando de perto as ações dos concorrentes e o planejando de seus próprios movimentos com bastante antecedência. As cidades pós industriais agora precisam de suas estratégias (Yusuf e Nabeshima 2006, p. 15-16).

O método de planejamento estratégico é identificar a vocação única, oculta, (intangível) de um lugar com a finalidade de elaborar um acordo sobre uma única proposição e rumo para a cidade, e chegar a um roteiro executável para pôr em prática a visão comum. Um plano estratégico claro e confiável (não deve ser confundido com o plano mestre ou plano diretor), articulado pelos formuladores de políticas pode emitir sinais sobre as prioridades políticas do governo e os resultados desejados para o setor privado e, portanto, afetar decisões de investimento e localização das empresas. Às vezes, essa interdependência conduz a retornos crescentes na medida em que a visão estratégica torna-se uma profecia autorrealizável: um plano confiável que demanda mais investimentos privados, que, por sua vez, torna o plano mais realista. Ao articular uma visão clara e ampla, com envio de sinais claros, os responsáveis políticos locais podem ser capazes de influenciar essas expectativas.

Para ter esta influência, as estratégias locais devem ser mais que uma simples agregação de considerações e princípios da política compilada em um documento. O plano deve identificar as relações críticas entre os diversos agentes mais capazes de moldar a futura qualidade econômica, social, político e ambiental do território, e precisará garantir respostas às seguintes perguntas: Como a cidade será caracterizada? Qual é o papel econômico da cidade na sua região ou vizinhança? Em quais *clusters* a cidade pode construir uma vantagem competitiva? Quais aspectos do ambiente de negócios tornam-se essenciais para a cidade para se sobressair em relação a outras localidades? Para atrair investimentos, as cidades precisam oferecer uma combinação única de forças em termos de condições de ambiente de negócios e posições dos *clusters*, e para isso a mera ausência de deficiências não basta.

Mas desenvolver um plano estratégico não é tarefa fácil, especialmente no contexto de uma economia de mercado globalizada, onde a tecnologia e a inovação avançam rapidamente. O que frequentemente complica o problema são os sistemas políticos local e federal, que dificultam chegar a um consenso entre as diferentes partes ou ter uma perspectiva de longo prazo. Um bom número de orientações para o processo de planejamento estratégico está disponível. O livro *The world bank's local economic development primer* (Swinburn, Goga e Murphy 2006), por exemplo, descreve o processo emcinco etapas: (i) a organização de esforços, (ii) a avaliação da economia local, (iii) o planejamento estratégico, (iv) a implementação da estratégia e (v) a revisão da estratégia. A Aliança de Cidades (*Cities Alliance*), uma coalizão global de cidades e seus parceiros de desenvolvimento, descreve um processo um pouco diferente: iniciar o processo, estabelecer os parâmetros iniciais e o escopo das estratégias de desenvolvimento da cidade, realizar uma avaliação inicial, formular uma visão, identificar pontos fortes e fracos, oportunidades e ameaças, estabelecer o impulso estratégico, criar ações de sensibilização e iniciar da implementação (Cities Alliance 2006).

Cada cidade deve adaptar o processo de planejamento estratégico às suas próprias circunstâncias específicas, que dependem de fatores como urgência, problemas de escala e contexto político. O exemplo de sucesso de Turim, relatado no Plano Estratégico de 2000 (Quadro 2.8), que desempenhou um papel fundamental na transformação física, estrutural e social da cidade nos últimos oito anos, nos mostra alguns dos ingredientes essenciais para um bom planejamento: objetivo estratégico, equilíbrio entre as opiniões de especialistas e a participação generalizada das partes interessadas, integração do plano físico e revitalização de infraestrutura com a reestruturação econômica e atenção cuidadosa na execução do plano.

Quadro 2.8

Plano Estratégico de Turim, Itália

No início de 1990, a cidade industrial de Turim, localizada no norte da Itália, enfrentou uma crise econômica e de identidade. Como centro dominante da indústria automobilística na Itália, Turim enfrentou o problema da emigração de funcionários da indústria automobilística, o que resultou em perdas significativas de empregos. A cidade também tinha terrenos industriais vagos ou não utilizados, cerca de 5 a 6 milhões de metros quadrados no centro da zona urbana e um sistema de infraestruturas obsoletas que dividia a cidade. Turim precisava encontrar novas formas de desenvolver e reestruturar o seu papel em nível nacional e internacional. Nesse contexto, o governo municipal iniciou um esforço de planejamento estratégico em maio de 1998, o que resultou no Plano Estratégico de Turim, assinado em fevereiro de 2000. Turim se tornou a primeira cidade da Itália a adotar um plano estratégico.

O plano apresentou uma visão de Turim como uma metrópole europeia, uma cidade engenhosa que se propõe a cumprir efetivamente os objetivos a que se propôs e que sabe escolher o caminho certo para o seu desenvolvimento. O plano foi estruturado sobre uma visão de futuro baseada em 6 linhas estratégicas, 20 objetivos e 84 ações. Os exemplos mais ilustrativos de ações ou conjunto de ações incluíram:

- O envolvimento da Universidade de Turim e da Universidade Politécnica de Turim com centros de treinamento de empresas e pesquisa internacional para atrair a juventude europeia e mundial a aprender, estudar, inovar e aplicar
- A criação de políticas para consolidar os distritos de tecnologia (automação do *design* de carros, robótica, máquinas-ferramentas, aeronáutica e tecnologia de informação e comunicação [TIC])
- A implementação de incubadoras de novos negócios para apoiar um novo modelo de desenvolvimento econômico e social
- A melhoria e ampliação do sistema de museus
- A promoção da cidade de Turim como um destino privilegiado para turismo urbano, com base na qualidade da cidade e em suas atrações culturais e comerciais
- O desenvolvimento de novos "centros"
- A implementação do programa de sustentabilidade da Agenda 21
- Uma nova estrutura institucional da área metropolitana de 1,5 milhão de habitantes

(continua)

Quadro 2.8 *(continuação)*

- Uma mesa redonda permanente de cooperação para a internacionalização
- A modernização e renovação da rede ferroviária e aeroportuária.

Embora nem todos os aspectos do plano tenham sido totalmente implementados devido às transformações econômicas, físicas e sociais que a cidade sofreu desde seu lançamento, o plano estratégico é considerado um grande sucesso. Turim está transformando sua economia em uma base de serviços e conhecimento. O terreno industrial vazio foi convertido em uma variedade de usos comerciais, residenciais, culturais e públicos sob a parceria pública e privada. Com os Jogos Olímpicos de Inverno de 2006 e outros eventos culturais internacionais, Turim se estabeleceu como uma metrópole europeia moderna e inovadora, com uma rica herança cultural.

Quais são os principais fatores que levaram ao sucesso do plano estratégico de Turim?

A finalidade estratégica do plano. O plano não é apenas técnico, mas foi, de fato, estrategicamente estruturado para atender a três funções: técnica, de mobilização da opinião pública e de conexão entre os atores políticos. Não foi concebido como um documento oficial com prescrições obrigatórias, mas sim como um roteiro baseado no consenso e orientado para a ação e para uma nova direção estratégica. Na linguagem do próprio plano: "Em primeiro lugar, o plano estratégico é um ato de confiança em nós mesmos e expressa a intenção de aproveitar os recursos e habilidades inovativas da sociedade local". "Um plano estratégico não é uma lista de pedidos enviados por uma comunidade para sua administração e muito menos um livro de sonhos, mas é um tipo de acordo entre todos os responsáveis visando o desenvolvimento reconhecido como possível e compartilhado, onde todos são responsáveis pela sua parte.

A combinação equilibrada de ampla participação pública e de contribuições de especialistas. O plano envolveu quase 1.000 pessoas, que foram organizadas em diversos grupos de trabalho. O processo de planejamento foi apoiado pelo Comitê Científico (com especialistas italianos e estrangeiros) e do Fórum de Desenvolvimento (com representantes dos interesses privados e públicos). Por meio do Comitê Científico, os especialistas foram instigados a fornecer diagnósticos completos, experiências e reflexões estratégicas. Na fase inicial do processo de planejamento, o Comitê Científico publicou "*Towards the plan*", que continha dados fundamentais sobre a situação atual e futura da cidade.

Durante o Fórum de Desenvolvimento as considerações dos especialistas foram verificadas e revisadas, mas, o mais importante, ideias inovadoras e pragmáticas foram propostas, e a titularidade das medidas propostas foi assegurada, já que muitos desses atores assumiram posteriormente a responsabilidade de acompanhá-las. A fase de planejamento foi realizada por grupos de trabalho ao longo das linhas estratégicas, em conjunto com os interessados e especialistas.

(continua)

Quadro 2.8 *(continuação)*

A Integração da renovação física urbana com a transformação econômica e social. O plano para reformular a antiga infraestrutura de transporte e para revalorizar a enorme área industrial não utilizada no âmbito de um programa de renovação urbana ficou estritamente vinculado ao objetivo da reestruturação econômica para transformar a cidade na principal economia do conhecimento na Europa. Do mesmo modo, as instalações construídas para os Jogos Olímpicos de Inverno de 2006 foram planejadas para serem usadas após o evento como alojamentos e moradia estudantil para as universidades em expansão e como novos parques da cidade. Uma vantagem da integração é a visibilidade física de todo o processo de transformação: a partir da construção de novos edifícios até a revitalização dos palácios e edifícios históricos, uma nova cidade está surgindo com novos símbolos turísticos, como a nova estação de Porta Susa, a nova biblioteca cívica, a duplicação do tamanho da Universidade Politécnica, o renascimento do Palazzo del Lavoro (como Centro Científico), a reestruturação do mercado de frutas e verduras (apresentado nos meios de comunicação dos Jogos Olímpicos) – tudo realçando a riqueza do patrimônio cultural e o orgulho cívico.

Reflexão cuidadosa sobre a implementação por meio da realização de parcerias público-privadas no plano. O plano indica as responsabilidades para a realização das ações propostas. Os grupos de trabalho temáticos, criados com base em linhas e objetivos estratégicos, foram os grandes vencedores de suas respectivas ações. Os vários projetos incluídos no plano foram implementados pelo trabalho das agências ou associações. Além disso, a *Torino Internazionale* foi formada quando o plano foi assinado, com a responsabilidade de promover métodos de planejamento estratégico, acompanhamento das ações do plano e comunicação ao público sobre as possibilidades de desenvolvimento criadas pelo plano, incentivando dessa forma a participação do público. Por meio dessa associação, que inclui 138 parceiros dos setores público e privado, as partes continuaram a discussão das propostas dos grupos de trabalho e promoveram um denominador comum de conhecimentos. Para esse fim, as comissões de investigação da *Torino Internazionale* criaram canais de informação, documentos do desenvolvimento das ações e acompanhamento dos projetos à medida que eram realizados.

Fonte: Autor, baseado nas informações da *Torino Internazionale* e Salone (2006).

Nas cidades onde as organizações de *clusters* são ativas, é importante também criar um local para reunir os líderes dos *clusters* regularmente para identificar as questões transversais, a fim de orientar as prioridades do governo local. Essas questões comuns dos *clusters* podem ser as principais áreas onde o governo local pode maximizar o seu impacto na economia local como um todo. O local também seria importante para o ingresso de outros atores na economia local, como organizações que representam a população de baixa renda, de modo que qualquer vantagem ou desvantagem na alocação de recursos possa ser abertamente discutida e tratada e as potenciais sinergias entre os diferentes grupos e entre os diferentes setores da economia possam ser explorados.[11]

Criação de Instituições e Capacitação para a Competitividade Local

A tarefa de promover a competitividade da cidade por meio das medidas destacadas neste capítulo apresentam desafios institucionais importantes para os governos locais, especialmente na habilidade de:

- Coordenar os esforços dos diferentes departamentos junto com uma autoridade municipal, pois muitas vezes os serviços do governo para *clusters* estão dispersos por diversos departamentos, o que torna o acesso aos serviços difícil para as empresas
- Envolver e assegurar o empenho de um grande número de interessados, especialmente do setor privado, no processo de desenvolvimento e implementação de uma estratégia comum
- Introduzir *know-how* de negócios, e por vezes assumir riscos empresariais conscientes, que exigiriam outro conjunto de competências e habilidades do além das rotinas burocráticas usuais
- Coordenar – em muitos casos – os esforços numa região metropolitana que inclui vários municípios, assim como envolver os governos estadual e federal

Vários modelos diferentes para a criação de instituições e a capacitação têm sido utilizados em todos os países, tanto públicos quanto privados, e incluem o seguinte:

- *Agências de desenvolvimento econômico local.* Um conceito amplamente utilizado na Europa e adaptado em muitos outros lugares são associações sem fins lucrativos com personalidade jurídica própria, geralmente com uma estrutura de governança que envolve um amplo leque de entidades públicas e privadas. Estas têm um conselho executivo que gerencia a agência e é eleito por uma assembleia geral, e são operadas por uma equipe especialmente treinada. As agências normalmente fornecem assistência técnica e financeira às MPE, preparam planos de desenvolvimento econômico territoriais, oferecem programas especiais de treinamento e conduzem campanhas de marketing e informação.[12] Um exemplo no Brasil é a Agência de Desenvolvimento Econômico do Grande ABC, na Região Metropolitana de São Paulo (Quadro 2.9), que abrange múltiplas jurisdições.

Quadro 2.9

Agência de Desenvolvimento Econômico da Região do Grande ABC, São Paulo, Brasil

A Agência de Desenvolvimento Econômico da Região do Grande ABC, criada em 1998, visa contribuir para o desenvolvimento sustentável da região por meio do planejamento do desenvolvimento econômico regional e do marketing e compartilhamento de informações das MPE. A agência é uma organização não-governamental que inclui os sete municípios da região do ABC, em São Paulo (representada pelo Consórcio Intermunicipal do Grande ABC), associações empresariais, o SEBRAE, empresas petroquímicas, instituições de ensino superior e os sindicatos. Cada um desses segmentos tem representação no conselho de administração. A agência é fruto da crescente integração regional entre os municípios e instituições públicas e privadas da região do Grande ABC, sendo uma associação pioneira de governança regional no Brasil.

A agência tem seis projetos de destaque para apoiar o desenvolvimento das empresas locais, que incluem (i) duas incubadoras de empresas para apoiar o desenvolvimento das MPE, (ii) um *cluster* de desenvolvimento para autopeças, computadores e plástico, (iii) um programa de microcrédito do Banco Nacional de Desenvolvimento Econômico e Social (BNDES) para as MPE, (iv) um programa de apoio à exportação para reforçar a participação das MPE nas exportações, que oferece informações e assistência para prospecção dos mercados externos, e (v) o Centro de Informação e Apoio à Tecnologia do Plástico (CIAP), que visa apoiar as MPE do setor de plásticos para aumentar a sua competitividade.

A região do ABC é bem conhecida por suas inovações na administração metropolitana, e a agência é uma protagonista na realização desses objetivos. No entanto, os limites institucionais continuam a representar obstáculos ao sucesso regional. Em primeiro lugar, os ciclos eleitorais fornecem apenas um curto período para os projetos e criam gargalos para um planejamento estratégico eficaz. Tendo em vista que o consenso entre os sete municípios é fundamental para o processo decisório, mudanças na liderança política podem representar restrições ao planejamento e à implementação dos projetos. Segundo, há uma aparente falta de escopo, escala e aplicação de acordos regionais – um elemento crítico para uma administração metropolitana bem-sucedida. Finalmente, o modelo da região do ABC tem se orientado mais em planejamento estratégico e atividades de *lobby* do que na prestação de serviços, destacando a necessidade de atingir um maior equilíbrio entre os dois elementos.

Fonte: http://www.agenciagabc.com.br; Klink (2007).

Empresas Públicas Limitadas com Subsídio do Governo. A Sevilla Global (Espanha), por exemplo, é uma sociedade limitada municipal especializada, com um mandato limitado pelo conselho da cidade Sevilha para implementar uma estratégia pública local para promover a economia urbana e o desenvolvimento empresarial. Ela tem cinco áreas de trabalho: (i) informações comerciais e investimento estrangeiro, (ii) incubação de negócios, (iii) revitalização de área industrial, (iv) inovação e (v) apoio aos *clusters* locais. A empresa implementa principalmente "projetos" (tais como assistência técnica, patrocínio e outros acordos de colaboração e formação do consenso), conforme determinado pela Câmara Municipal, em regime de parceria público-privada adaptado individualmente para o projeto proposto. Em 2006, a Sevilla Global obteve 20% do seu orçamento total das operações e serviços, enquanto o restante foi fornecido pelo conselho da cidade.[13]

Sociedades Comerciais de Propriedade Pública. A Londres Enterprise Ltd., por exemplo, é uma empresa comercial de propriedade de todos os 33 distritos de Londres e não recebe qualquer subsídio público. Dirigida a pequenas e médias empresas, os negócios da empresa incluem: locais para instalação de negócios; facilitação de financiamento e apoio à gestão do fluxo de caixa; apoio a novas empresas e empresas iniciantes e serviços de consultoria que oferecem informação, financiamento e consultoria estratégica. Em mais de 10 anos, a empresa adquiriu e reformou mais 185 mil metros quadrados de espaços comerciais, acomodando mais de 950 inquilinos; ela administra um fundo de investimentos de 7 milhões de libras, que forneceu o financiamento para mais de 400 empresas em fase inicial, opera a *London's leading Business Angels Network*, com mais de 200 negócios privados registrados e hoje apoia cerca de 6.500 pequenas empresas a cada ano. Entre 2006 e 2007, a empresa teve lucro de 9,3 milhões de libras e retorno de 21,8 por cento dos ativos, com ativos líquidos de 51,9 milhões de libras. Como não recebe nenhum subsídio, seu sucesso depende de sua capacidade de gerenciar e de assegurar que os aspectos comerciais da organização continuem em boa forma e que o trabalho da empresa seja relevante para a agenda de política pública como percebida por seus membros.[14]

- *Agências de desenvolvimento regional.* Com base no Development Agencies Act, de 1998, o Reino Unido criou 10 agências para dar maior ênfase ao desenvolvimento regional e transformar as regiões da Inglaterra por meio do desenvolvimento econômico sustentado. Patrocinada pelo governo, cada agência tem o objetivo legal de: promover o desenvolvimento econômico e a revitalização de sua região; promover a eficiência empresarial, os investimentos e a competitividade; promover o emprego; reforçar o desenvolvimento e a aplicação de competências relevantes ao emprego; e contribuir para o desenvolvimento sustentável onde seja relevante para a região. Uma abordagem semelhante foi adotada em 2007 pelo governo chileno, com a criação de 13 agências de desenvolvimento produtivo regional.

- *Conselhos de competitividade.* O conceito por trás dos conselhos é ter um corpo de liderança que inclua autoridades do setor público e privado nas cidades para orientar o processo de desenvolvimento e implementação da estratégia de competitividade. Os conselhos são em grande parte formalmente dirigidos por um líder político local (dependendo do modelo de governança local) e um executivo principal, e podem incluir os principais representantes da "tríplice hélice" regional (setores público, privado e de pesquisa). Eles também podem ter papel fundamental no desenvolvimento de uma estratégia econômica regional. Alguns conselhos orientam grupos de trabalho a se concentrarem em *clusters* específicos e em questões transversais. Nesses grupos de trabalho, especialistas das empresas, agências governamentais, universidades e outras instituições identificam ações específicas e definem os responsáveis por sua execução. O papel do setor público nesses conselhos deve ser cuidadosamente avaliado, já que a experiência sugere que o setor privado deve ter um papel operacional fundamental para que a parceria se desenvolva.
- *Reorganização e reorientação dos serviços de governo.* Sem a necessidade de criar novas agências, os governos locais podem reorganizar e reorientar as agências existentes para atender melhor às necessidades de serviço das empresas locais. No estado do Arizona, EUA, por exemplo, as organizações estaduais e regionais incluíram representantes dos *clusters* em seus conselhos e realizaram reuniões especiais com os *clusters*. Os incentivos governamentais, programas e serviços foram estruturados em torno dos *clusters*, e o departamento do estado de comércio reorganizou seus serviços para atender às necessidades de *clusters* (Waits 2000).

O exato formato institucional que cada autoridade adota depende da situação local e deve ser adaptado. Independentemente da forma, porém, há também a questão da competência da equipe, pois as exigências para o desenvolvimento econômico são diferentes das capacidades normais do setor público. Reconhecendo isso, os governos locais são geralmente mais cautelosos no recrutamento de funcionários para as agências locais de desenvolvimento econômico, e dessa forma buscam pessoas com experiência empresarial e conhecimento para lidar com o setor privado. A parceria com o setor privado é importante para atrair conhecimento e disciplina.

Além disso, o tipo e o nível de participação dos governos locais em medidas de aprimoramento da competitividade precisa ser compatível com a capacidade local. Alguns tipos de intervenções envolvem riscos maiores que outros, incluindo os riscos de negócios e de mercado. Por isso, é especialmente importante garantir uma capacitação suficiente para analisar, avaliar e preparar-se para os riscos envolvidos nas intervenções. Na verdade, as abordagens políticas mais proativas recomendadas para os governos locais, neste capítulo, destacam melhores governança e competência gerencial em nível local.

Conclusões

Políticas Locais para a Competitividade da Cidade

Para as cidades se tornarem e permanecerem competitivas, elas precisam se esforçar para reduzir o custo de fazer negócios por meio da melhoria dos serviços, da infraestrutura e da redução da burocracia. Mas, para um país de renda média como o Brasil, que precisa ser economicamente competitivo em um ambiente globalizado, isso não é suficiente. As cidades também precisam se empenhar para agregar valor aos negócios locais. A parte principal da estratégia deve ser a criação e a manutenção de um ambiente que estimule as empresas locais a inovarem e aprenderem umas com as outras, estimulando e facilitando a criação de sinergias geradas pela presença de vários *clusters* econômicos interconectados na cidade, e a criação de incentivos para que todos os atores locais atualizem continuamente o nível de competitividade para se tornarem cada vez melhores.

No que diz respeito às áreas de intervenção política dos governos municipais e estaduais para aumentar a competitividade da economia local, este relatório centrou-se na abordagem de *clusters* para a competitividade. Como uma versão expandida da abordagem de *arranjos produtivos* locais, o objetivo da abordagem de *clusters*, em essência, é facilitar as colaborações do setor privado para a eficiência coletiva: organizar e facilitar às instituições privadas e públicas chegar a uma visão comum do *cluster*; identificar oportunidades de crescimento e colaboração; promover ações conjuntas nas áreas de informação, aprendizagem, marketing e compras para juntas construir as bases econômicas, tais como capacidade de P&D, infraestrutura, melhoria da qualificação e apoio de instituições do setor público e privado.

Apesar de este relatório fornecer vários exemplos de ações que podem ser realizadas, ele destaca a importância de as cidades adotarem uma estratégia única, baseada em suas vantagens comparativas e competitivas em vez de aplicar cegamente diferentes ações. Finalmente, as abordagens mais ativas aqui discutidas exigirão a participação de uma governança forte e com capacidade de gestão em nível local de governo. Os governos locais devem estar plenamente conscientes dos riscos de mercado e de governança envolvidos em suas ações e devem compatibilizar o nível das ações políticas com as competências das instituições locais e a capacitação da mão de obra.

Rumo a um Sistema de Política Nacional de Competitividade da Cidade

O amplo leque de possíveis ações enérgicas para a competitividade e crescimento da cidade levanta a questão: "Qual é o papel apropriado do governo federal no Brasil?" Talvez seja o caso a de se criar um sistema de política nacional de competitividade das cidades, como foi feito ou proposto na China, no Reino Unido, nos Estados Unidos e em outros países. Alguns dos elementos deste sistema são:

- Orientação aos governos municipais e estaduais sobre como competir e divulgar os exemplos de melhores práticas
- Avaliações de desempenho e referência para permitir que as cidades comparem seu desempenho em termos de competitividade em diferentes dimensões
- Criação de incentivos corretos que incentivem a concorrência, como, por exemplo, desestimular as guerras fiscais e fomentar o aperfeiçoamento de capital humano e inovação
- Criação de incentivos para iniciativas multijurisdicionais cruzadas, especialmente para a colaboração econômica e a integração das regiões metropolitanas, estabelecendo um sistema de gestão metropolitana e canalizando recursos federais por meio de entidades multijurisdicionais.

Notas

1. Ver a série de artigos sobre o Northeast Ohio Clusters Project,de Kleinhenz (2000), Hill e Brennan (2000) e Austrian (2000).
2. A Relação Anual de Informações Sociais (RAIS) é a fonte de dados elaborada anualmente pelo Ministério do Trabalho. Ela registra apenas os empregos formais.
3. "The fading lust of clusters", *The Economist*, 11 out. 2007.
4. A abordagem de *cluster* é consistente com a abordagem de *arranjos produtivos locais* amplamente utilizada no Brasil. O termo é utilizado principalmente em pequenas e médias empresas e, na prática, *arranjos produtivos locais* têm sido frequentemente definidos para um tipo específico de produ-

to. O conceito de *cluster* utilizado neste capítulo é, em certa medida, uma versão ampliada desse conceito e inclui não só as micro e pequenas empresas (MPE), mas os atores econômicos privados e públicos que estão intimamente ligados entre si em todos os setores em uma cidade.

5. Este conceito de *cluster* é baseado no trabalho de Alec Hansen, do Economic Competitiveness Group, Inc., co-autor do Capítulo 5.
6. Somos gratos a Kate Kuper, uma especialista, que destacou este ponto durante a revisão do capítulo.
7. Esforços têm sido feitos para estabelecer uma rede de dados acessível às diferentes possibilidades de ações e exemplos das ações empreendidas.
8. O exemplo na Quadro 4.1, no Capítulo 4, demonstra a importância que tem uma feira anual de comércio no Brasil para catalisar o *cluster* local de calçados.
9. As informações estão disponíveis na Associação Nacional de Entidades Promotoras de Empreendimentos Inovadores.
10. Grande parte das informações utilizadas neste resumo é proveniente do website www.community-wealth.org, que fornece um amplo leque de informações sobre atividades para a criação de riqueza nas comunidades.
11. O autor agradece a Kate Kuper pela sugestão deste tema.
12. Website do Banco Mundial de Desenvolvimento Econômico.
13. http://www.sevillaglobal.es.
14. http://www.gle.co.uk.

CAPÍTULO 3

Comparação entre a Competitividade das Cidades Brasileiras

Fernanda Ruiz Nuñez

Este capítulo apresenta uma tentativa inicial de comparar a competitividade das cidades brasileiras. A construção de um índice de competitividade para cidades grandes, médias e pequenas pode ser classificada em quatro dimensões: urbana, sociodemográfica, institucional/fiscal e econômica. A metodologia e os resultados são muito limitados, mas podem ser aprimorados em trabalhos futuros com maior e melhor qualidade de dados disponíveis.

Este capítulo está organizado da seguinte forma: num primeiro momento faremos uma descrição dos dados disponíveis para a construção do índice de competitividade e em seguida uma breve descrição da metodologia. Num segundo momento apresentaremos um *ranking* das cidades e exemplos de como as cidades podem ser comparadas por meio dos quatro componentes do índice. Por fim, faremos as considerações finais e recomendações para trabalhos futuros.

A Elaboração do Índice e os Dados Disponíveis

O termo "competitividade" tem sido utilizado frequentemente sem que haja um consenso sobre seu significado.[1] Begg (1999) faz uma excelente revisão da literatura sobre a definição de competitividade. Ele argumenta que "na prática, pode-se considerar as distintas definições do termo competitividade dependendo do foco de interesse". Com base em uma ampla revisão da literatura, o termo "competitividade" é definido neste trabalho como o conjunto dos fatores urbanos, sociodemográficos, institucionais/fiscais e econômicos que atraem investimentos e promovem atividades econômicas.

Essas quatro dimensões da competitividade da cidade são amplamente utilizadas na literatura porque representam os principais componentes do ambiente de negócios. As empresas procuram se instalar r nas cidades com excelente desempenho econômico, boas estruturas econômica e financeira (fatores econômicos), mão de obra qualificada e produtiva (fatores sociodemográficos), boa infraestrutura (fatores urbanos) e com instituições fortes e políticas fiscais favoráveis (fator institucional/fiscal). Cabrero, Orihuela e Ziccardi (2003) usaram essas quatro dimensões para a construção de um índice de competitividade para as cidades mexicanas (Figura 3.1).

Segundo Cabrero, Orihuela e Ziccardi (2003) podemos calcular esse mesmo índice de competitividade para as cidades brasileiras utilizando os dados do censo demográfico do ano 2000. A unidade de análise é a Área Mínima Comparável (AMC). Esta definição foi desenvolvida pelo Instituto de Pesquisa Econômica Aplicada (IPEA), pelo Instituto Brasileiro de Geografia e Estatística (IBGE) e pela Universidade Estadual de Campinas (UNICAMP) (2002), os quais consideram as alterações da divisão de municípios ao longo dos anos, uma vez que o número absoluto de municípios aumentou de cerca de 2.300 em 1960 para 5.507 em 2000. O conjunto de dados resultante representa 123 aglomerações urbanas, incluindo um total de 474 Áreas Mínimas Comparáveis (AMC).[2]

Uma vez que há uma diversidade significativa no tamanho das cidades, este estudo classifica as cidades brasileiras em cidades pequenas (entre 50.000 e 100.000 habitantes em 1991), cidades médias (entre 100.000 e 500.000 habitantes em 1991) e cidades grandes (acima de 500.000 habitantes em 1991). Do total de 474 Áreas Mínimas Comparáveis, o Brasil apresentou 277 cidades pequenas, 172 cidades médias e 25 cidades grandes.

Figura 3.1 Quatro Dimensões do Índice de Competitividade

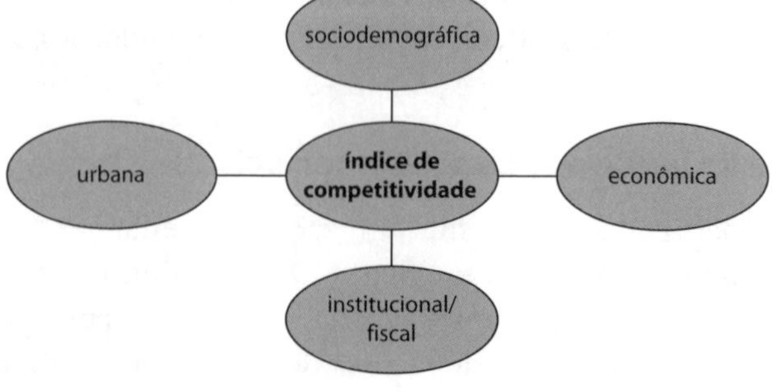

Fonte: Cabrero, Orihuela e Ziccardi (2003).

Dependendo da sua disponibilidade nos dados brasileiros, as variáveis incluídas em cada componente são uma correspondência exata ou muito próxima do índice criado por Cabrero, Orihuela e Ziccardi (2003) e foram resumidas aqui:

- A dimensão urbana do índice tenta captar a infraestrutura urbana e a qualidade dos serviços urbanos.
- A dimensão sociodemográfica tenta descrever as condições do mercado de trabalho (qualificação e produtividade) das cidades.
- A dimensão institucional/fiscal tenta captar as forças do governo e o ambiente fiscal.[3]
- A dimensão econômica tenta descrever a estrutura econômica e financeira da cidade.

As variáveis utilizadas estão destacadas na Tabela 3.1.

Tabela 3.1 Variáveis Utilizadas para as Quatro Dimensões do Índice de Competitividade

Urbana	*Sociodemográfica*
Taxa de urbanização	Renda per capita
Número de pessoas entre 15 e 55 anos	% de emprego no setor primário, 1-dígito
% de casas com coleta de lixo	% de emprego no setor secundário, 1-dígito
% de casas com luz	% de emprego no setor terciário, 1-dígito
% de casas com água	Crescimento populacional 1991-2000
% de casas com coleta de esgoto	% de pessoas recebendo menos de ¾ do salário mínimo
Número de bancos	% de indigentes
Número de bancos per capita	Índice de Desenvolvimento Humano
% da população com nível universitário	Anos de escolaridade de pessoas com mais de 25 anos
Número de hospitais	
Número de profissionais de saúde	Índice de Gini
Número de profissionais de saúde per capita	Expectativa de vida
Número de hospitais per capita	% de analfabetismo
Número de homicídios per capita	Taxa de mortalidade infantil (até 5 anos)
% de casas com computadores	% de pessoas empregadas no total da população
% de casas com linha telefônica	
Número de pessoas que vivem em favelas	
Acidentes de transporte por veículo	
Gasto com transporte	
Se existe um porto na AMC	
Se existe um aeroporto na AMC	

(continua)

Tabela 3.1 **Variáveis Utilizadas para as Quatro Dimensões do Índice de Competitividade** *(continuação)*

Institucional/fiscal	*Econômica*
Total dos investimentos na Área Mínima Comparável (AMC) (excluídos investimentos federais e estaduais)	Salário médio (mensal)
Receita bruta corrente da AMC	PIB per capita (R$ 1.000)
Despesas da AMC	% do PIB no setor primário
Despesas orçamentárias	% do PIB no setor secundário
Total transferido do Fundo de Participação Municipal	% do PIB no setor terciário
Arrecadação de impostos da AMC	Duração per capita da poupança (R$ 1.000)
Receitas da AMC	Poupança em dinheiro do governo per capita (R$ 1.000)
Total das receitas fiscais	Poupança em dinheiro do setor privado per capita (R$ 1.000)
	% de empregados na área de alta tecnologia
	Ativos por domicílio urbano (R$ 1.000)

Fonte: Autores, baseados no IBGE.

Metodologia

Para calcular o índice de competitividade, seguimos o quadro utilizado por Cabrero, Orihuela e Ziccardi (2003) e aplicamos a Análise dos Componentes Principais (ACP). Trata-se de um método não paramétrico simples utilizado frequentemente para reduzir o conjunto de dados multidimensional para dimensões menores de análise (O Quadro 3.1 apresenta uma descrição mais detalhada da metodologia). A ACP é muito útil para calcular os índices, porque apresenta três grandes vantagens: não atribui pesos, pois o método determinará se uma variável é relevante ou não. Dessa forma, permite a desagregação do índice em subíndices para melhor compreensão das áreas que podem futuramente ter melhor desempenho. É uma metodologia amplamente utilizada para construir índices de competitividade nacional, como aqueles apresentados no *Relatório de Competitividade Global*, publicado pelo Fórum Econômico Mundial e o *Anuário de Competitividade Mundial*, produzido pelo Instituto Internacional de Desenvolvimento de Gestão.

Esta metodologia também apresenta desvantagens importantes, tais como a imposição da linearidade, que exige a determinação prévia do número de fatores a serem utilizados. No entanto, consideramos que é uma aproximação razoavelmente boa para a construção de um índice para comparar o desempenho de uma cidade.

Aplicamos a Análise de Componente Principais (ACP) para cada um dos quatro componentes, e após ter obtido um índice para cada um deles, aplicamos novamente a ACP para obter um índice global. Isso permite não só classificar as cidades de acordo com um índice de competitividade agregado, mas também compreender como essas cidades representam as diferentes dimensões da competitividade.

Quadro 3.1

Análise de Componentes Principais

A Análise de Componentes Principais (ACP) é matematicamente definida como uma transformação ortogonal linear que converte os dados para um novo sistema de coordenadas, de tal forma que a maior variância por qualquer projeção dos dados encontra-se na primeira coordenada, denominada primeira componente principal. O procedimento converte um número de variáveis correlacionadas (possíveis) em um número (menor) de variáveis não correlacionadas chamadas componentes principais. O primeiro componente principal calcula o maior número de variáveis possíveis e cada componente subsequente é responsável pelo máximo de variabilidade restante possível.

A ACP pode ser utilizada para a redução de dimensionalidade de um conjunto de dados, mantendo as características do conjunto de dados que mais contribui para a variância, mantendo componentes principais de ordem inferior e ignorando os de ordem mais elevada. Esses subcomponentes muitas vezes incluem os aspectos "mais importantes" dos dados.

Fontes: *Smith* (2002); DIT e NCAER (2007).

Ranking de Cidades

Aplicando a metodologia de Análise de Componentes Principais (ACP), calculamos o índice de competitividade para 447 Áreas Mínimas Comparáveis (AMC). As Tabelas 3.2 a 3.4 apresentam o *ranking* de competitividade por componente e tamanho da cidade. O índice foi redimensionado para (-1) a (+1), sendo que o melhor desempenho da cidade recebeu um índice de (+1) e o pior desempenho do *ranking* foi classificado como (-1).

O índice de competitividade global classifica as cidades de São Paulo, Rio de Janeiro e Porto Alegre com as melhores no *ranking* para cidades grandes.[4] A Figura 3.2 compara as três principais cidades de acordo com as quatro dimensões. São Paulo foi melhor que as outras cidades grandes nas dimensões urbana e institucional/fiscal e tem desempenho melhor que Porto Alegre e Rio de Janeiro na dimensão econômica, mas ainda está defasada quanto à dimensão sociodemográfica.

As diferenças de desempenho entre as 172 Áreas Mínimas Comparáveis (AMC) médias são mais evidentes. Ribeirão Preto, Santos e Florianópolis são as melhores classificadas no *ranking* do índice de competitividade para cidades médias. Apesar de Ribeirão Preto ter o melhor desempenho institucional/fiscal, não está entre as dez primeiras nem no índice de dimensão sociodemográfica nem no índice econômico.

Com relação às cidades pequenas, Jaraguá do Sul, Cubatão e Resende foram as mais bem classificadas no *ranking*. Essas cidades também estão entre as dez mais bem classificadas quanto ao *ranking* do componente econômico e institucional/fiscal. Jaraguá do Sul tem um bom desempenho quanto aos aspectos sociodemográficos, mas não está entre as mais bem classificadas no índice urbano. Cubatão não está entre as melhores do *ranking* nem no índice urbano nem no índice sociodemográfico.

Figura 3.2 Comparação entre São Paulo, Rio de Janeiro e Porto Alegre Utilizando as Quatro Dimensões de Competitividade

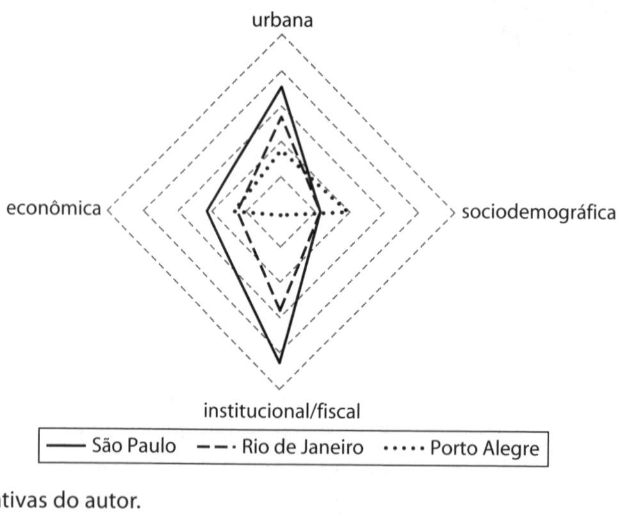

Fonte: Estimativas do autor.

A desagregação do índice de competitividade por componente permite a identificação de áreas que podem futuramente ter melhor desempenho. Mesmo que uma cidade esteja muito bem classificada no *ranking*, isso não significa que ela apresente um bom desempenho em todos os componentes do índice de competitividade.

Tabela 3.2 Índice de Competitividade das Grandes Cidades Brasileiras em 2000

	Índice de competitividade			*Índice urbano*			*Índice sociodemográfico*			*Índice institucional/fiscal*			*Índice econômico*		
	Ranking			*Ranking*			*Ranking*			*Ranking*			*Ranking*		
1	São Paulo	(SP)	1.00	São Paulo	(SP)	1.00	Porto Alegre	(RS)	1.00	São Paulo	(SP)	1.00	Brasília	(DF)	1.00
2	Rio de Janeiro	(RJ)	0,7	Rio de Janeiro	(RJ)	0,77	Curitiba	(PR)	0,89	Rio de Janeiro	(RJ)	0,64	São Paulo	(SP)	0,99
3	Porto Alegre	(RS)	0,48	Porto Alegre	(RS)	0,49	Campinas	(SP)	0,8	Belo Horizonte	(MG)	0,1	Porto Alegre	(RS)	0,61
4	Curitiba	(PR)	0,38	Belo Horizonte	(MG)	0,46	Rio de Janeiro	(RJ)	0,6	Salvador	(BA)	0,08	Rio de Janeiro	(RJ)	0,57
5	Campinas	(SP)	0,27	Curitiba	(PR)	0,35	São Paulo	(SP)	0,6	Curitiba	(PR)	0,06	Curitiba	(PR)	0,38
6	São Bernardo do Campo	(SP)	0,13	Campinas	(SP)	0,26	Santo André	(SP)	0,55	Porto Alegre	(RS)	0,02	Campinas		0,29
7	Goiânia	(GO)	0,07	Recife	(PE)	0,16	Belo Horizonte	(MG)	0,53	Fortaleza	(CE)	0,02	São Bernardo	(SP)	0,17
8	Salvador	(BA)	0,03	Goiânia	(GO)	0,14	São Bernardo do Campo	(SP)	0,49	Recife	(PE)	−0,18	Santo André	(SP)	0,1
9	Recife	(PE)	0	São Bernardo	(SP)	0,04	Brasília	(DF)	0,49	Manaus	(AM)	−0,35	Recife	(PE)	−0,03
10	Guarulhos	(SP)	−0,12	Salvador	(BA)	0,01	Goiânia	(GO)	0,41	São Bernardo	(SP)	−0,41	Salvador	(BA)	−0,04
11	Campo Grande	(MS)	−0,21	Fortaleza	(CE)	−0,10	Osasco	(SP)	0,4	Guarulhos	(SP)	−0,46	Goiânia	(GO)	−0,16
12	Fortaleza	(CE)	−0,22	Campo Grande	(MS)	−0,21	Campo Grande	(MS)	0,13	Campinas	(SP)	−0,55	Guarulhos	(SP)	−0,19
13	Belém	(PA)	−0,24	Osasco	(SP)	−0,25	Guarulhos	(SP)	0,02	Goiânia	(GO)	−0,57	Belém	(PA)	−0,34
14	São Gonçalo	(RJ)	−0,38	Natal	(RN)	−0,28	São Gonçalo	(RJ)	−0,01	Belém	(PA)	−0,72	Fortaleza	(CE)	−0,35
15	Natal	(RN)	−0,38	Guarulhos	(SP)	−0,28	Belém	(PA)	−0,06	Nova Iguaçu	(RJ)	−0,79	São Gonçalo	(RJ)	−0,36
16	Manaus	(AM)	−0,53	Belém	(PA)	−0,33	Salvador	(BA)	−0,12	Campo Grande	(MS)	−0,84	Natal	(RN)	−0,38
17	Nova Iguaçu	(RJ)	−0,59	Maceió	(AL)	−0,45	Recife	(PE)	−0,30	São Luís	(MA)	−0,87	Campo Grande	(MS)	−0,47
18	São Luís	(MA)	−0,61	Manaus	(AM)	−0,71	Nova Iguaçu	(RJ)	−0,39	Natal	(RN)	−0,90	Nova Iguaçu	(RJ)	−0,56
19	Duque de Caxias	(RJ)	−0,64	São Gonçalo	(RJ)	−0,81	Duque de Caxias	(RJ)	−0,40	Maceió	(AL)	−0,92	Manaus	(AM)	−0,60
20	Maceió	(AL)	−0,78	São Luís	(MA)	−0,83	Natal	(RN)	−0,41	Teresina	(PI)	−0,95	São Luís	(MA)	−0,60
21	Teresina	(PI)	−1,00	Nova Iguaçu	(RJ)	−0,91	Fortaleza	(CE)	−0,41	Duque de Caxias	(RJ)	−0,96	Duque de Caxias	(RJ)	−0,64

(continua)

Tabela 3.2 Índice de Competitividade para Grandes Cidades Brasileiras em 2000 *(continuação)*

	Índice de competitividade			*Índice urbano*			*Índice sociodemográfico*			*Índice institucional/fiscal*			*Índice econômico*		
Ranking															
22				Duque de Caxias	(RJ)	–0,94	São Luís	(MA)	–0,41	São Gonçalo	(RJ)	–0,99	Maceió	(AL)	–0,83
23				Teresina	(PI)	–1,00	Manaus	(AM)	–0,47	Osasco	(SP)	–1,00	Teresina	(PI)	–1,00
24							Maceió	(AL)	–0,94						
25							Teresina	(PI)	–1,00						

Fonte: Estimativas do autor.
a. Acima de 500,000 habitantes em 1991.
Nota: Algumas cidades não estão incluídas em alguns dos índices devido à ausência de informação em uma ou mais das variáveis consideradas.

Tabela 3.3 Índice de Competitividade das Cidades Brasileiras Médias[a] em 2000

	Índice de competitividade			*Índice urbano*			*Índice socioaemográfico*			*Índice institucional/fiscal*			*Índice econômico*		
	As 10 melhores cidades			*As 10 melhores cidades*			*As 10 melhores cidades*			*As 10 melhores cidades*			*As 10 melhores cidades*		
1	Ribeirão Preto	(SP)	1,00	Niterói	(RJ)	1,00	São Caetano do Sul	(SP)	1,00	Ribeirão Preto	(SP)	1,00	Macaé	(RJ)	1,00
2	Santos	(SP)	0,99	Vitória	(ES)	0,99	Niterói	(RJ)	0,79	Santos	(SP)	0,75	Florianópolis	(SC)	0,99
3	Florianópolis	(SC)	0,95	Santos	(SP)	0,91	Florianópolis	(SC)	0,71	São Jose dos Campos	(SP)	0,73	São Jose dos Campos	(SP)	0,85
4	São José dos Campos	(SP)	0,91	Ribeirão Preto	(SP)	0,88	Blumenau	(SC)	0,69	Vitória	(ES)	0,64	João Pessoa	(PB)	0,82
5	Niterói	(RJ)	0,91	Florianópolis	(SC)	0,84	Caxias do Sul	(RS)	0,67	Contagem	(MG)	0,58	Niterói	(RJ)	0,72
6	Jundiaí	(SP)	0,68	São Caetano do Sul	(SP)	0,74	Santos	(SP)	0,66	Sorocaba	(SP)	0,55	Santos	(SP)	0,67
7	Caxias do Sul	(RS)	0,63	São Jose do Rio Preto	(SP)	0,64	São Jose	(SC)	0,6	Campos dos Goytacazes	(RJ)	0,51	Jundiaí	(SP)	0,59
8	Sorocaba	(SP)	0,63	Aracaju	(SE)	0,61	Joinville	(SC)	0,6	Barueri	(SP)	0,5	Joinville	(SC)	0,58
9	João Pessoa	(PB)	0,6	Londrina	(PR)	0,6	Americana	(SP)	0,59	Caxias do Sul	(RS)	0,44	Blumenau	(SC)	0,54
10	Joinville	(SC)	0,59	Juiz de Fora	(MG)	0,59	Estrela	(RS)	0,58	Florianópolis	(SC)	0,42	Cosmópolis	(SP)	0,49
	As 10 piores cidades			*As 10 piores cidades*			*As 10 piores cidades*			*As 10 piores cidades*			*As 10 piores cidades*		
163	Vitória de Sto. Antão	(PE)	−0,50	Marabá	(PA)	−0,47	Juazeiro	(BA)	−0,46	Uruguaiana	(RS)	−0,81	Piracuruca	(PI)	−0,65
164	Juazeiro	(BA)	−0,50	Porto dos Gauchos	(MT)	−0,51	Timon	(MA)	−0,46	Alegrete	(RS)	−0,83	Porto dos Gauchos	(MT)	−0,68
165	Arapiraca	(AL)	−0,51	Palmeira dos Indios	(AL)	−0,52	Ouro Preto do Oeste	(RO)	−0,47	Sapucaia do Sul	(RS)	−0,86	Arapiraca	(AL)	−0,70
166	Santarém	(PA)	−0,52	Piracuruca	(PI)	−0,56	Altamira	(PA)	−0,50	Santa Luzia	(MA)	−0,88	Santarém	(PA)	−0,72

(continua)

Tabela 3.3 Índice de Competitividade das Cidades Brasileiras Médias[a] em 2000 *(continuação)*

	Índice de competitividade			*Índice urbano*			*Índice sociodemográfico*			*Índice institucional/fiscal*			*Índice econômico*		
	As 10 piores cidades			*As 10 piores cidades*			*As 10 piores cidades*			*As 10 piores cidades*			*As 10 piores cidades*		
168	Ouro Preto do Oeste	(RO)	–0,62	Timon	(MA)	–0,60	Palmeira dos Indios	(AL)	–0,66	Nilópolis	(RJ)	–0,92	Palmeira das Missões	(RS)	–0,78
169	Piracuruca	(PI)	–0,64	Altamira	(PA)	–0,61	Piracuruca	(PI)	–0,73	Palmeira dos índios	(AL)	–0,95	Codó	(MA)	–0,79
170	Palmeira dos Indios	(AL)	–0,71	Codó	(MA)	–0,66	Caxias	(MA)	–0,78	Alagoinhas	(BA)	–0,99	Palmeira dos Índios	(AL)	–0,90
171	Codó	(MA)	–0,74	Ouro Preto do Oeste	(RO)	–0,72	Codó	(MA)	–0,93	Timon	(MA)	–0,99	Santa Luzia	(MA)	–0,96
172	Santa Luzia	(MA)	–1,00	Santa Luzia	(MA)	–1,00	Santa Luzia	(MA)	–1,00	Vitória de Sto. Antao	(PE)	–1,00	Itaituba	(PA)	–1,00

Fonte: Estimativas do autor

a. Entre 100,000 e 500,000 habitantes em 1991.

Tabela 3.4 Índice de Competitividade das Cidades Brasileiras Pequenas[a] em 2000

	Índice de competitividade			*Índice urbano*			*Índice sociodemográfico*			*Índice institucional/fiscal*			*Índice econômico*		
	As 10 melhores cidades			*As 10 melhores cidades*			*As 10 melhores cidades*			*As 10 melhores cidades*			*As 10 melhores cidades*		
1	Jaraguá do Sul	(SC)	1	Botucatu	(SP)	1	Brusque	(SC)	1	Cubatão	(SP)	1	Jaraguá do Sul	(SC)	1
2	Cubatão	(SP)	0,93	Catanduva	(SP)	0,9	Jaraguá do Sul	(SC)	0,99	Cabo Frio	(RJ)	0,73	Resende	(RJ)	0,91
3	Resende	(RJ)	0,79	São João da Boa Vista	(SP)	0,86	Valinhos	(SP)	0,83	Jaraguá do Sul	(SC)	0,72	Cubatão	(SP)	0,84
4	Cabo Frio	(RJ)	0,73	Jau	(SP)	0,85	Birigui	(SP)	0,87	Caraguatatuba	(SP)	0,7	Araucária	(PR)	0,7
5	Valinhos	(SP)	0,73	Barretos	(SP)	0,76	São Bento do Sul	(SC)	0,85	Araucária	(PR)	0,56	Valinhos	(SP)	0,64
6	Araras	(SP)	0,68	Araras	(SP)	0,74	Sapiranga	(RS)	0,82	Angra dos Reis	(RJ)	0,55	Cabo Frio	(RJ)	0,63
7	Catanduva	(SP)	0,65	Assis	(SP)	0,71	Esteio	(RS)	0,82	Itabira	(MG)	0,52	Nova Lima	(MG)	0,63
8	Araucária	(PR)	0,63	Lins	(SP)	0,68	Jaú	(SP)	0,8	Barretos	(SP)	0,5	Paulo Afonso	(BA)	0,6
9	Barretos	(SP)	0,57	Pouso Alegre	(MG)	0,66	São João da Boa Vista	(SP)	0,79	Resende	(RJ)	0,45	Bebedouro	(SP)	0,55
10	Caraguatatuba	(SP)	0,53	Resende	(RJ)	0,65	Itatiba	(SP)	0,79	Araras	(SP)	0,45	Simões Filho	(BA)	0,5
	As 10 piores cidades			*As 10 piores cidades*			*As 10 piores cidades*			*As 10 piores cidades*			*As 10 piores cidades*		
268	Barra do Corda	(MA)	−0,77	Chapadinha	(MA)	−0,81	Sapé	(PB)	−0,76	Quixadá	(CE)	−0,88	Monte santo	(BA)	−0,92
269	Euclides da Cunha	(BA)	−0,77	João Lisboa	(MA)	−0,83	São Joao do Piaui	(PI)	−0,77	Sapé	(PB)	−0,89	Zé Doca	(MA)	−0,94
270	Alenquer	(PA)	−0,78	Viana	(MA)	−0,84	João Lisboa	(MA)	−0,79	Floriano	(PI)	−0,90	Turiaçu	(MA)	−0,94
271	Grajaú	(MA)	−0,82	Carutapera	(MA)	−0,85	Ouricuri	(PE)	−0,83	Tauá	(CE)	−0,90	Carutapera	(MA)	−0,95
272	João Lisboa	(MA)	−0,83	Alenquer	(PA)	−0,86	Vitória do Mearim	(MA)	−0,84	Arcoverde	(PE)	−0,91	Alenquer	(PA)	−0,97
273	Chapadinha	(MA)	−0,85	Turiaçu	(MA)	−0,91	Zé Doca	(MA)	−0,86	Serrinha	(BA)	−0,91	Grajaú	(MA)	−0,97
274	Carutapera	(MA)	−0,86	Vitória do Mearim	(MA)	−0,91	Carutapera	(MA)	−0,88	Limoeiro	(PE)	−0,92	Barra do Corda	(MA)	−0,98
275	Turiaçu	(MA)	−0,86	Ourém	(PA)	−0,95	Turiaçu	(MA)	−0,90	Santo Amaro	(BA)	−0,94	Cametá	(PA)	−0,99
276	Barreirinhas	(MA)	−0,96	Barreirinhas	(MA)	−0,97	Barreirinhas	(MA)	−0,94	Cajazeiras	(PB)	−0,98	Barreirinhas	(MA)	−0,99
277	Monte Santo	(BA)	−1,00	Monte Santo	(BA)	−1,00	Monte Santo	(BA)	−1,00	Timbaúba	(PE)	−1,00	Ourém	(PA)	−1,00

Fonte: Autores.

a. Entre 50.000 and 100.000 habitantes em 1991.

O índice de competitividade computado nesta análise exploratória é muito limitado, pois só permite uma análise estática, ou seja, permite a comparação entre as cidades apenas em um determinado ano (2000). Comparar cidades ao longo do tempo seria uma ferramenta muito poderosa para avaliar o progresso das cidades. Com base nos dados do censo brasileiro de 1991, aplicamos a mesma metodologia para calcular o índice de competitividade para o referido ano. Infelizmente, devido às limitações dos dados, não foi possível calcular o índice para todas as cidades em todas as quatro dimensões. O resultado da comparação foi muito incompleto e, portanto, de valor muito pequeno para ser incluído aqui.

Para ilustrar essa dinâmica potencial do índice, comparamos três componentes do índice (urbano, sociodemográfico e institucional/fiscal) para a cidade de Teresina em 1991 e em 2000 (Figura 3.3).

Curiosamente, apesar de a cidade de Teresina ter melhorado substancialmente ao longo de dez anos na dimensão institucional/fiscal, a cidade melhorou pouco na dimensão sociodemográfica, mas não apresentou melhora na dimensão urbana. Isso ilustra como uma cidade com a pior classificação do *ranking* de competitividade global das grandes cidades pode melhorar o seu desempenho futuramente, sabendo que nem todos os dados são captados no processo transversal de classificação do *ranking*.

Figura 3.3 Comparação de Teresina entre os Anos de 1991 e 2000 Utilizando Três Dimensões do Índice de Competitividade

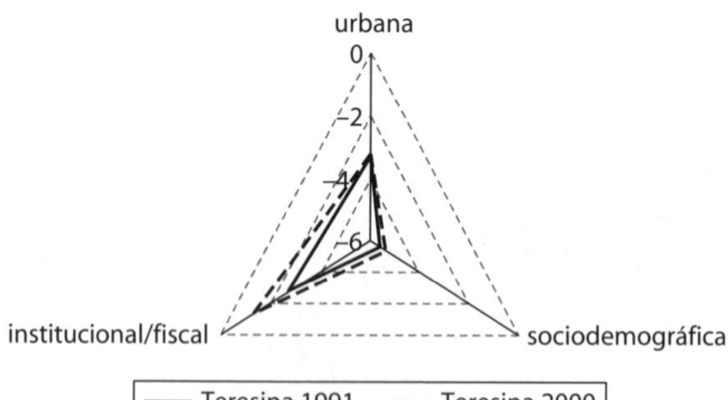

Fonte: Estimativas do autor.

Conclusões

As cidades competem cada vez mais para oferecer um melhor ambiente de negócios, e a medida desse desempenho é o principal instrumento de gestão. Indicadores de desempenho da competitividade são cada vez mais exigidos em nível global, e as cidades brasileiras não são exceções.

Neste exercício exploratório, apresentamos uma primeira tentativa de medida de competitividade para as cidades no Brasil. Construímos um índice de competitividades e o classificamos em cidades grandes, médias e pequenas com base nas quatro dimensões. A falta de dados nos impediu de realizar maiores análises dinâmicas. No entanto, fomos capazes de lançar uma luz sobre os melhores desempenhos entre as cidades brasileiras, e as cidades com potencial para melhorar seu desempenho futuramente.

Os esforços futuros para melhorar o índice poderiam incluir:

- *Análise dinâmica.* Para isso é necessário completar o banco de dados dos anos anteriores (1980 e 1991) e incluir os dados mais recentes. (O próximo censo brasileiro está previsto para o ano de 2010).
- *Dimensão institucional.* Os dados sobre as instituições em nível da Área Mínima Comparável (AMC) não estavam disponíveis durante a elaboração deste capítulo, mas existem alguns dados sobre as instituições municipais (Perfil dos Municípios Brasileiros) que podem ser utilizados futuramente caso estejam disponíveis em nível da AMC.
- *Dimensão fiscal.* Há também dados fiscais que podem ser utilizados para medir como os municípios cumprem as exigências no âmbito da Lei de Responsabilidade Fiscal, muito comum em nível municipal mas não em nível da AMC.
- *Unidade de análise.* O exercício foi realizado utilizando dados em nível da AMC, principalmente devido à disponibilidade de dados. No entanto, se mais uma abordagem prospectiva fosse utilizada, a análise de desempenho em nível municipal teria maior utilidade e proporcionaria mais um instrumento de gestão para os governos municipais.

Notas

1. Para a definição utilizada neste livro, veja o capítulo 1.
2. Para o restante deste capítulo, o termo "AMC" é usado de forma intercambiável com o termo "cidade".
3. Embora os dados institucionais não estivessem disponíveis durante a elaboração deste capítulo, a categoria "institucional/fiscal" foi mantida.
4. Curiosamente, os estados a que essas cidades pertencem não são os mais bem classificados no *ranking* do *Doing Business in Brazil*: no total de 13 estados bra-

sileiros, o estado de São Paulo ocupa o 11.º lugar, o estado do Rio de Janeiro ocupa o 8.º lugar e o estado do Rio Grande do Sul ocupa o 6.º lugar. *Doing Business in Brazil* reflete principalmente a complexidade das regulamentações dos negócios (abertura de empresas, registro de propriedade, obtenção de crédito, pagamento de impostos e cumprimento de contratos), dimensão esta que não foi considerada no índice de competitividade calculado neste capítulo.

CAPÍTULO 4

A Região do Cariri no Ceará e o *Cluster* de Calçados

Mônica Amorim e Daniel da Mata

Este estudo de caso sobre a região do Cariri, no Estado do Ceará, Brasil, é dividido em duas partes. A primeira apresenta uma análise econômica da estrutura e evolução da economia do Cariri, nos últimos anos, baseada principalmente em dados da Relação Anual de Informações Sociais - RAIS, produzidos pelo Ministério do Trabalho. A análise tenta isolar os impulsores-chave das economias regionais e municipais e identificar os principais focos da economia local. A segunda parte do estudo de caso analisa a aglomeração produtiva mais importante da região, o *cluster* de calçados, e apresenta suas principais características e desafios e estratégias de desenvolvimento.

Uma Análise Econômica do Cariri

A primeira parte deste capítulo discute o quadro de emprego formal em três municípios brasileiros: Barbalha, Crato e Juazeiro do Norte. Essas três cidades formam o núcleo urbano da "região do Cariri", no Estado do Ceará (região Nordeste). Neste capítulo, os termos "região do Cariri" ou "Cariri" são usados como sinônimos para a agregação desses três municípios.[1] Portanto, os outros municípios que compõem a região "oficial" do Cariri estão excluídos.

A seção seguinte mostra as mudanças no emprego formal e seus números de 1995 a 2005, com base nos dados da RAIS. Pelo fato de esses dados serem do setor formal, eles tendem a subestimar especialmente as atividades do setor primário. As atividades do setor secundário tendem a ser mais formais no Brasil e, portanto, os dados da RAIS são adequados para a análise do setor. O setor terciário é mais heterogêneo, na medida em que algumas de suas atividades são em grande parte formais, como a arquitetura e engenharia, enquanto outras, como o pequeno comércio varejista, não o são. Assim, o número de estabelecimentos e empregos no comércio varejista tende a ser subestimado.

Estrutura de Emprego

A Tabela 4.1 mostra dados de 2 dígitos na RAIS do emprego formal de Barbalha, Crato e Juazeiro. A primeira característica importante é que, em geral, eles têm uma estrutura de emprego semelhante. A manufatura, o comércio e o setor público são responsáveis por aproximadamente dois terços do total de empregos formais. A saúde e os serviços relacionados à educação também são relativamente importantes.

A indústria manufatureira é o setor mais importante e representa a maior parte do emprego formal em todas as três cidades. A Tabela 4.1 mostra que o crescimento do emprego no setor industrial foi especialmente elevado em Crato e Juazeiro. Ao longo do período 1995-2005, o emprego industrial aumentou quase quatro vezes em Crato e Juazeiro. Barbalha mostrou crescimento de apenas 3 por cento durante o período. Devido ao fraco desempenho de Barbalha, Crato superou Barbalha em número de empregos na indústria e tinha quase o dobro em 2005.

O comércio também experimentou uma alta taxa de crescimento do emprego formal: cerca de 80 por cento em Crato, 260 por cento em Barbalha e 160 por cento em Juazeiro. Embora a construção civil não seja um setor importante, as atividades imobiliárias mostram forte aumento de empregos em todas as três cidades. O crescimento do transporte é irregular: positivo em Barbalha e Crato e negativo em Juazeiro. Da mesma forma, o emprego no setor público cresceu em Barbalha e Crato, mas não em Juazeiro. Digno de nota é que houve uma diminuição constante do emprego no setor financeiro nos três municípios.

Para a região como um todo, a manufatura, os serviços, o comércio, o mercado imobiliário e a educação foram os setores-chave, e esses setores também mantiveram forte crescimento do emprego formal de 1995 a 2005. Em contraste, há uma clara tendência de perda de importância do setor público, que acompanha as tendências de crescimento das atividades privadas, embora ainda seja o terceiro maior setor na região.

Tabela 4.1 Participação do Emprego Formal e Crescimento em Cariri 1995-2005

	Participação do Emprego, 2005 (%)				*Crescimento do Emprego, 1995–2005 (%)*			
Setor de 2 dígitos	*Região*	*Barbalha*	*Crato*	*Juazeiro*	*Região*	*Barbalha*	*Crato*	*Juazeiro*
Agricultura e silvicultura	0,4	0,1	1,1	0,1	137	–86	1,1	21
Pesca	0	0	0	0	—	—	—	—
Mineração	0,2	0,6	0,3	0,1	–67	–87	–27	475
Manufatura	29,1	41,4	30,2	26,0	158	3	380	217
Empresas públicas	0,6	0,0	0,5	0,8	156	–85	–29	—
Construção civil	2,3	1,9	1,5	2,9	–16	9	–55	6
Comércio	26,2	10,6	18,4	33,5	139	267	76	161
Vendas no varejo de alimentos e bebidas	2,5	2,2	2,4	2,6	183	163	234	165
Transporte, armazéns e comunicação	3	1,3	1,3	4,3	27	111	–54	70
Serviços financeiros	0,9	0,7	0,9	1	–61	–32	–21	–70
Serviços imobiliários	2,5	0,4	2,8	2,7	222	467	147	283
Serviços públicos	15,6	17,7	19,3	13,3	2	21	54	–22
Serviços de educação	6,6	4,4	10,5	4,8	149	70	208	118
Serviços de saúde	6,5	16,8	5,9	4,7	28	88	–6	30
Outros serviços	3,5	1,8	4,8	3,1	139	–9	184	153
Serviços domésticos	0	0	0	0	250	–50	—	—
Organizações multilaterais	0	0	0	0	—	—	—	—
Total (número) Porcentagem	39,028	4,474	12,12	22,434	75	23	96	80

Fonte: RAIS, Ministério do Trabalho.

Mas dentre a manufatura, o comércio e o serviço público, quais são os subsetores mais importantes em termos de emprego formal? A Tabela 4.2 informa os subsetores de 4 dígitos mais importantes para a região do Cariri (com o valor correspondente para cada um dos três municípios). Vinte e quatro setores dentre 600 estão listados, os quais representam 64 por cento do total de empregos formais. As atividades relacionadas ao setor público têm maior número de empregos. Na manufatura, a fabricação de calçados de borracha e plástico, produtos de borracha e calçados de outros materiais estão entre os cinco primeiros. A fabricação de calçados de couro também é relativamente importante. Serviços como educação básica e superior, bem como hotelaria, também estão na lista. Diversas atividades relacionadas a vendas no varejo (comércio) estão incluídas, como o comércio varejista de produtos farmacêuticos e de alimentos. Isso reflete o papel da região do Cariri como um centro regional de fornecedores.

Qualidade da Força de Trabalho

A região do Cariri tem sido uma importante base para a educação no interior do Ceará, mas, como revela a Tabela 4.3, há muito o que fazer para melhorar a qualidade da força de trabalho. Praticamente metade dos trabalhadores formais da região do Cariri concluiu o ensino médio. No entanto, 1 por cento é analfabeta, 36 por cento têm apenas o nível fundamental incompleto, e apenas 13 por cento têm nível universitário ou mais alto. Trabalhadores com apenas o ensino fundamental são encontrados principalmente na manufatura, comércio e atividades do setor público, enquanto trabalhadores com nível superior são mais frequentes nos serviços públicos de educação e saúde. A falta de trabalhadores qualificados na manufatura pode ser uma séria restrição para a região avançar para uma economia mais inovadora.

Análise do Quociente de Localização

A medida amplamente utilizada de concentração da atividade econômica nas zonas urbanas é o quociente de localização (QL). Esse indicador compara a percentagem de emprego local num setor com a parcela de participação nacional nesse setor. Um QL igual a zero significa que não há emprego no setor específico nessa área. Um QL inferior a 1 indica que a área é menos especializada do que a nação no setor específico. Um QL superior a 1 indica que o setor é altamente concentrado na área. QL são úteis como ferramenta básica na identificação dos *cluster*s e setores altamente concentrados.

No entanto, para determinar o dinamismo de um determinado setor na região, o QL é apenas uma parte da informação. Para determinar se o setor pode oferecer uma base estável ou crescente para o futuro, outras medidas devem ser consideradas, tais como o número total de trabalhadores e o crescimento do emprego.

Tabela 4.2 Emprego Formal na Região do Cariri, Barbalha, Crato e Juazeiro do Norte, 2005

Subsetor com 4 dígitos	*Região do Cariri*	*Barbalha*	*Crato*	*Juazeiro*
Atividades gerais do serviço público	6.063	763	2,33	2.970
Fabricantes de calçados de borracha e plástico	3.374	336	2,327	711
Atividades hospitalares para pacientes internados	1.442	570	492	380
Fabricante de produtos de borracha n.c.o.l.	1.143	212	0	931
Fabricante de calçados de outros materiais (exceto calçados de atletismo)	1.078	272	1	805
Educação básica	993	60	424	509
Venda no varejo de bens domésticos, discos e produtos similares	963	0	77	886
Venda no varejo de produtos n.c.o.l.	836	15	105	716
Vendas no varejo de produtos farmacêuticos, médicos e ortopédicos	722	48	197	477
Venda no varejo de alimentos e bebidas em estabelecimentos com menos de 300 m^2	718	82	276	360
Construção de edifícios residenciais e comerciais	676	74	137	465
Venda no varejo de roupas e acessórios	674	13	179	482
Vendas no varejo de material de construção, instrumentos e ferramentas manuais	662	12	181	469
Venda no varejo de tecidos e produtos relacionados	640	16	117	507
Atividades de outras associações n.c.o.l.	554	20	247	287
Fabricação de aparelhos de corte e costura n.c.o.l.	550	156	132	262
Fabricação de calçados de couro	536	0	0	536
Educação superior	515	0	515	0
Venda no varejo de calçados, produtos de couro e valises	497	24	109	364
Venda de autopeças e acessórios	439	23	60	356
Vendas no varejo de combustível automotivo	406	65	145	196
Fabricação de produtos farmacêuticos para uso humano	403	402	0	1
Atividades de saúde humana n.c.o.l.	401	87	12	302
Hotéis	397	72	75	250

Fonte: RAIS, Ministério do Trabalho.
Nota: n.c.o.l. = não classificado em outro lugar

Tabela 4.3 Emprego Formal e Escolaridade na Região do Cariri, 2005

Setor de 2 dígitos	*Analfabeto (%)*	*Ensino Fundamental (%)*	*Ensino Secundário (%)*	*Ensino universitário ou superior (%)*	*Total (número)*
Agricultura e silvicultura	19	48	29	5	166
Pesca	0	0	0	0	0
Mineração	4	45	48	3	92
Manufatura	1	51	46	3	11.359
Empresas públicas	1	31	47	21	251
Construção civil	2	70	25	4	912
Comércio	0	30	64	5	10.221
Vendas no varejo de alimentos e bebidas	2	48	47	3	972
Transporte, armazéns e comunicação	0	52	41	6	1.177
Serviços financeiros	0	1	29	69	360
Serviços imobiliários	2	49	37	11	959
Serviços públicos	3	27	44	26	6.100
Serviços de educação	0	7	34	59	2.558
Serviços de saúde	1	18	67	14	2.521
Outros serviços	1	34	50	15	1.373
Serviços domésticos	0	86	14	0	7
Organizações multilaterais	0	0	0	0	0
Total (número)	**426**	**13.981**	**19.483**	**5.138**	**39.028**
Porcentagem	1,09	35,82	49,92	13,16	100

Fonte: RAIS, Ministério do Trabalho.

A Figura 4.1 ilustra a interação entre QL e o crescimento do emprego para determinar a importância de um determinado setor para a economia local. O primeiro quadrante (superior direito) representa os setores-chave da economia local, uma vez que têm um alto QL e empregos crescentes. Estratégias locais de desenvolvimento econômico podem escolher esses setores para criar ou manter o dinamismo empresarial adequado. O segundo quadrante (superior esquerdo) mostra setores com um QL superior a 1 e o crescimento de empregos em declínio. Esses setores aparecem como oportunidades para fortalecer as áreas importantes da economia local. O terceiro quadrante (inferior esquerdo) apresenta setores com um QL baixo e crescimento do emprego abaixo da média. Esses são alguns dos objetivos menos promissores para as estratégias de *cluster* local. Finalmente, o quarto quadrante (inferior direito) mostra setores com um QL inferior a 1, mas com o emprego em crescimento rápido. Esses setores representam possibilidades como geradores de crescimento na economia local e como *clusters* emergentes potenciais.

Figura 4.1 Quociente de Localização e Crescimento de Emprego

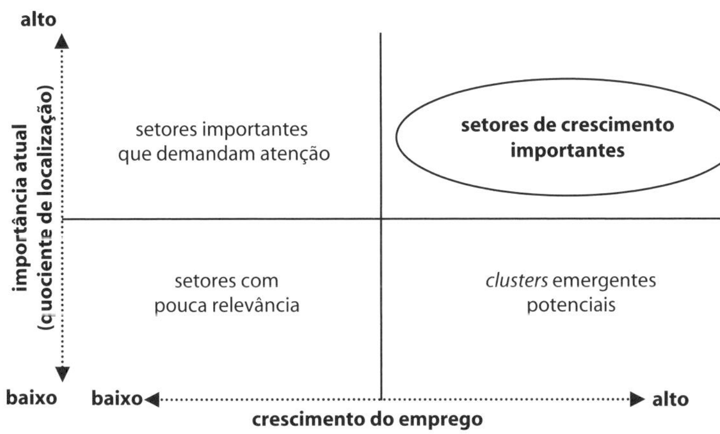

Fonte: Autores.

Nesta análise, um setor é identificado como tendo emprego em crescimento se apresenta desempenho acima do crescimento nacional do emprego. A Tabela 4.4 revela resultados da amostra do QL *versus* o crescimento do emprego em setores de 4 dígitos para a região do Cariri. Geralmente, os setores que aparecem em cada quadrante são os seguintes:

- **Grande importância, crescimento elevado:** A manufatura (calçados de couro, produtos plásticos, móveis, roupas íntimas e vestuário, entre outros), algumas atividades de venda no varejo, atividades de rádio, de serviços de saúde e de vendas de veículos automotores
- **Grande importância, baixo crescimento:** produção de couro, setor bancário, cimento, serviços jurídicos e de contabilidade e atividades de lazer e entretenimento
- **Baixa importância, baixo crescimento:** setores madeireiro e de mineração, algumas atividades de produção (papel e *software*), telecomunicações e algumas atividades de alta tecnologia

- **Baixa importância, crescimento elevado:** transporte, algumas atividades de produção (por exemplo portas, janelas e fechaduras) e imóveis.

Tabela 4.4 QL e Crescimento do Emprego: Setores em Cada Quadrante na Região do Cariri

Grande importância, baixo crescimento	*Grande importância, alto crescimento*
Destilação, purificação e engarrafamento de bebida alcoólica	Fabricação de produtos de padaria n.c.o.l
Fabricação de produtos de couro n.c.o.l.	Fabricação de refrigerantes
Serviços gráficos	Fabricação de produtos de corte e costura, roupas íntimas e roupas de dormir
Fabricação de cimento	Fabricação de produtos de vestuário de corte e costura n.c.o.l.
Fabricação de vassouras, escovas e esfregão	Fabricação de malas, mochilas e bolsas
Construção de prédios comerciais e residenciais	Fabricação de calçados de couro
Atacado de mercadorias em geral	Fabricação de produtos de plástico n.c.o.l.
Transporte rodoviário de passageiros não urbanos	Fabricação de mobília de outros materiais
Poupança e empréstimo bancário	Venda de componentes e acessórios automotivos
Atividades jurídicas	Venda de motocicletas e componentes relacionados
Contabilidade, contadoria e auditoria	Comércio atacadista de calçados
Fotografia	Vendas no varejo de calçados, produtos de couro e malas
Projeção de filmes	Vendas no varejo de equipamentos de escritório e informática
Artes dramáticas, música e outras atividades artísticas	Empréstimo de cooperativas
Outras atividades recreativas n.c.o.l	Atividades médicas e odontológicas
Atividades ligadas à saúde humana n.c.o.l.	Atividades de rádio
Baixa importância, baixo crescimento	*Baixa Importância, alto crescimento*
Corte de madeira	Criação de gado
Extração de minério de ferro	Fabricação de equipamentos de informática
Extração de alumínio	Construção de estradas
Extração de minério de manganês	Comércio atacadista de produtos têxteis
Abate e processamento de animais	Comércio varejista de produtos alimentícios n.c.o.l.
Produção de farinha de mandioca e derivados	Transporte rodoviário de passageiros urbanos
Fabricação de carpetes e tapetes	Transporte rodoviário de fretes
Fabricação de papel	Armazenagem de carga, manipulação

Baixa importância, baixo crescimento	*Baixa Importância, alto crescimento*
Reprodução de software	Atividades relacionadas ao transporte aéreo n.c.o.l.
Fabricação de equipamentos têxteis	Processamento de dados
Transporte ferroviário interurbano	Atividades de arquitetura, engenharia e consultoria
Transporte aéreo	Propaganda
Telecomunicações	Transporte por oleodutos
Atividade bancária comercial	Transporte aéreo, agendado
Consultoria em equipamentos de informática	Manipulação de carga
Atividades relacionadas à informática n.c.o.l.	Atividades imobiliárias

Fonte: Estimativas do autor.
Nota: *n.c.o.l.* = não classificado em outro lugar

A presença da cadeia (inteira) de calçados na categoria mais alta, desde a produção até a venda (atacado e varejo), surge como uma característica marcante e enfatiza a importância dos calçados para a economia local. Este é um grupo líder na indústria, por causa da exportação para outras regiões no Brasil. Algumas atividades que fornecem as bases para a cadeia de calçados também estão em evidência, como as cooperativas de crédito (grande importância, crescimento elevado), enquanto as seguintes atividades relacionadas são consideradas como tendo potencial de crescimento (baixa importância, crescimento elevado): criação de gado; vendas no atacado de produtos têxteis e tecidos; transporte rodoviário de mercadorias; armazenagem; propaganda e manipulação de carga. Embora seja necessária uma análise mais detalhada para verificar as características das ligações entre esses setores dinâmicos, é claro que eles são todos partes de uma única cadeia maior e devem ser considerados em conjunto numa estratégia de desenvolvimento econômico local. Por exemplo, a concepção de políticas públicas eficientes para o transporte pode melhorar diretamente a competitividade do *cluster* de calçados.

A categoria de baixa importância e de baixo crescimento contém diversas atividades de alta tecnologia. A inovação é um dos principais componentes de uma trajetória local bem-sucedida de crescimento, e as indústrias de alta tecnologia estão entre as mais inovadoras. Portanto, será útil para os governos estaduais e municipais prestar mais atenção aos setores inovadores dentro da cadeia de calçados da região do Cariri, por exemplo, tecnologias de design e projeto auxiliadas por computador (CAD).

A Tabela 4.5 indica o setor mais alto para cada município. Em Barbalha, a produção e as atividades de venda no varejo prevalecem, mas as atividade de saúde também são importantes.[2] Em Crato, parte das atividades ligadas a agricultura e pesquisa têm grande importância e crescimento elevado, além dos setores tradicionais (manufatura, comércio e saúde).[3] Juazeiro tem uma lista mais extensa de setores de grande importância e alto crescimento, incluindo um leque mais amplo de atividades de produção e de venda no varejo.[4]

Tabela 4.5 QL e Crescimento do Emprego: Setores Mais Significativos em Barbalha, Crato e Juazeiro

Barbalha	*Juazeiro*
Fabricação de produtos de padaria	Fabricação de produtos de padaria
Destilação, purificação e engarrafamento de bebida alcoólica	Fabricação de refrigerantes
Fabricação de calçados de borracha e plástico	Fabricação de produtos de corte e costura de roupas íntimas e de dormir
Fabricação de calçados de outros materiais (exceto calçados esportivos)	Corte, curtimento e acabamento de couros e peles
Fabricação de produtos farmacêuticos de uso humano	Fabricação de malas, sacolas e bolsas
Fabricação de produtos de borracha n.c.o.l.	Fabricação de calçados de couro
Fabricação de móveis e outros materiais	Fabricação de sabões e detergentes sintéticos
Vendas no varejo de combustível automotivo	Fabricação de produtos de borracha n.c.o.l.
Vendas no varejo de calçados, produtos de couro e valises	Processamento e fabricação de metais preciosos
Comércio varejista de gás liquefeito	Fabricação de estruturas metálicas e componentes pré-fabricados
Atividades hospitalares para pacientes internados	Fabricação de estruturas e chapas metálicas
Atividades de diagnóstico e terapêuticas humanas	Entalhe e gravação de pedras preciosas, metais e jóias
Atividades ligadas à saúde humana	Fabricação de instrumentos musicais
Serviço social sem acomodação	Fabricação de bens diversos n.c.o.l.
Crato	Reciclagem de resíduos não metálicos e sucata
Criação de animais	Venda de veículos automotores e acessórios
Processamento e preservação de frutas	Venda de motocicletas, peças e acessórios
Fabricação de produtos de plástico n.c.o.l.	Comércio atacadista de cereais processados, farinhas, óleo de milho e outros cereais
Fabricação de cerâmicas estruturais não refratárias	Comércio atacadista de produtos alimentícios n.c.o.l.
Processamento e fabricação de alumínio	Comércio atacadista de calçados
Fabricação de aparelhos domésticos	Comércio varejista de alimentos, carnes e bebidas
Comércio atacadista de cereais processados, farinhas, óleo de milho e outros cereais	Comércio varejista de biscoitos e bolachas
Comércio atacadista de bebidas	Comércio varejista de bebidas

(continua)

Crato	*Juazeiro*
Comércio atacadista de combustíveis	Comércio varejista de tecidos e produtos associados
Comércio varejista de alimentos, carnes e bebidas	Comércio varejista de vestuário e produtos associados
Comércio varejista de biscoitos e bolachas	Comércio varejista de calçados, produtos de couro e malas
Comércio varejista de calçados, produtos de couro e malas	Comércio varejista de produtos médicos, farmacêuticos e ortopédicos
Comércio varejista de livros, jornais e produtos de papelaria	Comércio varejista de produtos domésticos, discos e produtos similares
Comércio varejista nas ruas ou postos móveis de venda	Comércio varejista de material de construção, instrumentos e ferramentas
Serviços de buffet (catering)	Comércio varejista de gás liquefeito
Pesquisa de desenvolvimento experimental em ciências naturais	Comércio varejista de produtos n.c.o.l.
Atividades de diagnóstico e terapêuticas humanas	Aluguel de bens pessoais e domésticos n.c.o.l.
Serviço social sem acomodação	Atividades de rádio

Fonte: Estimativas do autor.

Nota: n.c.o.l. = não classificado em outro lugar

Análise dos Componentes de Variação (Shift-Share)

A análise *shift-share* é aplicada como método alternativo para a identificação dos setores econômicos líderes e atrasados. A análise *shift-share* decompõe o crescimento do emprego local em três componentes:

- *Variação nacional*: mudanças na economia local causadas por mudanças na economia nacional
- *Mudança de mix de indústrias*: mudanças na economia local provocadas pelo mix de indústrias
- *Mudança local*: mudanças no emprego local devido a fatores locais ou à competitividade local/da cidade.

A análise *shift-share* decompõe o crescimento total de emprego de acordo com a seguinte equação:

$$\text{mudança no emprego total} = \text{variação nacional} + \text{variação no mix industrial} + \text{variação local}$$

A interpretação dos resultados da análise *shift-share* é simples. A participação do crescimento nacional indica que parte do crescimento do emprego local é simplesmente causada pelo crescimento da economia nacional. O mix industrial representa o efeito sobre o desempenho da indústria em particular e tendências sobre o emprego local. A variação local enfatiza os fatores locais/da cidade/municipais sobre a mudança no emprego local.

Por exemplo, a análise *shift-share* mostra quanto do aumento total de empregos no subsetor de calçados de couro do Cariri deveu-se, individualmente, à dinâmica econômica brasileira, ao setor nacional de produção de calçados de couro e à dinâmica e competitividade econômica da região do Cariri. Nesse caso, quase toda a criação de empregos foi devida à competitividade econômica e dinâmica da região do Cariri, que é consistente com o crescimento recente do seu PIB.[5]

A Tabela 4.6 mostra os quatro subsetores líderes em termos de crescimento do emprego como consequência da dinâmica e competitividade da economia local. Embora a cadeia de calçados esteja claramente entre os segmentos mais dinâmicos, o crescimento dos negócios e comércio locais também é importante e reflete o papel do Cariri como centro regional de comércio no interior. Parte do crescimento da atividade comercial também está relacionada ao crescimento do setor de calçados.

O que Revela a Análise Econômica Estrutural

A estrutura da economia da região do Cariri é relativamente diversificada, embora a manufatura, o comércio e os serviços relacionados à educação e à saúde desempenhem um papel importante. Os serviços públicos, embora ainda significativos, perderam participação no emprego no período 1995-2005. Diferentemente de outras regiões do Ceará, a agricultura não parece desempenhar papel importante na condução da economia, apesar do fato de que a região é dotada de bom solo e recursos hídricos.[6] No setor manufatureiro, os calçados mostram um grande dinamismo em termos de criação de emprego e capacidade de influenciar (por meio de efeitos secundários), outros setores da indústria, como os comércios atacadista varejista e o setor de transporte. É claro que o setor de calçados formou uma aglomeração do tipo *cluster*, e este fato importante deve ser levado em consideração nas estratégias de desenvolvimento regional (Nogueira e Lopes 2008). E mais, a área é claramente um centro de negócios e comércio de importância regional, como demonstra a importância do varejo e do atacado e o rápido crescimento de serviços empresariais, tais como transporte, processamento de dados e publicidade. Além disso, uma parte significativa do comércio está relacionada ao turismo, especialmente às peregrinações religiosas.

Tabela 4.6 Análise dos Componentes de Variação (*Shift-Share*): Os Subsetores de 4-Dígitos Líderes da Região do Cariri, 2000-2005

				Shift-share		
Setores líderes (dinâmica local)	*2000*	*2005*	*Crescimento*	*Variação nacional*	*Mix da variação industrial*	*Variação local*
Comércio varejista de produtos domésticos, discos e produtos similares	122	963	841	33	86	723
Comércio varejista de alimentos e bebidas	249	718	469	67	104	298
Fabricação de calçados de couro	219	536	317	59	4	255
Vendas de motocicletas, peças e acessórios relacionados	42	208	166	11	45	110

Fonte: Estimativa dos autores

A análise sugere que existe potencial para a indústria de calçados se desenvolver como um *cluster* vibrante, estimulando negócios relacionados, investimentos e o crescimento. A criação de um *cluster*, no entanto, não diz respeito apenas à concentração da indústria e à proximidade. Ela depende de relações sociais, de relaçoes econômicas e de iniciativas conjuntas. A próxima seção tenta descrever a forma como esses recursos funcionam e como eles ajudaram a fortalecer o *cluster* de calçados do Cariri.

O *Cluster* de Calçados do Cariri

A indústria de calçados é uma importante atividade econômica na região do Cariri, perdendo apenas para o comércio. Como manufatura mais vibrante da região, o emprego a ela associado cresceu cerca de 350 por cento nos últimos 10 anos, mais que o dobro do crescimento dos postos de trabalho da indústria de transformação da região. A produção de calçados compreende cerca de 45 por cento dos empregos da industria manufatureira da região. Embora a produção de calçados tenha começado como atividade de processamento de couro, a indústria é hoje dominada por produtos sintéticos, principalmente de sandálias femininas de plástico injetado.

Independentemente dessas características, a produção de calçados do Cariri enfrenta vários desafios significativos para evoluir de uma base de baixo custo para a inovação num setor muito competitivo. Primeiro, deve melhorar rapidamente a qualificação da mão de obra para alcançar melhorias na qualidade do produto, aumentar o valor agregado e ter ganhos de produtividade do trabalho. Segundo, o *cluster* deve superar os gargalos tecnológicos (por exemplo, a falta de laboratórios e equipamentos modernos) para melhorar os padrões de qualidade e atender às demandas de mercados mais sofisticados. Em terceiro lugar, e também relacionado ao mercado, a produção local tem de chegar aos mercados mundiais para aumentar as vendas. Em quarto lugar, precisa resolver questões de fornecimento, incluindo a atração de fornecedores de insumos e a criação de mecanismos adequados para financiar insumos. Finalmente, o *cluster* precisa ampliar seu capital social para permitir mais iniciativas coletivas visando alcançar economias de escala, melhorar a capacidade de inovação e promover a competitividade. As seções seguintes tentam lançar alguma luz sobre os desafios de desenvolvimento enfrentados pela produção do *cluster* de calçados da região e seu *cluster*.

Uma Breve História da Produção de Calçados do Cariri

A produção de calçados do Cariri tem suas origens no início do século XIX, quando o Município de Juazeiro do Norte foi criado, refletindo o volume de peregrinos que vinham à região prestar homenagens ao lendário padre católico e primeiro prefeito da cidade, o Padre Cícero. O padre incentivou os recém-chegados a participarem em atividades produtivas, especialmente pequenas manufaturas e artesanato. Surgiu assim uma série de pequenas fábricas especializadas no tratamento de madeira, produtos agrícolas e de origem animal, bem como metais e minerais. Juazeiro viu sua influência crescer não só como um centro religioso mas também como importante centro comercial regional.

Um dos grupos importantes de imigrantes era o de vaqueiros, um personagem comum no interior do Nordeste e um símbolo da importância da criação de gado nos séculos XIX e XX na economia do Ceará. O crescimento do rebanho bovino tornou-se a matéria-prima (couro) disponível e a presença de vaqueiros criou a demanda para trajes e utensílios apropriados para a condução de rebanhos nas fazendas de gado. Em particular, um tipo de sandália simples e de baixo custo logo se tornou popular entre os peregrinos pobres e a população rural de baixa renda do Nordeste. Os sapateiros de Juazeiro, incentivados pelo Padre Cícero, tornaram-se os principais fornecedores de tais produtos para a região Nordeste.[7]

A produção de calçados do Cariri passou por uma mudança significativa na década de 1960, com a introdução do plástico (PVC[8]) na indústria de calçados. Em 1962, uma grande empresa da região Sudeste do Brasil (São Paulo) adquiriu de um grupo japonês a licença para produzir sandálias de plástico. Por meio de grandes campanhas publicitárias nacionais, essas "sandálias japonesas" tornaram-se populares em todo o Nordeste. Em 1963, um produtor de Juazeiro do Norte também comprou a licença e iniciou a produção local. Inicialmente, a empresa adquiria as partes dos fornecedores no Sul, e montava as sandálias em Juazeiro. Anos mais tarde, a empresa integrou verticalmente a produção, passando a produzir os componentes de plástico em sua própria fábrica em Juazeiro. Além disso, alguns dos insumos de plástico foram vendidos para montadoras locais.

As sandálias de plástico substituíram gradualmente as de couro produzidas na região. Os consumidores preferiam os novos produtos, de cores exuberantes, baixo custo e fácil manutenção. As novas sandálias produzidas em massa logo substituíram as tradicionais e muitas pequenas fábricas de artesanato deixaram o mercado.

Avanços Recentes

Na sequência do produtor pioneiro, algumas outras empresas locais começaram a produzir sandálias de plástico em massa na região do Cariri. O suprimento dos insumos de plástico vinha originalmente de produtores estabelecidos nos Estados do Sul e, mais tarde, de um estado do Nordeste (Bahia), a mais de 1.000 km de distância. Duas décadas depois, uma empresa local começou a produção dos insumos de plástico, placas especialmente laminadas, os componentes mais importantes da sandália de plástico. Isto revitalizou as micro e pequenas fábricas de calçados, que passaram a poder comprar insumos de plástico no varejo e produzir produtos similares de baixo custo. Principalmente por causa disso, a indústria de calçados do Cariri experimentou nas últimas duas décadas um crescimento significativo tanto em número de empregos como de empresas. A Tabela 4.7 fornece dados para a década passada.

Desde a introdução do plástico, a produção de calçados do Cariri mudou sua trajetória, tornando-se cada vez mais especializada em plásticos e outros materiais sintéticos, como o couro sintético. Hoje, embora a produção envolva uma ampla gama de produtos, mais de 60 por cento da produção consiste em sandálias femininas, feitas principalmente de couro sintético (Costa 2007). A região representa atualmente cerca de 10 por cento dos empregos brasileiros em calçados de plástico e sintéticos, enquanto o estado do Ceará tem cerca de dois terços desses empregos. A Tabela 4.8 mostra essa especialização por QL para os três municípios, calculada com dados de emprego produzido pela RAIS de 2004, e em comparação com o estado do Ceará e o Brasil. Os QL são calculados separadamente de acordo com o insumo principal (couro ou plástico) utilizado.

A produção de calçados da região está concentrada em Juazeiro, mas também é significativa em outros dois municípios vizinhos. Os dados oficiais indicam que 140 empresas formais de calçados no Cariri são responsáveis por cerca de 6.000 empregos diretos formais, o equivalente a 45 por cento dos empregos na indústria de transformação (manufatura) da região (Tabela 4.9; dados da RAIS 2006). Dados extra-oficiais, porém, indicam a existência de 270 empresas formais, o que representa quase 12.000 empregos diretos.[9] Essa magnitude dessa indústria pode ser facilmente constatada em uma visita à região, especialmente em Juazeiro, onde fábricas de calçados podem ser encontradas nas zonas industriais, no centro da cidade, em quintais, e até em tendas improvisadas sob as árvores.

Tabela 4.7 Indústria de Calçados do Cariri, 1996 e 2006

Município	*1996*		*2006*		*% mudança*	
	Empresas	*Empregos*	*Empresas*	*Empregos*	*Empresas*	*Empregos*
Juazeiro	93	691	130	2.839	39,8	310,9
Crato	4	487	1	2.277	-75,0	367,6
Barbalha	1	77	9	503	800	553,3
Total Cariri	98	1.255	140	5.619	42,9	347,7
Ceará	298	10.755	361	51.095	21,1	375,1
Total Cariri como % do Ceará	32,9	110,7	38,8	11		

Fonte: RAIS, Ministério do Trabalho.

Tabela 4.8 Quociente de Localização da Indústria de Calçados do Cariri

	Calçados de couro		*Calçados de plástico*	
Município	*Comparado ao Ceará*	*Comparado ao Brasil*	*Comparado ao Ceará*	*Comparado ao Brasil*
Crato	4.04	18.15	6.41	2.98
Barbalha	1.89	8.51	5.82	2.71
Juazeiro	1.75	7.86	2.27	1.05

Fonte: Amaral et al. (2006).

Tabela 4.9 Indústria de Calçados e Indústria de Transformação, 2006

Município	*Empregos na indústria de calçados*	*Empregos na indústria de transformação em geral*	*Calçados como % da indústria de transformação*
Juazeiro	2.839	7.294	38,9
Crato	2.277	3.544	64,2
Barbalha	503	1.762	28,5
Total	5.619	12.6	44,6
Ceará	51.095	195.288	26,2

Fonte: Baseado nos dados da RAIS.

A região Cariri é agora uma das maiores produtoras de calçados do País. A produção anual chega a cerca de 70 milhões de pares, o equivalente a 9 por cento do total estimado no Brasil.10 Embora as exportações não sejam significativas, elas estão crescendo. Os principais mercados incluem os países da América Latina, Portugal, Espanha, França, Reino Unido, Itália, Grécia e Estados Unidos.

As Características do *Cluster* de Calçados

A aglomeração, a proximidade e a especialização de um grande número de empresas que operam no negócio, e um certo nível de interdependência entre elas, estão permitindo que o setor de calçados no Cariri funcione como um *cluster* emergente, em vez de um conjunto de empresas isoladas (Souza 2003; Costa 2007). Segundo dados oficiais, 140 empresas formais estão envolvidas na fabricação de calçados, sem contar os fornecedores ou prestadores de serviços. As MPE representam a maioria dessas empresas. Dados da RAIS de 2006 indicam que 97 por cento das empresas têm menos de 100 trabalhadores (Tabela 4.10).

A aglomeração de empresas especializadas na região lhes permite muitas vezes se complementarem mutuamente, o que facilita os esforços de produção. Como a produção realiza-se em diversos lugares, os residentes locais aprendem as diferentes tarefas envolvidas na produção de calçados quase que imediatamente. As competências básicas são disseminadas por meio de conexões familiares e comunitárias. É comum uma família inteira envolver-se no negócio de calçados, muitas vezes cada membro possuindo sua própria fábrica. Da mesma forma, uma rua inteira pode conter fabriquetas de calçados, resultando da influência de vizinhos para se juntar ao negócio.

Tabela 4.10 Empresas de Calçados do Cariri, por Tamanho

Tamanho	*Número de empresas*	*%*
Grande (mais de 500 funcionários)	1	0,72
Média (100-500 funcionários)	3	2,14
Pequena (20-100 funcionários)	3	2,14
Micro (menos de 20 funcionários)	133	95
Total	**140**	**100**

Fonte: Baseado nos dados da RAIS.

O *cluster* de calçados do Cariri é bastante denso, e os principais participantes incluem os produtores de calçados, os fornecedores de matéria-prima e equipamentos, os prestadores de serviços, assim como uma série de instituições de apoio. A Figura 4.2 ilustra a forma de organização do *cluster* é organizado. A proximidade geográfica estimula o fluxo rápido de informações, que se torna um bem coletivo, porque estas circulam sem nenhum custo de uma empresa para outra (Prochnik 2005). Em muitas circunstâncias, a proximidade e os contatos frequentes permitem que os gerentes aprendam rapidamente, por exemplo, que empresa está substituindo equipamentos antigos por novos - criando assim um mercado secundário de equipamentos - ou que empresa que está contratando profissionais e por quanto.

A presença de oferta e procura no *cluster* torna a região propícia para a produção de calçados. Por um lado, a disponibilidade de insumos, maquinário (inclusive de segunda mão), informação, e grande quantidade de mão de obra de baixo custo (embora a maioria não seja especializada) reduz as barreiras à entrada; por outro lado, tanto os compradores locais quanto os de fora têm sido elementos importantes que asseguram negócios, especialmente em relação às MPE, que não podem pagar representantes fora da região ou viajar até mercados distantes.

A informalidade desempenha um papel importante no *cluster*. Muitas vezes é a porta para o negócio. A disponibilidade de matérias-primas, componentes e, especialmente, equipamentos usados, torna relativamente fácil abrir um negócio relacionados aos calçados. O acesso a mercados se dá geralmente por meio da terceirização. As empresas estabelecidas utilizam frequentemente as empresas informais para atender seus pedidos, como estratégia tanto para reduzir custos quanto para atender aos picos de demanda sazonais sem investir no aumento de sua própria capacidade produtiva. Alternativamente, as lojas informais vendem sua produção em feiras locais ou para os comerciantes informais que viajam para outros estados para vender calçados e vestuário de baixo custo.

Empresas Líderes e Seguidores

As operações diferem segundo o tamanho da empresa, e os gargalos afetam as empresas grandes e pequenas de formas distintas. As empresas grandes e médias lideram o *cluster*, na medida em que estabelecem os volume de produção, controlam o abastecimento e definem os estilos dos produtos. Elas fabricam calçados de couro sintético e estão organizadas verticalmente para produção em massa, produzindo a maioria dos componentes, incluindo as solas de plástico injetado (o componente mais caro).[11] A terceirização é limitada geralmente às tarefas mais intensivas em mão de obra. Como suas operações exigem capital intensivo, as empresas grandes e médias produzem os produtos mais caros, que são frequentemente imitados por outras empresas tão logo são repassados aos vendedores locais. Os preços médios dos produtos típicos estão na faixa de US$ 10-20 por par (apesar de algumas empresas também produzirem produtos mais baratos, incluindo alguns feitos de plástico reciclado). A maioria dessas empresas desenvolveu marcas de prestígio e vende sua produção para mercados nacionais maiores e mais distantes, como os das regiões Norte e Nordeste e alguns estados no Sul do País.

Figura 4.2 O *Cluster* de Calçados do Cariri

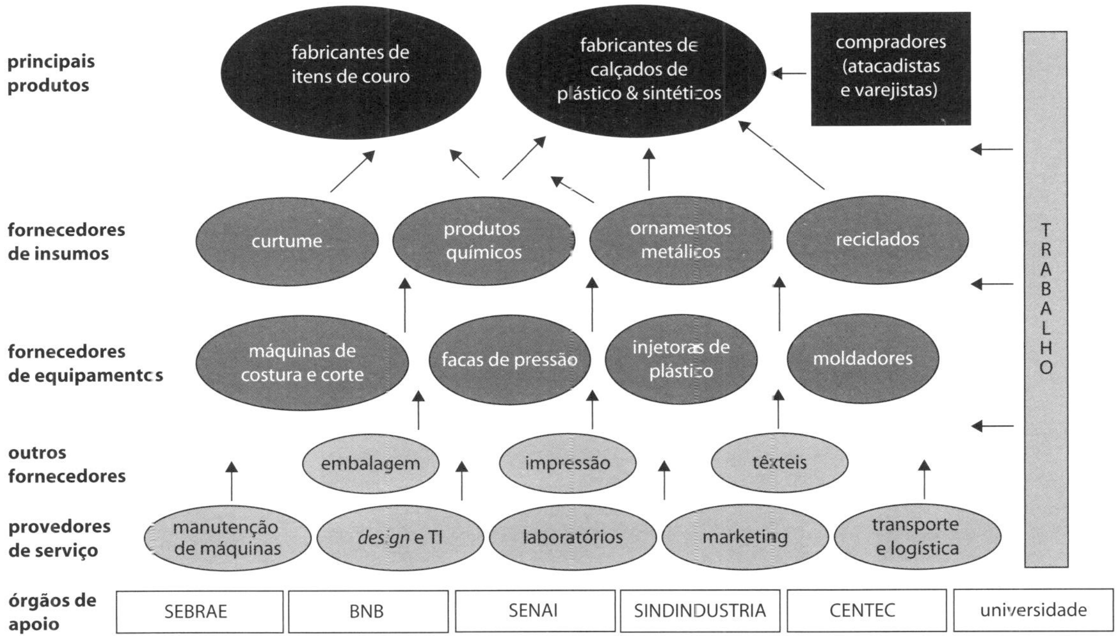

Fonte: Autores.

Nota: SEBRAE = Serviço Brasileiro de Apoio às Micro e Pequenas Empresas; BNB = Banco do Nordeste do Brasil; SENAI = Serviço Nacional de Aprendizagem Industrial; SINDINDUSTRIA = Associação da Indústria de Calçados do Cariri; CENTEC = Instituto Centro de Tecnologia do Ceará.

As grandes empresas têm sua própria ferramentaria assim como setor de criação e *designers*. Elas se queixam da falta de laboratórios especializados na região, o que as obriga a depender tanto de instalações localizadas no Estado da Paraíba (a 350 quilômetros) quanto do sul do Brasil. As grandes e médias empresas sofrem com os baixos níveis de qualificação da força de trabalho local, aliada a poucas oportunidades para treinamento e outras atividades para desenvolver as habilidades dos trabalhadores. As áreas que demandam qualificação específica incluem costura, montagem do produto, operação e manutenção de máquinas, *design* e uso do computador (por exemplo, CAD/CAM), além da supervisão de produção. No nível da empresa, as necessidades de treinamento incluem a gestão ambiental e controle de custos.

As MPE também produzem calçados sintéticos, mas usam componentes de baixo custo e baixa qualidade, como solados e peças metálicas mais baratas. A produção depende fortemente da oferta local de matérias-primas e componentes para calçados. Os preços dos produtos são tipicamente US$ 4-15 por par. Essas empresas tendem a seguir as mais sofisticadas e maiores, produzindo cópias de itens criados por estas últimas. Em geral, as MPE são mais intensivas em mão de obra, misturando métodos de produção em massa com procedimentos artesanais e utilizando equipamentos obsoletos. Algumas dessas empresas estão localizadas em casas de família, embora recentemente várias delas tenham se mudado para instalações mais adequadas de produção. Como grande parte desse segmento é informal, seu tamanho real não está refletido nas informações oficiais acima.

O verdadeiro desafio para as MPE é a obtenção do capital de giro necessário para a compra de insumos e a produção, independentemente do financiamento de insumos pelos fornecedores. Elas têm dificuldades na aquisição de material em grandes volumes, e apoiam-se no comércio varejista – a um custo alto – para o fornecimento dos necessários componentes (discutido adiante na seção sobre demanda e compradores). Há muito tempo as MPE necessitam de um sistema de compras centralizado, mas, até agora, essa necessidade não foi satisfeita.[12]

Na medida em que as MPE conseguem lidar com essas limitações financeiras, elas passam a ter uma flexibilidade significativa para fabricar, mudar estilos de produtos e aumentar volumes. Essas empresas têm muitas vezes trabalhado juntas e partilhado pedidos, principalmente por causa das conexões de laços familiares ou de bairro. Da mesma forma, o uso compartilhado ou a troca de equipamentos é comum entre as MPE. Durante as últimas duas décadas, as MPE desenvolveram uma rede que tem permitido a muitas delas expandir a produção, atingir novos mercados e melhorar seus padrões de qualidade.

Insumos e Fornecedores

Os insumos, como componentes de plástico e outros produtos sintéticos, peças metálicas, têxteis e produtos químicos são fornecidos por algumas fábricas locais, e muitos varejistas.[13] Um curtume local fornece parte do couro. Também há vendedores locais de equipamentos fornecendo, por exemplo, máquinas de costura e de corte. Duas empresas independentes especializaram-se na produção de moldes para calçados de plástico e atendem algumas fábricas médias locais. Outras empresas fornecem material para embalagem, como caixas de papelão, papelão e outros produtos resistentes derivados do papel. Diversas gráficas fornecem rótulos, adesivos e artigos similares. A lenha, fornecida localmente, é utilizada como combustível básico por parte das empresas que processam o material plástico.

Os insumos de plástico sintético vêm de regiões a até 1.500 km de distância. Apesar dessa limitação, as empresas de calçados do Cariri se especializaram no processamento do insumo plástico e tornaram-se uma das mais importantes produtoras de calçados de plástico do Brasil, superando as regiões que têm seus próprios insumos químicos e uma indústria de calçados bem desenvolvida, como o Rio Grande do Sul e a Bahia.[14] O acesso a matérias-primas plásticas melhorou devido à reciclagem. Duas empresas criaram recentemente uma linha especial de equipamentos para reciclagem de material plástico. Ambas produzem calçados feitos de plástico reciclado e vendem o excedente de placas de plástico reciclado a outras empresas de calçados.[15] A disponibilidade de material reciclado reduziu os custos de produção e as barreiras à entrada na indústria, especialmente para as empresas informais. No entanto, os produtos feitos de material reciclado são mais baratos e menos atraentes, pois a maioria é da cor preta.

Embora estejam ainda em fase inicial, algumas fábricas têm-se especializado na prestação de serviços de manutenção de máquinas no chão de fábrica. Serviços adicionais, tais como transporte, logística e comercialização estão disponíveis no *cluster*. No entanto, outros serviços especializados, como criação de *design*, criação de marcas, sistemas de melhoria da qualidade e laboratórios estão ausentes. Alguns poucos profissionais de *design* são contratados temporariamente pelas empresas pequenas e médias mais modestas. As empresas grandes e as de porte médio superior têm seus próprios designers fixos.

As MPE enfrentam dificuldades para acessar equipamentos essenciais mais caros para realizar tarefas, tais como cortadoras e dobradoras, bem como para a criação de tamanhos diferentes para cada modelo de produto. Sem esse tipo de equipamento, as empresas ou usam técnicas manuais ou pagam outras empresas mais bem equipadas para realizar a tarefa. Qualquer uma dessas alternativas tem limitações diferentes. No primeiro caso, a qualidade é baixa, principalmente por causa do mau acabamento. No segundo caso, as dificuldades em operações de sincronizar as operações com a empresa que possui os equipamentos são um grande problema e ocorrem porque a empresa mais bem equipada apenas executa operações para as MPE depois de ter atendido as suas próprias necessidades e quando o equipamento está ocioso.

O *cluster* de calçados do Cariri usufrui de uma grande oferta de mão de obra de baixo custo, embora a maioria dos trabalhadores tenha baixa ou nenhuma qualificação. Eles carecem de formação em processos de fabricação, tais como manutenção de equipamentos, operação de máquinas, controle de qualidade e combate ao desperdício. Essas habilidades são muitas vezes adquiridas informalmente no chão de fábrica ("aprender fazendo"). Muitos trabalhadores são contratados sem nenhuma experiência anterior em instalações industriais, apenas com experiência na produção agrícola e, portanto, desprovidos da capacidade de executar tarefas mais complexas e operar máquinas especializadas.

Embora os custos de mão de obra na produção de calçados brasileiros representem apenas 15 por cento dos custos totais de produção, o baixo custo da mão de obra destaca-se como uma vantagem significativa do *cluster* de calçados do Cariri (Brandão e Rosa 1997; Une e Prochnik 1999). A maioria dos trabalhadores recebe um salário mínimo, cerca de US$ 240 por mês.[16] Aqueles com habilidades especializadas no chão de fábrica (como manutenção de equipamentos) podem ganhar o dobro. De fato, o baixo custo da mão de obra no Nordeste foi um dos principais motivos da intensa migração das empresas de calçados da região Sul (Rio Grande do Sul e São Paulo) na década de 1990 (Santos et al. 2002).[17]

Demanda e Compradores

A demanda por calçados do Cariri é na maior parte oriunda das regiões Norte e Nordeste e do comércio varejista, lojas de departamentos e comerciantes individuais que operam em feiras comerciais regionais ou na venda porta a porta. Devido aos preços baixos dos produtos, o foco está nos consumidores de renda média e baixa, embora algumas empresas tenham conseguido recentemente atingir mercados mais sofisticados, na medida em que melhoraram o *design* do produto, o controle de qualidade e desenvolveram marcas próprias.

Os compradores têm uma forte presença no *cluster*. Eles operam o ano inteiro, são claramente visíveis e acessíveis na região e desempenham um papel importante no estímulo à produção e na abertura de mercados para pequenas empresas. Como um pequeno empresário que atua no Cariri há mais de uma década explica: "A comercialização de produtos é relativamente fácil no *cluster*, na medida em que os compradores são vistos por toda parte e batem nas portas das empresas constantemente". A região atrai compradores de diferentes partes do país, tendo em vista a sua reputação como local de produção de calçados de baixo custo.

Existem dois tipos principais de compradores. O primeiro é o de atores locais, que normalmente mantém um estabelecimento comercial de componentes para calçados. Esses atores desempenham simultaneamente um duplo papel, o de garantir o abastecimento de componentes do calçado, e o de expandir o mercado de calçados. Esses compradores fazem encomendas a empresas de calçados e adiantam parte do pagamento, fornecendo os componentes necessários para a produção correspondente. Nesse caso, os preços pagos pelos produtos são inferiores aos níveis normais quando esse adiantamento não é dado. As empresas de calçados costumam reclamar desses arranjos, pois veem suas margens de lucro diminuídas. Dadas as suas limitações financeiras comuns, as MPE são frequentemente alvo de tais operações.

O outro tipo de comprador são os atores externos que vêm ao Cariri para fazer negócios regularmente. Esses compradores circulam na região negociando pedidos, comprando em grandes quantidades, observando os produtores e identificando oportunidades de negócios. Eles são ou gerentes de compras de lojas de calçados ou atores independentes que compram calçados para revender aos varejistas. Os preços pagos podem ser maiores do que o primeiro tipo de comprador, uma vez que o financiamento da produção não é parte do negócio. Os pagamentos, no entanto, muitas vezes são feitos em duas ou três parcelas, uma situação que exige que as empresas detenham capitais de giro consideráveis.

Órgãos de Apoio

O *cluster* está ligado a importantes instituições públicas e privadas, que oferecem alguma assistência técnica, gerencial e financeira. Os serviços prestados, no entanto, são muitas vezes limitados ou inadequados.

O treinamento para o *cluster* de calçados é oferecido principalmente pelo Serviço Nacional de Aprendizagem Industrial – SENAI, que é parcialmente financiado pelas associações da indústria. Ao longo dos últimos 20 anos, o SENAI tem contribuído de forma importante na melhoria da qualificação dos trabalhadores e na produtividade das empresas. O órgão organiza cursos, realiza alguns exames laboratoriais básicos, e por um curto período de tempo realizou consultoria sobre a organização da produção no local (por exemplo, *layout* do chão de fábrica e procedimentos de controle de qualidade). O treinamento não é pago porque o SENAI usa seu próprio orçamento para financiá-lo. Entretanto, devido ao equipamento obsoleto e limitado, os cursos não atendem às necessidades atuais do setor, tanto em qualidade quanto em quantidade. Em

2007, por exemplo, o SENAI treinou apenas 30 trabalhadores, enquanto a demanda foi pelo menos 10 vezes mais elevada. Além disso, a formação também é limitada a 200 horas, o que não se adapta à realidade do *cluster*. Para a maioria das empresas, esse é um período demasiado longo para os trabalhadores se ausentarem da produção, especialmente nas MPE, que não têm a flexibilidade para realocar trabalhadores para compensar essa ausência. O *cluster* carece de oferta de formação de curta duração em uma base contínua. Tais iniciativas ajudariam a melhorar a produtividade e a competitividade do *cluster*.

O Serviço Brasileiro de Apoio às Micro e Pequenas Empresas - SEBRAE é o ator institucional mais ativo no *cluster* e tem contribuído para melhorar sua organização e reforçar sua coesão.. A instituição tem apoiado as empresas na formação de associações; na expansão de mercados por meio da participação em eventos especializados da indústria e na organização de eventos importantes na região; e no apoio às empresas para aperfeiçoar sua capacidade de gestão e inovação. Por exemplo, o órgão trouxe a Cariri consultores conhecidos nacionalmente para disseminar informações sobre o estado da arte da indústria com relação a estilos de produtos, tendências, mercados e estratégias empresariais. No entanto, apesar de sua importância, tais eventos são isolados, dado que acontecem somente em datas específicas, enquanto as empresas precisam desse apoio em uma base contínua. Este é um grande problema, pois a indústria de calçados precisa estar constantemente ciente das mudanças, por exemplo, na moda, nos perfis de mercado, nas preferências dos consumidores, na tecnologia, no maquinário e nos insumos.

O Banco do Nordeste do Brasil (Banco de Desenvolvimento do Nordeste, ou BNB) é a principal agência de crédito para atividades produtivas em Cariri.[18] Tem sucursais em Crato e Juazeiro do Norte. O banco é responsável por cerca de 80 por cento do crédito de longo prazo na região. Aproximadamente 60 por cento do crédito fornecido ao setor industrial da região foi absorvido pelas empresas de calçados. Em 2007, quase 67 por cento do crédito de longo prazo do BNB foi destinado às MPE, enquanto as empresas médias e grandes foram responsáveis por 33 por cento.[19] No entanto, as linhas de crédito do BNB parecem ser mais acessíveis às empresas de grande e médio porte do que às MPE. Enquanto algumas empresas do primeiro grupo construíram recentemente novas instalações de produção, compraram equipamentos modernos, ou aperfeiçoaram a gestão e as estratégias de marketing, como resultado do acesso ao crédito do BNB, as MPE enfrentam dificuldades no acesso por falta de garantia.[20]

Além dos órgãos citados acima, o Instituto Centro de Ensino de Tecnológico do Ceará (CENTEC) e a Universidade Regional do Cariri (URCA) desenvolvem iniciativas voltadas para a melhoria da tecnologia utilizada pelas empresas do *cluster* de calçados. No entanto, essas instituições carecem de equipamento especializado e não conseguem prestar assistência individual ou sob demanda às empresas, devido a limitações de pessoal e, é desnecessário dizer, dão prioridade ao ensino e outras atividades acadêmicas.

Organização e Capital Social

O ambiente do *cluster* tem estimulado algumas empresas a cooperar, partilhar informações e organizar-se como um grupo. Mas este não é o modelo padrão, pois muitas empresas preferem não se envolver em acordos de cooperação, e resolvem produzir em um ambiente isolado, deixando assim de aproveitar as vantagens do *cluster*. Iniciativas para promover o capital social, portanto, surgem como uma oportunidade para promover a competitividade do *cluster* inclusive por ganhos de economias de escala e de operações mais eficientes, decorrentes da ação coletiva.

Cooperação e rivalidade estão, portanto, presentes simultaneamente no *cluster*: as empresas podem cooperar para subcontratar. Mas também agem como rivais, roubando os melhores trabalhadores uma da outra, copiando desenhos das concorrentes, disputando insumos escassos e praticando espionagem industrial sobre os planos de produção das concorrentes. Na verdade, o papel da rivalidade é tão importante quanto o papel da cooperação na melhoria da qualidade do produto e na aprendizagem dos integrantes do *cluster*, uma vez que em que as empresas intensificam esforços para manter seus melhores funcionários, imitam as melhores práticas, introduzem novas tecnologias e componentes mais eficientes e reproduzem os projetos inovadores dos concorrentes, ao mesmo tempo em que aprendem a aperfeiçoar seu "estilo" interno ("aprendizado pela imitação"). Por exemplo, algumas empresas, inclusive as pequenas, têm construído novas instalações de produção para melhorar as condições de trabalho no chão de fábrica e para manter a saúde e bem-estar dos trabalhadores.

A capacidade de iniciar e participar de projetos coletivos tem sido uma característica marcante da evolução do *cluster*. As empresas de calçados do Cariri estão organizadas em três entidades: a Associação dos Fabricantes de Calçados (AFABRICAL), o Sindicato das Indústrias de Calçados e Vestuário de Juazeiro (SINDINDUSTRIA), e o Sindicato da Indústria de Calçados de Crato (SINDCALC). A AFABRICAL, a mais antiga (criada em 1986), congrega grande parte dos artesãos e microempresas, a maioria deles informal. No início deste século a AFABRICAL teve mais de 180 membros e foi por muitos anos a mais importante associação empresarial regional de calçados. Após um período dinâmico de envolvimento no *cluster* de calçados, a entidade está agora enfrentando uma grave crise devido a sua incapacidade de pagar um empréstimo contraído com o BNB para os membros da Associação, onde ofereceu seus equipamentos como garantia. Do total de 70 membros envolvidos nessa operação de crédito, 3 deixaram de pagar o que deviam ao Banco do

Nordeste, que foi forçado a tomar medidas contra AFABRICAL, retendo seus equipamentos e sede própria.

A AFABRICAL teve um papel importante no fortalecimento do *cluster* de calçados, especialmente no sentido de facilitar o lançamento e operação de novas MPE. Por exemplo, por mais de uma década a AFABRICAL operou um centro de serviços contendo os principais equipamentos (por exemplo, maquinário de corte e acabamento), que os associados poderiam usar pagando por hora. Esta foi uma iniciativa importante, porque permitiu que os beneficiários pudessem ter acesso a equipamentos especializados (mais adequados para a produção em grande escala) e melhorar a qualidade dos produtos, sem precisar gastar com a compra de equipamentos próprios e sem incorrer em ociosidade e ineficiência. A existência de um centro de serviços como este, permitindo a divisão de custos e de tempo de acordo com as necessidades reais das empresas, foi um empreendimento importante para a melhoria da competitividade das pequenas empresas e a redução das barreiras à entrada. A AFABRICAL é, de fato, a madrinha de várias das atuais empresas médias que começaram a operar como microempresas. Durante a fase inicial do negócio, essas empresas contaram com o apoio da AFABRICAL para expandir a produção, melhorar a qualidade e aumentar a competitividade. O acesso a máquinas, empréstimos e eventos de negócios facilitados pela AFABRICAL foram elementos importantes em sua evolução de microempresas a empresas de médio porte.

O SINDINDUSTRIA foi criado em 1997 e é agora a maior e mais ativa associação de calçados no Cariri. Ele expandiu seu quadro de associados de menos de 50 para 72, todos eles no setor formal, e predominantemente MPE. Na região do Cariri, o SINDINDUSTRIA representa a poderosa associação industrial do estado, a Federação de Indústrias do Estado do Ceará (FIEC), que tem sede em Fortaleza, capital do estado.

O SINDINDUSTRIA tem sido ativo no incentivo ao desenvolvimento de negócios, mobilizando outras instituições de apoio e encorajando as empresas de calçados locais a agirem coletivamente. Entre outras iniciativas dos últimos 10 anos, o SINDINDUSTRIA organizou, juntamente com o SEBRAE, uma importante feira anual de calçados (FETECC – Feira de Tecnologia de Calçados do Ceará; Quadro 4.1) na região. O SINDINDUSTRIA tem colocado grande ênfase na melhoria da qualidade dos calçados feitos no Cariri. Algumas dessas iniciativas incluem a organização de palestras e seminários e a produção de material informativo sobre os temas essenciais, tais como controle de qualidade e produção flexível, novos materiais, *design* e tecnologias inovadoras bem como ergonomia. Além disso, o SINDINDUSTRIA organiza missões a grandes centros de calçados no País (Quadro 4.1), e coordena a participação das empresas de calçados do Cariri nas mais importantes e especializadas feiras comerciais brasileiras (Couromodas e Francal em São Paulo, e Fenac e Fimec no Rio Grande do Sul).

Quadro 4.1

FETECC – Feira de Tecnologia de Calçados do Ceará

A FETECC é a segunda maior feira comercial de tecnologia de calçados do Brasil depois da FIMEC (Feira Internacional de Couros, Químicos, Máquinas e Acessórios para Calçados e Curtumes), realizada em Novo Hamburgo (Rio Grande do Sul), sede da maior aglomeração de empresas de calçados do Brasil. Um evento anual, atualmente em seu 11.º ano, a FETECC é realizada durante três dias de agosto em Juazeiro do Norte. As empresas expositoras vêm de outros estados e algumas de outros países, como a China. A FETECC é organizada conjuntamente pelo SINDINDUSTRIA e SEBRAE.

A FETECC é o evento mais importante para o setor de calçados do Cariri e o seu impacto vai além da promoção comercial. Tendo começado como um instrumento de marketing para promover as vendas do *cluster*, a FETECC tem servido como uma oportunidade de aprendizagem para as empresas locais, pois traz novas tecnologias, insumos e máquinas para Cariri, aos quais a maioria dos produtores locais não teria a oportunidade de ter acesso. Como uma feira especializada, a FETECC é um evento obrigatório para aqueles que atuam na indústria de calçados: reúne fornecedores, compradores, produtores locais e órgãos de apoio. Como Mirela Duarte, diretora comercial da Inbop, uma grande empresa de calçados na região diz: "A FETECC é uma das melhores oportunidades para fazer negócios durante o ano, além de ser um instrumento essencial para a promoção de vendas, marketing e contatos. O evento permite aos participantes estar em estreito contato com os clientes e garantir visibilidade no cenário local e nacional".

Como uma feira consolidada no calendário nacional da indústria de calçados, a FETECC é um evento muito esperado na região do Cariri, não só pelos que atuam na indústria de calçados, mas também por aqueles que atuam nas atividades de apoio a essa atividade, assim como o setor turístico – a feira contribui significativamente para o setor de hotéis, restaurantes e outros serviços turísticos (por exemplo, montagem de stands, empresas de relações públicas, serviços de alimentação e decoração). Quase 300 pessoas estão diretamente envolvidas na montagem da área de exposição da feira.

Os números da FETECC são notáveis. Durante a primeira feira, em 1998, 54 empresas participaram, o que resultou em vendas de aproximadamente US$ 6 milhões. Na FETECC 2007, cerca de 120 empresas participaram, inclusive algumas de outros estados do Brasil, e de lugares mais distantes, como América Latina e China. Naquele ano, o volume de negócios foi de US$ 77 milhões de dólares e o número de visitantes chegou a 12.000.

Fonte: Autores.

O SINDCALC é uma nova organização, contando com apenas três empresas que operam em Crato. É liderada pela segunda maior empresa (com mais de 1.100 trabalhadores) do *cluster*, que se mudou para Cariri na década de 1990, incentivada pelos baixos salários, incentivos fiscais e outras vantagens concedidas pelo governo do estado do Ceará.

Inovação

Embora o volume de produção de calçados do Cariri seja impressionante, a capacidade de inovação do *cluster* é limitada, dado que a maioria das empresas não tem capacidade de criar projetos originais. Apenas as maiores empresas (e algumas médias) têm um departamento de *design*, com equipamentos e profissionais especializados. Como as solas de plástico são um importante elemento de inovação em design do produto, as grandes empresas estão em uma posição privilegiada, porque tendem a possuir tanto máquinas injeta de plástico como a ferramenta para a fabricação dos moldes de plástico para os solados. Essas empresas estão, portanto, liderando a criação de novos estilos de produtos.

Em termos de *design* de produto, as MPE funcionam como seguidoras, produzindo itens que imitam aqueles originalmente criados pelas empresas líderes. Copiar, portanto, é um fenômeno comum. As MPE tornaram-se hábeis em reproduzir rapidamente desenhos criados por empresas de maior porte, adaptando-as à faixa de mercado de menor renda, com componentes mais baratos e de qualidade inferior. Além disso, modelos de sapatos mostrados na televisão, em revistas e em peças publicitárias servem como fonte de inspiração para as pequenas empresas, que prontamente copiam esses modelos e produzem artigos semelhantes para o mercado local.

Designers profissionais independentes são raros no *cluster*, fato que tem impedido as empresas de criar desenhos originais e aumentar o valor agregado de seus produtos. Uma escola de *design* ainda se faz necessária. Instituições como o SEBRAE, o SININDUSTRIA e o SENAI tentam ajudar trazendo designers profissionais de outras regiões para dar palestras e *workshops* de curta duração, mas essas iniciativas são fragmentados e não têm sido suficientes para criar uma capacitação de *design* sólida na região.

Na produção de calçados de plástico, os moldes são elementos chave para a fabricação do solado. O acesso fácil ao molde de produção ajuda na inovação, pois essas peças são responsáveis pela forma dos itens de plástico injetado. Juntamente com a capacitação em *design*, a produção de moldes permite a criação de produtos inovadores. No entanto, a produção de moldes no Cariri está longe de ser satisfatória. Apenas uma empresa independente pode realizar esse trabalho para o *cluster* de calçados. Algumas poucas empresas de grande e médio porte têm o equipamento necessário para fazer os moldes, mas fazem isso só para as suas linhas de produtos próprios. As instituições de apoio, tais como SENAI e CENTEC, não têm essa capacidade. Consequentemente, a maioria das empresas enfrenta grandes dificuldades em inovar e criar novos estilos de produtos. Os que conseguem inovar encomendam moldes a empresas localizadas em Fortaleza, a 600 quilômetros de distância.

Em termos de qualidade do produto, o *cluster* de calçados do Cariri enfrenta desafios importantes. As melhorias em produtos e processos de produção dependem fortemente de laboratórios especializados, que são raros na região. A maioria das empresas tem dificuldade em realizar testes laboratoriais (tais como os de resistência, rigidez e estabilidade dos insumos, além de outros testes físicos e mecânicos), na medida em que tentam melhorar e monitorar a qualidade de seus produtos. Esses testes também são importantes para reforçar o poder de barganha das empresas em relação aos fornecedores de insumos, assim como para permitir que as empresas atendam a mercados mais exigentes, que muitas vezes exigem certificação de qualidade do produto. A falta de apoio laboratorial, incluindo equipamentos, pessoal e pesquisas relacionadas à indústria de calçados, é uma lacuna importante na melhoria da competitividade do *cluster*. Em vista desse problema, o SENAI adquiriu um laboratório mecânico móvel que servirá as empresas do *cluster* por meio do pagamento de uma taxa subsidiada.

A criação de marcas constitui outra estratégia que as empresas podem usar para inovar e agregar valor; ela visa estimular a aceitação do mercado para empresas ou produtos específicos. Entretanto, para que a criação de marcas seja eficaz necessita estar ligada à excelência do produto, daí a interdependência entre essa estratégia e os progressos laboratoriais. Algumas empresas de calçados do Cariri têm desenvolvido uma marca de qualidade. Como resultado, o valor de mercado de seus produtos duplicou em relação a itens aparentemente similares produzidos por empresas menos sofisticadas. Na medida em que algumas marcas de calçados locais ganham reputação, elas tendem a ser imitadas por outras MPE. Por isso, é comum que as MPE tenham nomes semelhantes aos de empresas mais bem-sucedidas.

Visão do Futuro: O Planejamento do *Cluster*

A organização de um *cluster* envolve o encorajar os atores para interagirem e unirem esforços para fazer avançar continuamente a agenda do *cluster*. Consciente da importância do *cluster* de calçados e seu potencial para fortalecer a economia regional, o governo do Ceará deu início a um debate aprofundado com os atores locais sobre alternativas para concepção e implementação de uma série de intervenções complementares para promover a competitividade do *cluster*. Agrupar os atores do *cluster* e criar oportunidades para discutir questões de interesse comum mostrou-se um bom ponto de partida para a elaboração de uma estratégia de desenvolvimento do *cluster*. O passo necessário na formulação dessa estratégia incluiu um processo de organização do *cluster*, que começou por agrupar os atores em conjunto para produzir um diagnóstico do *cluster*, seguido pela concepção de uma visão de futuro para o mesmo. Na sequência desses dois elementos, os atores avançaram na formulação de uma estratégia para atingir a visão de futuro acordada, com mais debates sobre a identificação das medidas necessárias para atingir os objetivos desejados. Durante o processo, a liderança, a colaboração e a confiança são elementos importantes para aglutinar o interesse mútuo, garantir a mobilização contínua das partes interessadas e maximizar os resultados.

O Processo do Cluster

A organização do *cluster* é um processo de desenvolvimento de relacionamentos genuínos com os atores. O processo de organização deve assegurar a participação, unir vozes, promover sinergias e estimular medidas contínuas em direção às metas do *cluster*. O processo pode envolver reuniões e seminários, atividades que envolvam a participação ativa, compartilhamento de informações,articulação, treinamento, identificação e aproveitamento de oportunidades de atuação em grupo (por exemplo, compras conjuntas), e outras formas de diálogo e relacionamento. Nesse processo, dois participantes do *cluster* desempenham papéis estratégicos: o campeão e o facilitador. Eles têm a maior responsabilidade de assegurar que os planos comuns sejam transformados em ações e, posteriormente, em resultados concretos e positivos para assegurar os ganhos de competitividade do *cluster*, a expansão do negócio e a ampliação da base de empregos.

O campeão tem o papel de liderar o *cluster*, incentivar a coesão do grupo e manter o foco sobre a visão de futuro consensuada no *cluster*, ao mesmo tempo em que foca em ganhos imediatos para o cluster de modo a reforçar a confiança na estratégia. O campeão deve assegurar a articulação permanente entre os atores e também que as ações coletivas sejam orientadas a atender as necessidades do *cluster*. No *cluster* calçados do Cariri, essa função é cumprida por um representante do setor privado, o presidente da SINDINDUSTRIA. O facilitador do *cluster* tem o papel de mobilizar os atores, motivar a participação e realizar atividades definidas como essenciais para alcançar as metas de curto e médio prazo. No caso do Cariri, está previsto que esse papel será preenchido por um profissional experiente, contratado pelo *cluster*.

De 2005 a 2008, sob a liderança do governo estadual (Secretaria das Cidades), na sequência das visitas iniciais e entrevistas com os atores mais envolvidos como *cluster*, reuniões de pequenos grupos foram realizadas com os demais atores do *cluster* para identificar gargalos específicos, oportunidades de crescimento e propostas concretas de desenvolvimento de um plano de ação conjunta. Os representantes do *cluster* depois visitaram outros *clusters* brasileiros de calçados (Vale dos Sinos, no Rio Grande do Sul, e Campina Grande, na Paraíba) para ver como esses operam. Além disso, uma equipe de funcionários do governo do Ceará e um representante do *cluster* de calçados do Cariri visitaram o Peru para avaliar a experiência de centros de inovação tecnológica dedicados a indústria específicas, conhecidos como CITES, sendo um desses equipamentos dedicado a couro e calçados (ver Quadro 2.6 no Capítulo 2). Finalmente, uma consulta mais formal e abrangente foi feita com os atores do *cluster*, com o objetivo de chegar a um consenso sobre a agenda focada no aumento da competitividade do *cluster*.

Visão do Futuro

No planejamento estratégico, a visão define uma meta no futuro, mostrando onde a organização deseja estar em um determinado momento. A visão transmite uma perspectiva otimista para a organização. Na estratégia de organização do *cluster*, ela retrata alguma forma de realização, e funciona como uma fonte de inspiração, permitindo que as decisões sejam tomadas de forma mais eficaz e coordenada.

No *cluster* de calçados do Cariri, a elaboração da visão de futuro animou os atores e deu origem a expectativas otimistas. Como já tinham participado anteriormente de uma série de reuniões de grupo, os atores foram rápidos e assertivos em apontar direções claras e situação futura do *cluster*. Eles concordaram em trabalhar juntos para melhorar a competitividade do *cluster* e transformá-lo em um "líder mundial na produção de calçados sintéticos". Estima-se que leve 10 anos para atingir esse ambicioso objetivo. Alcançar esse objetivo, exigirá a coesão do *cluster*, uma liderança forte, uma estratégia clara, a capacidade de agir continuamente sem perder o foco, e a promoção das parcerias público-privadas.

Estratégias e Ações

Com base no diagnóstico de *cluster* e com a visão do futuro em mente, os atores do *cluster* de calçados do Cariri identificaram quatro áreas que necessitam ser reforçadas: organização do *cluster*, modernização tecnológica, iniciativas de marketing e ampliação da base de fornecedores do *cluster*. Para cada uma delas, os atores estabeleceram uma série de iniciativas para as quais os setores público e privado devem cooperar. A Tabela 4.11 apresenta o plano de avanços com os quais os atores se comprometeram ao longo dos próximos anos.

Tabela 4.11 O Plano Estratégico do *Cluster* de Calçados do Cariri

Fase/área	*Organização do* cluster	*Centro de inovação tecnológica e design*	*Iniciativas de marketing*	*Base de fornecedores*
1.º ano: Conceito e alianças	- Definição do campeão do *cluster* - Definição da visão de futuro do *cluster* - Elaboração de um programa de trabalho de curto, médio e longo prazo - Contratação de um facilitador para o *cluster*	- Projetar e planejar as instalações (instituições governamentais e os atores produtivos do *cluster*)	- Fortalecer a FETECC - Organizar de missões técnicas para estados/países concorrentes - Promoção de visitas às principais feiras de negócios - Promoção de *workshops* para compartilhamento de informações	- Trabalhar com instituições governamentais para a definir incentivos para atração de fabricas de fornecedores
2.º ano: Entrando em operação	- Formulação do programa de trabalho e calendário de atividades do *cluster* - Trabalho conjunto do setor privado e governo para o fortalecimento do *cluster*	- Construção, instalação e organização do equipamento– Definição dos acordos financeiros	- Atrair dos compradores (nacionais e internacionais) - Treinar vendedores (para visitar mercados estratégicos e promover os calçados do Cariri) - Organizar e disseminar as informações colhidas em cada evento/missão	- Atrair de fábricas de resinas termoplásticas, pigmentos, adesivos, solados de calçados, palmilhas, ornamentos metálicos, matrizes e artigos de embalagem - Atrair de serviços especializados (manutenção de equipamentos, criação de estilo, *bureaux* de moda e outros)
3.º ano: Em operação	- Promoção da cooperação, atividades coletivas e confiança - Criação de grupos especializados para enfrentar desafios específicos	Atividades iniciais - Apoio ao design - Central de serviços de CAD/CAM - Laboratório de testes e análises - Treinamento de curto prazo - Serviços subsidiados	- Organizar informações sobre as tendências da indústria e estratégia dos concorrentes (observatório da indústria) - Desenvolver um certificado de origem (por exemplo, "Calçados do Cariri") - Organizar vendas pela Internet	- Ter representantes ou fábricas de todos os fornecedores de componentes de calçados instalados na região - Focar no incremento do valor agregado do *cluster*

(continua)

Tabela 4.11 O Plano Estratégico do *Cluster* de Calçados do Cariri (continuação)

Fase/área	*Organização do* cluster	*Centro de inovação tecnológica e design*	*Iniciativas de marketing*	*Base de fornecedores*
Médio prazo: 5-7 anos	– Os atores privados lideram o trabalho (estimulam fornecedores locais; facilitam a produção; atraem investimentos privados, incluindo IED; estimulam P&D, transferência de tecnologia; associando empresas com a universidade; promovendo o crescimento regional) – Apoio à organização de outros *clusters*	– Serviços a preços de Mercado – Criação de um centro de informações – Prospecção de novos materiais – Desenvolvimento de novos equipamentos – Implantação de um centro de desenvolvimento de produtos – Criação de um curso superior em *design* e novos materiais – Tornar-se sustentável	– Consolidar a marca de calçados do Cariri como produção monitorada – Atrair grandes comerciantes de calçados – Consolidar a FE[illegible]ECC como evento internacional – Organizar grandes eventos durante o ano focados em tecnologia, *design*, marketing e coleções para estações	– Atrair fabricantes de equipamentos para a fabricação de calçados – Tornar-se um centro de abastecimento de componentes para calçados – Fornecedores estabelecem centros de pesquisa na região – Universidades criam cursos tecnológicos para a produção de calçados e superiores em controle de qualidade e desenvolvimento de produtos
Longo prazo: 7-10 anos	O *cluster* atua como um agência de desenvolvimento local	Reconhecimento como um centro de excelência em calçados sintéticos	Tornar-se o líder mundial na produção de calçados sintéticos	Consolidar a base de fornecedores

Fonte: Autores.
Nota: *O primeiro ano do plano estratégico está programado para ser 2009/2010*
CAD = computer-aided design; CAM = computer-aided manufacturing.

O processo de organização do *cluster* começou com a identificação do campeão do *cluster*. Significativo, também, é que os atores do *cluster* perceberam a necessidade de um facilitador para promover a colaboração, a efetiva ação coletiva e sinergias. Além disso, parte do processo de organização são iniciativas para promover o capital social do *cluster*, para incentivar as sinergias e iniciativas coletivas (atividades promocionais, compartilhamento de infraestrutura industrial, relacionamento entre comprador e fornecedor, e outros) para facilitar as economias de escala e os ganhos de eficiência.

O processo de organização do *cluster* do Cariri e as intervenções propostas foram incorporados na agenda de desenvolvimento regional do governo estadual. O objetivo do governo do Ceará é promover os motores chaves do sistema produtivo regional do Cariri, dando prioridade inicial à produção de calçados e turismo.[21] As intervenções irão complementar iniciativas do setor privado bem como outras implementadas por instituições de apoio (por exemplo, SENAI e SEBRAE). As questões-chave a serem abordadas incluem: inovação e melhoria contínua do *design* e da tecnologia; valorização dos recursos humanos, em especial a qualificação da mão de obra; fortalecimento das ações coletivas; otimização do ambiente empresarial; expansão de mercado ; gestão ambiental; e melhoria da infraestrutura. Especificamente, o enfoque será sobre a melhoria do funcionamento das cadeias de valor, facilitando o acesso aos mercados doméstico e internacional, o fortalecimento do capital social, a promoção de atividades colaborativas, bem como a melhoria da capacidade de implementação dos atores – habilidade de transformar idéias em ações e resultados concretos (Hansen 2008).

O avanço tecnológico vai necessitar o estabelecimento de centro público-privado de inovação tecnológica e de *design* focado na indústria de calçados, baseado no bem-sucedido modelo de Centros de Inovação Tecnológica (CITES) desenvolvido na Espanha e reproduzido no Peru. As principais funções desse equipamento irão incluir:

- Assistência ao desenvolvimento de *design*, com especial destaque para o aumento do valor agregado dos produtos e ganhos de produtividade
- Produção e difusão de informações sobre tendências de mercado, estilo, moda e preferências dos consumidores, incluindo os mercados internacionais
- Introdução , divulgação e locação de equipamentos modernos para pequenas empresas de calçados
- Treinamento orientado pela demanda e atividades de capacitação que permitam o aperfeiçoamento do produto, incluindo cursos de curta duração

- Apoio laboratorial para análise de insumos e de produtos
- Estratégias de criação de marcas.

A concepção, o lançamento e a gestão do centro inovação tecnológica e de *design* serão realizados em estreita consulta com os atores do *cluster*, especialmente o SINDINDUSTRIA. O centro será regido por um conselho de representantes do governo do Ceará e membros do setor privado do *cluster*. Os serviços serão cobrados de acordo com o custo, apesar de que, inicialmente, alguns subsídios serão incluídos. A idéia é que esse benefício seja gradualmente reduzido, e, na fase seguinte, as taxas de serviço deverão cobrir integralmente os custos operacionais.

Iniciativas de marketing incluem ações para consolidar a posição da FETECC tanto em nível nacional quanto internacional; estudos de *benchmarking*; e organização de missões aos principais centros mundiais de calçados e feiras. Os atores do *cluster* planejam desenvolver um certificado de origem ("Calçados do Cariri"), que será associado à qualidade e à sustentabilidade. Também faz parte desse plano de marketing a criação de um fundo para co-financiar a participação de atores produtivos do *cluster* em missões, feiras e outros eventos promocionais.[22]

A ampliação da base de fornecimento é uma questão central para a competitividade do *cluster*. Os atores pretendem trabalhar com o governo estadual para aumentar a produção de componentes na região, e isso pode incluir a atração de fornecedores atualmente instalados no Sul do País. O abastecimento local é particularmente difícil para insumos como resinas termoplásticas, pigmentos, adesivos, solados, palmilhas, ornamentos metálicos, matrizes e itens de embalagem mais sofisticados. Outro objetivo é desenvolver fornecedores locais qualificados para serviços especializados como manutenção de máquinas, CAD, CAM, , estilismo e *bureaux* de moda. No longo prazo, os atores do *cluster* pretendem atrair os fornecedores de equipamentos de calçados.

Toda essa iniciativa é uma abordagem inovadora para o estado do Ceará. Ela depende em grande parte de atores do setor privado para assegurar sua implementaçao e a realização dos objetivos finais. Apesar do governo estadual financiar a maior parte do investimento, a abordagem baseada na demanda e a parceria público-privada adotadas desde o início são elementos importantes que devem contribuir para um maior impacto. Nesse contexto, um importante desafio reside em garantir o fortalecimento do capital social do *cluster*. Esse elemento influenciará o nível de efetividade dos atores em sua organização para enfrentar as tarefas, unir forças, dividir responsabilidades e trabalhar coletivamente na realização dos objetivos acordados (como visto no plano de avanços do *cluster*).

O *cluster* de calçados do Cariri, no entanto, não está começando do zero. A força mostrada pelo SINDINDUSTRIA na mobilização de atores, na ampliação de sua base de associados, na realização de eventos como a FETECC, e, em particular, na iniciativa de estender a mão para as pequenas empresas são evidências significativas de que o *cluster* já acumula um estoque considerável do capital social. Mesmo assim, o reforço do capital social será fundamental para o crescimento futuro do *cluster*.

Observações Finais

O *cluster* de calçados do Cariri oferece pontos de interesse para o planejamento do desenvolvimento, em particular relacionado a casos em que o desafio é passar de uma base simples e de baixo custo para a inovação num setor muito competitivo. Primeiro, a emergência do *cluster* é algo surpreendente. As estratégias locais de desenvolvimento são muitas vezes baseadas em recursos naturais. O processamento de matérias-primas locais existentes surge como um passo natural na medida em que as regiões tentam aumentar a base produtiva local e promover as suas economias. Aproveitar o que já está disponível pode reduzir os riscos, custos e barreiras relacionados à abertura de um negócio ou o desenvolvimento de uma indústria regional. Além disso, essa abordagem tende a exigir menos esforços e recursos para produzir impacto econômico do que uma que começa a partir do zero. A história do *cluster* de calçados do Cariri difere dessa trajetória de crescimento com base nos recursos locais, na medida em que o *cluster* surgiu e depois desenvolveu o processamento de insumos sintéticos produzidos longe da região. Ele foi capaz de fazer isso aproveitando a experiência anterior dos seus habitantes como comerciantes, quando eles aprenderam como acessar os centros de abastecimento e comercialização de produtos e, assim, desenvolveram uma rede de contatos estratégicos.

A produção de calçados do Cariri também é notável porque se desenvolveu espontaneamente como um *cluster* em vez de empresas dispersas. Conforme as habilidade e contatos de negócios foram sendo disseminados, surgiram fábricas, a produção cresceu e a região adquiriu uma reputação como polo calçadista. Compradores de calçados e intermediários surgiram para fazer negócios com lojas locais, e mais tarde a indústria atraiu fornecedores de insumos e equipamentos e prestadores de serviços. Esse conjunto de atores contribuiu para ampliar ainda mais a indústria ao tornar relativamente fácil para a população local a abertura de fábricas de calçados, uma vez que a oferta e a demanda estavam a mão. Atualmente, o *cluster* de calçados do Cariri é composto de uma rede interconectada de atores, que, apesar de ainda enfrentarem algumas fraquezas importantes (por exemplo, coordenação, apoio tecnológico, capacidade de inovação e melhoria da qualificação), tem sido um elemento importante na expansão de negócios e no avanço da competitividade do *cluster*.

A abordagem de *cluster* envolve principalmente a coordenação de esforços. Mas, na concepção de uma estratégia de desenvolvimento do *cluster*, é importante ter em mente que cada caso é diferente e não existe uma solução uniforme. Os relacionamentos são características importantes dos *clusters*, e a natureza e intensidade das ligações entre os diferentes atores determinam como eles podem ser eficazes na promoção dos seus interesses comuns. A estrutura das redes do *cluster* diferem uma das outras, e cada *cluster* precisa ser adequadamente diagnosticado e apoiado. No caso do Cariri, o planejamento do *cluster* reflete como os atores percebem o negócio em relação aos concorrentes, assim como os ativos do *cluster* em termos de capital social.

Também é surpreendente que o *cluster* de calçados do Cariri tenha conseguido estabelecer-se como um grande protagonista nacional em um negócio altamente competitivo dominado por alguns dos estados mais industrializados do Brasil (por exemplo, Rio Grande do Sul e São Paulo). Localizada em uma região pobre (Nordeste), longe da base industrial do Brasil, enfrentando dificuldades no acesso a tecnologias e insumos, a indústria de calçados de plástico do Cariri se aproveitou de uma abundante força de trabalho e baixos salários, e se concentrou no segmento inferior do mercado, além de aproveitar-se da flexibilidade das empresas para se adaptar rapidamente aos padrões industriais desenvolvidos no sul do País.[23] Essa flexibilidade inclui a agilidade e a capacidade de atender e repartir pedidos, acompanhar tendências, copiar *designs*, adaptar a tecnologia e reduzir os custos, bem como de utilizar materiais reciclados.

Além disso, o *cluster* de calçados do Cariri se destaca como uma iniciativa impulsionada inicialmente pelo setor privado e pelos incentivos de mercado e menos pela política pública. Só recentemente, estimuladas por incentivos fiscais do estado, algumas empresas do Sul abriram fábricas de calçados na região. Apesar da escassez de capital da região, a indústria foi erguida e desenvolvida pelos habitantes locais mais do que pelos de fora (Costa 2007). Muitas empresas agora de médio porte (menos de 500 trabalhadores), abriram suas fábricas em quintais. A capacidade de aproveitar-se dos fatores locais (demanda local, redes de negócios, abundância de mão-de-obra, mercado de equipamentos de segunda mão, e outros) foi um ingrediente importante para o crescimento da indústria.

Finalmente, este caso ilustra a importância do processo de organização de *cluster*, inclusive a concepção e implementação de estratégias econômicas baseadas em *clusters*. Por meio desse processo, os atores do *cluster* de calçados do Cariri foram capazes de identificar e entrar em acordo com relação às iniciativas chaves para promover o desenvolvimento de negócios, incluindo visão, estratégias e ações. O processo também mostra a importância do papel facilitador do *cluster* para garantir a contínua mobilização do *cluster* e para implementar e dar seguimento à estratégia de desenvolvimento aprovada.

Notas

1. Os três municípios urbanos tinham cerca de 400.000 habitantes em 2000.
2. Barbalha é o centro do setor de saúde do Cariri e abriga o maior hospital da região.
3. A agricultura em Crato reflete o tamanho do município (1.009 quilômetros quadrados, ou quase o dobro do tamanho de Barbalha e mais de quatro vezes o tamanho de Juazeiro). A importância das atividades de investigação refere-se ao fato de Crato abrigar a Universidade Regional do Cariri (URCA), uma instituição pública.
4. Juazeiro surgiu no início do século XX como um centro comercial regional, bem como um local de fabricação de produtos básicos.
5. Durante 2002-2005, o crescimento médio do PIB nos três municípios foi de 43,9 por cento, comparado a 41,6 por cento no Estado do Ceará.
6. Como a RAIS captura apenas o emprego formal, os números de emprego na agricultura são subestimados. Isso é menos comum no Cariri, onde a agricultura é essencialmente um negócio familiar em vez de empresarial.
7. A região Nordeste é composta por nove estados, totalizando 1,5 milhões de quilômetros quadrados, equivalente a cerca de 18 por cento do território brasileiro.
8. O PVC (policloreto de vinila) é um polímero termoplástico. O EVA (etileno acetato de vinila) é um polímero usado para absorver o choque físico e é utilizado em materiais esportivos e solas de sapatos.
9. Estimado pelos cálculos do SEBRAE local em mais de 200 empresas informais.
10. Abicalçados (Associação Brasileira das Indústrias de Calçados) estimou a produção de calçados nacionais em 800 milhões de pares em 2006. http://www.abicalcados.com.br/estatisticas.html.
11. O custo desse equipamento é de aproximadamente US$ 560.000.
12. No início de 1990, a associação das MPE (AFABRICAL) criou um instalação central de abastecimento, que foi fechada após um curto período de operação por causa de má gestão e falhas individuais.
13. Os comércios varejistas de insumos são conhecidos localmente como casas coureiras.

14. O Rio Grande do Sul é o maior fabricante de calçados do Brasil e é especializado em artigos de couro.
15. O volume de material plástico reciclado por empresas de calçadoss locais é de aproximadamente 600 toneladas por mês; o material vem de locais distantes como Belém, a 1.600 quilômetros da região do Cariri.
16. Excluindo os benefícios adicionais obrigatórios, que respondem em média por 85 por cento do salário.
17. Os custos trabalhistas no Sul, no início deste século, eram quase três vezes maiores do que no Nordeste.
18. O Banco do Brasil também é um importante organismo financeiro da região, mas concentra-se em crédito a curto prazo e serviços bancários para governos municipais, gestão de repasses públicos (por exemplo, fundos de pensão e repasses do governo federal para os municípios), empresas comerciais e contas individuais.
19. Os critérios do BNB para o tamanho da empresa são diferentes dos utilizados neste capítulo, na medida em que estão relacionados com a receita bruta anual. Para as micro, pequenas, médias e grandes empresas, os valores correspondentes são, respectivamente, abaixo de US$ 141.000, abaixo de US$ 1,4 milhões, abaixo de US$ 20,5 milhões, e maior do que US$ 20,5 milhões.
20. Os representantes das MPE relatam que as exigências de garantias podem chegar a 150 por cento dos empréstimos, e que as empresas têm dificuldade em apresentar os documentos obrigatórios de certificação legal de propriedade. O BNB alega que é proibido por lei emprestar dinheiro sem a apresentação de documentos de propriedade legal dos bens oferecidos como garantia.
21. O Projeto de Desenvolvimento Regional Ceará (Cidades do Ceará), proposto para ser financiado parcialmente pelo Banco Mundial.
22. Recursos para o fundo virão de um empréstimo do Banco Mundial para o Estado do Ceará (Cidades do Ceará).
23. Os salários pagos pela indústria de calçados do Cariri são estimados em metade dos pagos pela indústria nos estados do Sul do Brasil.

CAPÍTULO 5

A Estratégia de Desenvolvimento do *Cluster* de São Luís: Uma Contribuição Inicial

Ming Zhang, Daniel da Mata, Alec Hansen, Enrique Asturizaga e Kim Cuenco

Resumo

Este estudo de caso apresenta uma avaliação inicial de São Luís, no Maranhão, em termos de potencial e estratégias de competitividade econômica. Ele foi elaborado após a visita de uma missão de desenvolvimento econômico, em janeiro de 2008, composta por uma equipe de funcionários e consultores do Banco Mundial. Uma análise de dados limitada foi realizada após a missão. O capítulo é dividido em cinco partes: depois de apresentar o município e suas recentes iniciativas políticas para o desenvolvimento econômico local, analisa a estrutura econômica e sua evolução nos últimos anos por meio da análise de dados para entender os impulsores-chave das economias regional e municipal e identificar os principais *clusters* da economia local. É seguido por análises iniciais e estratégias para dois *clusters* identificados como prioritários: o *cluster* industrial de portos e o de turismo. O capítulo termina por delinear uma estratégia global de *cluster* e os passos subsequentes.

Município de São Luís

O município de São Luís, capital do Estado do Maranhão, está localizado na ilha de São Luís, no extremo norte do Nordeste. A "ilha" é, na verdade, um arquipélago de 62 ilhas compreendendo 720 quilômetros quadrados de terra e um adicional de 150 quilômetros quadrados de manguezais. O arquipélago contém a região metropolitana de São Luís, que é dividida em quatro municípios, com uma população metropolitana total de mais de 1 milhão, entre a qual mais de 900.000 pessoas residem no Município de São Luís. A região metropolitana é a sede de um setor industrial importante, com potencial para se expandir, e o porto de Itaqui é um importante motor do desenvolvimento devido a sua localização estratégica, sua profundidade e suas instalações modernas. A cidade tem uma importância histórica, e a Organização das Nações Unidas para a Educação, Ciência e Cultura (UNESCO) declarou seu centro colonial Patrimônio Cultural da Humanidade. O arquipélago distingue-se pela diversidade ecológica, englobando manguezais, florestas ripárias e fragmentos de floresta amazônica, que, em combinação com mais de 30 quilômetros de praias, oferecem um grande potencial para o ecoturismo.

Apesar desse potencial, São Luís está localizado em um dos estados mais pobres e menos desenvolvidos do Brasil: o Maranhão está em último lugar nos *rankings* de renda domiciliar *per capita*, acesso a serviços e indicadores de saúde. A maioria população do estado pratica agricultura de subsistência, mas há uma tendência para atividades de maior produtividade, incluindo manufatura e transporte. Isso estimula a migração para as cidades em geral, e para São Luís, em particular.

Iniciativas Municipais para uma Estratégia de Desenvolvimento

Nos últimos anos, a prefeitura de São Luís tomou diversas medidas para melhorar o desenvolvimento econômico e criar empregos, incluindo:

- *A criação da Secretaria de Planejamento e Desenvolvimento (SEPLAN) e da Subsecretaria para Desenvolvimento Sustentável (SAGED).* Em 2005, foi criada a SEPLAN com o objetivo de iniciar um processo altamente participativo para alcançar o desenvolvimento sustentável de São Luís. O processo iniciou em março de 2006 com uma reunião de trabalho para definir uma agenda para o desenvolvimento sustentável local. A SAGED foi criada para propor e promover políticas municipais de desenvolvimento econômico local e de criação de empregos. A secretaria desenvolve e apoia projetos específicos para criar condições favoráveis para o desenvolvimento econômico e geração de emprego e renda e, junto com outras secretarias municipais e principais partes interessadas, articula atividades de desenvolvimento econômico local.

- *O Fórum Permanente de Desenvolvimento Sustentável e "São Luís + 400 anos"*. As autoridades municipais criaram o Fórum Permanente de Desenvolvimento Sustentável, em abril de 2006, com a participação de todos os principais interessados dos municípios, incluindo representantes das comunidades mais pobres, o setor privado, as instituições governamentais e outras instituições civis. Os principais objetivos do fórum são: equilibrar as necessidades de promoção do crescimento e desenvolvimento, proteger o meio ambiente, reduzir a pobreza, promover a sustentabilidade ambiental e estabelecer as condições para um futuro sustentável. O fórum tem sido bastante bem-sucedido não só em atrair as instituições mais importantes a São Luís, mas também pela participação em questões-chave como a estratégia de desenvolvimento municipal "São Luís + 400 anos". Essa estratégia pretende tornar-se um instrumento fundamental para melhorar as condições de vida da população, especialmente a mais carente, e tem um período de vigência de 20 anos, com foco particular em 2012, ou o 400.º aniversário de São Luís. O primeiro esboço, as orientações principais e a visão de longo prazo foram entregues em 4 de setembro de 2007. A estratégia aborda cenários prováveis, elabora diretrizes para a gestão participativa da cidade e orienta a tomada de decisões da administração municipal.
- *Mapeamento Socioeconômico e Desenvolvimento do Programa Local Econômico e de Emprego*. O governo municipal iniciou um processo importante para compreender os aspectos econômicos e sociais do município. Ele está desenvolvendo um quadro de indicadores baseados em quatro pilares (estrutura econômica local, recursos humanos, dotações locais e capacidade institucional) e está em processo de identificação das fontes primárias e secundárias para a coleta e análise de dados. Esse quadro será utilizado para identificar os pontos fortes e fracos, as ameaças e as principais oportunidades para o desenvolvimento local sustentável. Além disso, no âmbito de um projeto financiado pelo Banco Mundial, o município destinou US$ 6,2 milhões para a economia local e para o programa de trabalho, irá apoiar o desenvolvimento de capacitação para a geração de emprego e renda, e a promoção do desenvolvimento econômico local e de estratégias competitivas, que inclui a melhoria da estratégia competitiva dos *clusters* importantes, a simplificação dos processos de negócios e outras ações recomendadas para a valorização do *cluster*.

Análise da Estrutura Econômica

Vantagens e Desvantagens

Nos últimos anos, São Luís tem experimentado um crescimento elevado do PIB. De 2002 a 2005, a taxa real de crescimento anual do PIB foi de 10,2 por cento (Tabela 5.1). A diferença entre as regiões selecionadas é significativa. São Luís superou as outras regiões e experimentou uma taxa de crescimento de quase o dobro da média nacional. Como na economia brasileira em geral, o setor de serviços de São Luís responde por mais de 60% do PIB total e a indústria por cerca de 23%.

São Luís tem apresentado um aumento constante de sua renda per capita (Tabela 5.2). A taxa de crescimento anual durante a década de 1990 foi de 3,2%, segundo os censos demográficos de 1991 e 2000. Segundo esse indicador, no Maranhão e no Nordeste as taxas de crescimento foram maiores do que a de São Luís.

Uma comparação entre a taxa de crescimento da renda per capita e a taxa de crescimento do PIB per capita é importante, mesmo que estejamos lidando com diferenças nesses períodos de tempo. O crescimento da população entre 2002 e 2005 foi de 2,09% (Tabela 5.3). O crescimento do PIB per capita em São Luís foi de cerca de 8% durante esse período, em comparação com 3,2% de renda per capita de 1991 a 2000. Essas tendências podem sugerir que os lucros dos fatores de produção não ficaram totalmente em São Luís. Em outras palavras, o que está sendo produzido em São Luís não se reflete nos salários ou na renda do município. E dado que a renda per capita de São Luís é inferior à média nacional, torna-se ainda mais importante desenvolver políticas para impulsionar o crescimento da renda local e incentivar as economias locais a se beneficiar mais, proporcionalmente, do crescimento econômico.

Tabela 5.1 PIB, Regiões Selecionadas, 2002 e 2005

Regiões	*2002 (R$)*	*2005 (R$)*	*Crescimento anual 2002-2005 (%)*
São Luís	5.613.502	7.514.838	10,2
Maranhão	15.448.774	20.374.787	9,6
Nordeste	191.591.603	225.667.141	5,6
Brasil	1.477.821.769	1.727.465.239	5,3

Fonte: IBGE.
Nota: Deflacionado para valores de 2002.

Tabela 5.2 Renda Mensal Per Capita, Regiões Selecionadas, 1991 e 2000

Regiões	*1991 (R$)*	*2000 (R$)*	*Crescimento anual, 1991-2000 (%)*
São Luís	189	252	3,2
Maranhão	80	110	3,6
Nordeste	114	155	3,4
Brasil	230	297	2,9

Fonte: IBGE.

Tabela 5.3 Tendências Demográficas em Regiões Selecionadas

Regiões	*1991*	*2000*	*Crescimento anual, 1991-2000 (%)*	*Crescimento anual 2002-2005 (%)*
São Luís	666.433	870.028	3,01	2,09
Maranhão	4.930.275	5.651.475	1,53	1,37
Nordeste	42.497.643	47.741.711	1,3	1,19
Brasil	146.825.807	169.799.170	1,63	1,45

Fonte: IBGE.

No que diz respeito à distribuição de crescimento na década de 1990, o rendimento cresceu em todas as faixas de renda, mas a taxa de crescimento entre os segmentos pobres foi mais lenta do que entre outros grupos de renda. Portanto, apesar de um aumento médio da renda per capita, a desigualdade de renda aumentou em São Luís. Com efeito, segundo dados do IBGE, o índice de Gini (uma medida da desigualdade de renda) passou de 0,61, em 1991, para 0,65, em 2000.

A população também está aumentando mais rapidamente em São Luís do que em outras regiões (Tabela 5.3). A densidade demográfica pode aumentar (ou diminuir) por meio de três fatores: taxa de fecundidade, taxa de mortalidade e migração. Uma vez que as taxas de fecundidade e de mortalidade não variam muito entre as regiões, o crescimento da população pode ser atribuído à migração. A taxa de crescimento anual da população de 3% no município, de 1991 a 2000, em comparação com as taxas brasileira e do Maranhão, de cerca de 1,5%, sugere intensa migração para a cidade. Esse padrão destaca-se ainda mais quando recordamos que no Nordeste a taxa de crescimento da população é menor, uma vez que a região tem uma tendência histórica de emigração.

De um lado, a imigração mostra que a cidade é realmente atraente para as pessoas, caso contrário os imigrantes iriam para qualquer outro lugar. Exige-se uma análise mais detalhada, mas é claro que os rendimentos e as taxas de crescimento do PIB orientam a decisão dos migrantes. Por outro lado, esses novos "cidadãos" demandam serviços públicos e pressionam por políticas públicas eficientes.

As características dos migrantes também são importantes indicadores da economia local. Aqueles com vários anos de escolaridade geralmente têm resultados mais positivos (tanto para si quanto para a cidade), porque tendem a ser mais produtivos. Portanto, qualquer cidade deve incluir em seu planejamento estratégico medidas para atrair migrantes qualificados - aqueles com maiores qualificações e habilidades. Na decisão de migrar ou não e para onde se mudar, o migrante qualificado pondera várias características da cidade (Mata et al. 2007). O mercado de trabalho, o clima, a qualidade dos serviços públicos e outras comodidades são fatores importantes na atração (ou repulsão) dessa categoria de migrantes.

A Tabela 5.4 mostra que São Luís recebe mais imigrantes do que perde emigrantes (desde que a relação entre emigração e imigração seja inferior a um). O oposto ocorre no caso do Maranhão e da região Nordeste. No entanto, São Luís não está atraindo migrantes qualificados: e pior, está sofrendo uma "fuga de cérebros". Em suma, a cidade está atraindo migrantes, mas não os qualificados.

Tabela 5.4 Migração para Regiões Selecionadas

Regiões	*Razão entre emigração e imigração*	*Razão entre emigração e imigração (qualificada)*
São Luís	0,971	1,096
Maranhão	1,279	0,816
Nordeste	1,38	0,917

Fonte: IBGE.

Estrutura de Emprego

A Tabela 5.5 mostra um crescimento do emprego formal entre 1995 e 2005 no nível de 2 dígitos, de acordo com a Classificação Nacional de Atividades Econômicas (CNAE).[1] O comércio e algumas atividades de varejo registraram uma taxa de crescimento do emprego formal de mais de 60% em todo o período, ou mais de 5% ao ano. A construção civil e as atividades imobiliárias também foram setores importantes para o crescimento, uma vez que tiveram um aumento de cerca de 50% no emprego. A indústria perdeu cerca de 2.000 trabalhadores formais no período. Mais recentemente, entre 2000 e 2005, serviços de finanças surgiram como setores de alto crescimento.

Uma característica notável foi a queda no emprego formal do setor público (Figura 5.1). Em 1995, São Luís tinha 45% de sua força de trabalho formal em atividades do setor público, proporção que caiu para 35% em 2005. A diminuição ocorreu principalmente após o ano 2000. Em contrapartida, os setores financeiro e imobiliário, bem como os de comércio e construção, ampliaram sua participação.

A escolaridade da maioria dos trabalhadores formais em São Luís não ultrapassa o ensino médio (59% em 2005, Tabela 5.6), 24% tem ensino fundamental, e apenas 16% têm nível universitário (ou mais alto). Aqueles que cursaram o ensino médio ou nível superior são mais atraídos para os setores financeiros e de educação.

Em 2005, de acordo com a Tabela 5.7, as atividades bancárias, de geração e distribuição de energia elétrica e de transporte pagaram os mais altos salários para os trabalhadores formais, pelo menos o dobro. A massa salarial em São Luís no setor formal somou R$ 190 milhões, ou um salário médio de R$ 1.056 (cerca de US$ 580).

Tabela 5.5 Tendências do Emprego Formal 1995-2005

	Participação do emprego formal (%)			*Crescimento (%)*	
Setores com 2 dígitos	*1995*	*2000*	*2005*	*1995–2005*	*2000–2005*
Agricultura e silvicultura	2,2	0,2	0,4	–81	124
Pesca	0,0	0,0	0,0	- 68	631
Mineração	0,1	0,1	0,0	–56	- 32
Manufatura	5,0	4,1	3,4	- 32	–17
Serviços públicos	2,2	1,2	1,0	–55	–20
Construção civil	5,1	8,2	7,5	48	–9
Comércio	10,3	12,4	16,7	63	35
Comércio varejista de alimentos e bebidas	1,5	2,1	2,7	86	30
Transporte, armazenagem e comunicação	6,3	5,8	7,0	11	21
Serviços financeiros	2,1	1,3	2,5	21	96
Serviços imobiliários	7,2	8,0	10,4	44	30
Serviços públicos	45,7	44,5	34,9	–24	–22
Serviços de educação	3,3	4,1	3,0	–9	–26
Serviços de saúde	4,0	4,0	5,3	32	33
Outros serviços	3,7	4,1	5,0	37	24
Emprego total (número e % de crescimento)	**161.435**	**172.478**	**180.928**	**12**	**5**

Fonte: RAIS, Ministério do Trabalho.

A tabulação cruzada dos QL (que mostram a importância do setor) e do crescimento do emprego, conforme explicado na seção "Análise do Quociente de Localização", no Capítulo 4, para a região do Cariri, ajuda a identificar setores importantes e *clusters* na economia local. A Tabela 5.8 mostra os resultados do QL *versus* o crescimento do emprego até o nível de 4 dígitos. Geralmente, os setores que aparecem em cada quadrante são os seguintes:

- ***Grande importância, alto crescimento:*** Transporte, imobiliário, capital social, infraestrutura, saúde, cultura e entretenimento
- ***Grande importância, baixo crescimento:*** atividades de capital social (sindicatos), setor bancário, fabricação de bebidas, imobiliário, saúde, cultura e entretenimento e hotéis
- ***Baixa importância, baixo crescimento:*** agricultura, pesca, mineração, algumas atividades industriais, algumas atividades de alta tecnologia e atividades de consultoria.
- ***Baixa importância, alto crescimento:*** editorial, algumas atividades industriais (por exemplo, *hardware*), serviços de alimentação e serviços profissionais (jurídicos, médicos, odontológicos, arquitetura, publicidade e engenharia).

As atividades relacionadas ao turismo aparecem principalmente no quadrante de grande importância e baixo crescimento (principalmente a cultura e as atividades de entretenimento e hotéis) e, embora importantes, não têm crescido tanto nos últimos anos. Os serviços de alimentação, outro setor importante para o turismo, estão no quadrante de baixa importância e alto crescimento, sendo, portanto, um *cluster* em potencial.

Figura 5.1 Evolução da Participação do Emprego

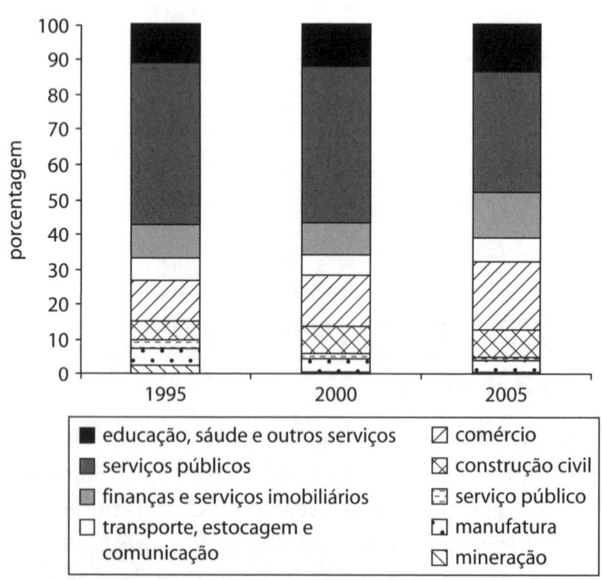

Fonte: Ministério do Trabalho.

Tabela 5.6 Emprego Formal e Escolaridade

Setores de 2 dígitos	*Analfabeto (%)*	*Ensino Fundamental (%)*	*Ensino Secundário (%)*	*Ensino Universitário ou Superior (%)*	*Total (número)*
Agricultura e silvicultura	3	20	65	12	744
Pesca	0	30	70	0	23
Mineração	2	53	37	8	89
Manufatura	1	28	63	9	6.205
Serviços públicos	0	15	57	28	1.787
Construção civil	1	48	47	4	13.591
Comércio	0	12	82	5	30.301
Comércio varejista de alimentos e bebidas	0	28	70	2	4.924
Transporte, armazenagem e comunicação	0	25	63	12	12.635
Serviços financeiros	0	1	50	48	4.558
Serviços imobiliários	1	25	68	6	18.800
Serviços públicos essenciais	0	29	46	24	63.064
Serviços de educação	0	6	40	54	5.478
Serviços de saúde	0	12	77	11	9. 602
Outros serviços	1	24	55	20	9.082
Serviços domésticos	7	36	52	5	44
Total (número)	**535**	**44.048**	**107.095**	**29.250**	**180.928**
%	**0**	**24**	**59**	**16**	**100**

Fonte: RAIS, Ministério do Trabalho.

Vários subsetores de transporte – base necessária para um *cluster* de portos – aparecem do quadrante de grande importância e alto crescimento. Vários outros subsetores do setor de transportes aparecem no quadrante de grande importância e baixo crescimento. Esses resultados sugerem que os setores de transporte e portuário são realmente importantes para uma estratégia de desenvolvimento local. Além disso, o transporte é um setor que paga um dos melhores salários na economia de São Luís.

Outro resultado foi a classificação dos setores de alta tecnologia como de baixos crescimento de emprego e QL. A inovação é um dos principais componentes para trilhar o caminho do crescimento bem-sucedido, e as indústrias de alta tecnologia estão entre as mais inovadoras. Sua presença muito limitada deve ser uma preocupação em termos de potencial de crescimento sustentado.

Mais uma vez, como na região do Cariri, a análise *shift-share* (análise dos componentes de variação) foi aplicada como um método alternativo para a identificação dos setores econômicos líderes e atrasados. A análise *shift-share* decompõe o crescimento econômico local em três componentes:

- *Mudança nacional:* as mudanças na economia local causadas por mudanças na economia nacional
- *Mudança no mix industrial:* mudanças na economia local devido ao mix de indústrias
- *Mudança local:* mudanças no emprego local devido a fatores locais ou à competitividade local/da cidade/do município.

Tabela 5.7 Emprego Formal e os 20 Maiores Salários Médios

Subsetor de 4 dígitos	*Total de salários[a] (R$)*	*Salário médio[b] (R$)*	*Parcela do salário médio (%)*
Transporte por oleoduto	175.652	7.637	723
Geração de energia elétrica	997.067	5.601	530
Mineração de manganês	5.352	5.352	507
Atividades silvícolas	25.759	3.68	348
Bancos públicos	1.964.728	3.399	322
Bancos comerciais	179.151	3.257	308
Defesa	713.862	3.173	300
Bancos múltiplos[c]	3.798.164	3.034	287
Outras atividades financeiras	5.887.568	2.98	282
Produção de gás industrial	45.226	2.827	268
Justiça e ordem pública	6.522.531	2.717	257
Petróleo no atacado	387.874	2.502	237
Distribuição de energia elétrica	1.524.474	2.447	232
Transporte de cabotagem	208.249	2.422	229
Mineração de não metálicos	2.334	2.334	221
Transporte ferroviário interurbano	5.181.892	2.108	200
Fundos de pensão	145.431	2.108	200
Produção e processamento de alumínio	41.631	2.082	197
Serviços relacionados à agricultura	666.984	2.046	194
Atividades de apoio ao transporte de carga	942.429	1.988	188
Emprego total	**191.065.378**	**1.056**	**100**

Fonte: RAIS, Ministério do Trabalho.
a. A soma de todos os salários no subsetor de 4 dígitos.
b. O salário médio de um trabalhador formal característico.
c. Bancos que têm a função de bancos comerciais e bancos de investimento.

Tabela 5.8 QL e Crescimento de Emprego: Os Maiores Setores em Cada Quadrante

Grande importância, baixo crescimento	*Grande importância, alto crescimento*
Destilação, purificação e engarrafamento de bebidas alcoólicas	Construção de edifícios completas n.o.c.l.
Produção de cerveja clara e escura	Construção de represas para geração de energia hidrelétrica
Produção de refrigerantes	Comércio atacadista de produtos de tabacaria
Produção de produtos químicos orgânicos n.c.o.l.	Comércio varejista de móveis e outros produtos de uso residencial
Coleta, purificação e distribuição de água	Comércio varejista de livros, jornais, revistas e papelaria
Construção de edifícios comerciais e residenciais	Transporte rodoviário interurbano
Montagem de estruturas	Transporte fluvial de passageiros
Instalação de sistemas de refrigeração e ar condicionado	Atividades relacionadas ao transporte aquático n.c.o.l.
Comércio atacadista de produtos farmacêuticos, médicos e odontológicos	Atividades relacionadas ao transporte aéreo n.c.o.l.
Tansporte de passageiros urbanos, programado	Atividades de transporte e agências de manipulação de carga
Transporte de cabotagem	Atividades de correio
Bancos de poupança e empréstimo	Fundos de pensão, fundos abertos
Fundos de pensão, fundos fechados	Seguros de saúde
Administração de imóveis para terceiros	Aluguel de maquinaria equipamentos de engenharia civil e construção
Atividades hospitalares em salas de emergência	Investigação e atividades de seguro
Outras atividades de sáude humana por profissionais de saúde	Atividades de diagnóstico e terapêutica humana
Atividades de sáude humana n.c.o.l.	Serviço social sem acomodação
Outras atividades de entretenimento n.c.o.l.	Rede de esgoto e coleta de lixo, saneamento e atividades similares
Comércio varejista de alimentos e bebidas em lojas de conveniência	Atividades de outras associações n.c.o.l.
Hotéis	Atividades de televisão
Pouca importância, baixo crescimento	*Pouca importância, alto crescimento*
Diversas atividades de produção de alimentos	Produção de maquinaria de uso geral n.c.o.l.
Produção de sucos de frutas e legumes	Produção de aparatos médicos e terapêuticos
Fabricação de produtos têxteis n.c.o.l.	Demolição e preparação do terreno para construção
Fabricação de produtos de couro n.c.o.l.	Construção de grandes edificações e criação artística

(continua)

Tabela 5.8 QL e Crescimento de Emprego: Os Maiores Setores em Cada Quadrante *(continuação)*

Pouca importância, baixo crescimento	*Pouca importância, alto crescimento*
Fabricação de papel	Venda de veículos automotores
Atividades de agricultura e pesca	Produção de alimentos n.c.o.l.
Extração de minério de ferro	Manufatura de produtos têxteis de tecidos
Extração de alumínio	Tecelagem de produtos têxteis n.c.o.l.
Extração de minério de manganês	Publicações e outros produtos gráficos
Produção de suco de frutas e de vegetais	Fabricação de equipamentos
Reprodução de *software*	Comércio atacadista de equipamentos e máquinas industriais
Produção de cimento	Bares e restaurantes com serviço completo
Fabricação de maquinaria e equipamentos de construção	Lanchonetes e similares
Consultoria em equipamentos de computação	Movimentação de carga e armazenamento
Processamento de dados	Atividades judiciais
Atividades relacionadas ao computador	Arquitetura, engenharia e consultoria técnica
Atividades de consultoria em gestão e negócios	Propaganda
Artes dramáticas, música e outras atividades artísticas	Prática médica e odontológica
	Atividades de organizações políticas e profissionais

Fonte:. Estimativas dos autores.
Nota: n.c.o.l. = não classificado em outro lugar

A análise *shift-share* decompõe partes do crescimento total do emprego de acordo com a seguinte equação:

a mudança total no emprego = mudança nacional
+ mudança de mix industrial
+ mudança local

A interpretação dos resultados *shift-share* é simples. Parcela do crescimento nacional informa que parte do crescimento do emprego local é simplesmente causada pelo crescimento da economia nacional. O mix industrial representa o efeito sobre o desempenho de uma indústria específica e sobre as tendências locais de emprego. A mudança local enfatiza os efeitos dos fatores municipais sobre o crescimento do emprego local (ou declínio).

A análise *shift-share* mostra, por exemplo, quanto do aumento total de empregos nos setores de comércio atacadista de *hardware*, construção, equipamentos e ferramentas de São Luís deveu-se à dinâmica da economia brasileira, quanto deveu-se ao setor atacadista de *hardware* nacional e quanto deveu-se à competitividade econômica e à dinâmica de São Luís. Nesse caso, de acordo com a Tabela 5.9, quase toda a criação de empregos deveu-se ao dinamismo e à competitividade econômica de São Luís, coerentemente com suas taxas de crescimento recentes do PIB.

A Tabela 5.9 mostra os 10 principais setores em termos de crescimento do emprego como consequência do dinamismo e competitividade da economia local. Todos esses setores são considerados dinâmicos, indicando que o fator local contribuiu mais para o crescimento do emprego do que qualquer outro fator nacional ou setorial. A Tabela 5.10 apresenta os 10 principais setores com mais de 1.000 trabalhadores formais em 2005. Os resultados mostram que alguns dos grandes setores são dinâmicos, enquanto outros não. A ideia é incentivar o crescimento econômico nacional e o desempenho da indústria nacional. É importante identificar setores locais que conseguiram prosperar mais do que, ou apesar do desempenho nacional.

Tabela 5.9 Os 10 Maiores Subsetores de 4 Dígitos, 2000 e 2005

Os 10 maiores setores (dinâmica local)	*2000*	*2005*	*Crescimento*	*Shift share*		
	Emprego			*Shift nacional*	*Shift do mix industrial*	*Shift local*
Atividades auxiliares à intermediação financeira n.c.o.l.	3	1.976	1.973	1	2	1.97
Serviço social sem acomodação	507	2.132	1.625	136	32	1.457
Perfuração e fundação para a construção civil	45	812	767	12	5	750
Transporte interurbano ferroviário	1.446	2.458	1.012	386	47	578
Rede de esgoto e coleta de lixo, saneamento e atividades similares	817	1.608	791	218	51	522
Construção de grandes edificações e criação artística	46	514	468	12	2	454
Manufatura de estruturas metálicas pré-fabricadas e componentes	99	428	329	26	18	284
Serviços de alimentação	309	832	523	83	195	245
Comércio atacadista de produtos alimentícios n.c.o.l.	276	686	410	74	121	215
Comércio atacadista de máquinas, construção e equipamentos e ferramentas	34	276	242	9	20	213

Fonte: Estimativas do autor.
Nota: n.c.o.l. = não classificado em outro lugar.

Tabela 5.10 Os 10 Maiores Subsetores de 4 Dígitos com mais de 1.000 Trabalhadores em 2000 e 2005

	Emprego			*Shift share*			
Setores	*2000*	*2005*	*Crescimento*	*Parcela nacional*	*Parcela do mix industrial*	*Shift local*	*Índice*[a]
Transporte interurbano ferroviário	1,446	2.458	1.012	386	47	578	Dinâmico
Serviço social sem acomodação	507	2.132	1.625	136	32	1.457	Dinâmico
Atividades auxiliares à intermediação financeira n.c.o.l.	3	1.976	1.973	1	2	1.97	Dinâmico
Rede de esgoto e coleta de lixo, saneamento e atividades similares	817	1.608	791	218	51	522	Dinâmico
Comércio varejista de calçados, produtos de couro e valises	646	1.051	405	173	77	156	Não dinâmico
Atividades de associações n.c.o.l.	2.559	3.763	1.204	684	445	75	Não dinâmico
Comércio varejista de material de construção, máquinas e ferramentas manuais	1.447	2.127	680	387	287	6	Não dinâmico
Comércio varejista de móveis, produtos de iluminação e produtos de uso residencial	1.385	1.955	570	370	174	26	Não dinâmico
Construção de edifícios completos n.c.o.l.	1.042	1.881	839	278	540	20	Não dinâmico
Comércio varejista de alimentos e bebidas em lojas com menos de 300m^2	538	1.094	556	144	225	187	Não dinâmico
Comércio varejista de equipamentos de computação, telecomunicações e escritório	513	1.047	534	137	379	18	Não dinâmico

Fonte: Estimativas do autor.
Dinâmica significa uma contribuição positiva para a economia local para a criação de empregos a uma taxa maior do que a da economia nacional e do setor nacional.
Nota: n.c.o.l = não classificado em outro lugar.

Conclusões da Análise de Dados Econômicos

A lista completa dos 136 setores "competitivos" revela um cenário semelhante ao da análise de LQ versus crescimento econômico da seção anterior. Atividades relacionadas com o transporte e o turismo tiveram um poderoso fator local de competitividade. Serviços, nomeadamente jurídicos, médicos, odontológicos, arquitetônicos, de publicidade e de engenharia, tiveram menor dinâmica local.

A análise destacou os seguintes pontos fortes da economia local:

- O crescimento econômico tem sido mais rápido nos últimos anos, quase o dobro da média nacional. O crescimento da renda per capita também cresceu mais rápido do que a média nacional.
- A cidade é atrativa para as pessoas, sendo que sua população cresceu o dobro da média nacional e estadual.
- O emprego no setor privado mostrou um aumento significativo, reduzindo a quota de emprego do setor público de 45 para 35% em 10 anos.

As fraquezas visíveis incluem:

- A renda gerada na região não está sendo capturada pela região.
- Os mais pobres não se beneficiaram tanto do crescimento recente como a maioria da população.
- Os migrantes qualificados não são atraídos para a cidade.
- Grandes fluxos migratórios têm aumentado a pressão sobre a infraestrutura e os serviços públicos.

Análise econômica estrutural conduz às seguintes conclusões:

- São Luís é um importante centro regional, comercial e político, como demonstram os setores imobiliário, de saúde, de infraestrutura, de serviços públicos e de atividades sociais. Seu papel como centro comercial regional foi reforçado nos últimos anos.
- O transporte é um dos principais *clusters* e de rápido crescimento, refletindo a importância dos portos de São Luís e outras instalações.
- No conjunto, o turismo parece não ter sido um dos principais motores da economia local nos últimos anos. Ele cobre uma vasta gama de atividades, algumas de grande importância e crescimento lento (hotéis, comércio varejista de alimentos e entretenimento) e outras de pouca importância e crescimento alto (bares, restaurantes e lanchonetes). No entanto, o turismo deve ser encarado no contexto de São Luís como centro comercial

regional; por causa disso, o turismo de negócios, além do turismo de lazer, deve ser considerado seriamente no *cluster* e na estratégia global de crescimento.

- Parece haver um *cluster* emergente no setor de serviços (movimentação e armazenagem de cargas, publicidade, consultoria de engenharia e organizações profissionais), relacionado ao papel dos portos ou à natureza da cidade como centro comercial regional. Esse *cluster* também pode gerar um impacto positivo no futuro do negócio.
- Algumas atividades manufatureiras (alimentos, têxteis, equipamentos, maquinário e equipamentos médicos) também parecem estar ganhando terreno e apresentar potencial de crescimento na cidade.

Avaliação Inicial do *Cluster* Industrial de Portos

Antecedentes do Cluster

O potencial de um *cluster* baseado nos portos de São Luís decorre de duas aglomerações distintas mas relacionadas:

- Os três principais (e quatro menores) portos de águas profundas, e seus fornecedores relacionados
- Indústrias manufatureiras existentes e potenciais localizadas perto dos portos.

Qualquer uma dessas aglomerações seria suficiente para justificar uma abordagem de *cluster*; portanto ambas, em conjunto, representam uma grande oportunidade para o alinhamento de prioridades e de crescimento em sinergia. Assim, nesta fase, o "*cluster*" ideal, sob uma perspectiva de colaboração estratégica de desenvolvimento, incluiria funções de transporte e de logística de um *cluster* baseado em um porto, combinado com aquelas de um parque industrial ou de uma zona franca. Se esse conjunto transporte-indústria for estabelecido e funcionar, o *cluster* pode ser dividido em vários portos e (possivelmente muitos) *clusters* industriais.

Visão Geral dos Três Maiores Portos. Os maiores portos compartilham um canal de aproximação que tem 108 metros de largura por 27 metros de profundidade, com profundidades atuais de 19 metros no porto municipal e 23 metros no da Vale, o que significa que provavelmente podem acomodar embarcações de carga de qualquer tonelagem. Esse porto tem as melhores condições físicas naturais do Brasil e da América do Sul. Todos os portos estão abrigados de ventos e ondas, e a região não está sujeita a furacões, como os portos do

Caribe. A região está em uma boa posição para lucrar com a expansão do Canal do Panamá. No entanto, esses portos não são conhecidos, e precisam de maior reconhecimento mundial. Dos três principais portos de águas profundas, um é público (Itaqui) e dois (para movimentação de carga a granel) são de propriedade e operados por *clusters* privados de mineração e processamento de metais (Alumar e Vale).

Porto de Itaqui – Porto Municipal de Carga Geral do Maranhão. O porto de Itaqui tem 6 atracadouros, com profundidades de até 19 metros e comprimento de 480 metros, e tem um plano para adicionar mais 12 atracadouros ao sul do cais existente. Atualmente, há tráfego limitado de contêineres, quase nenhum sai, pois os fluxos são principalmente de bens de consumo e de capital. Além disso, não há guindastes especializados em contêineres. No entanto, cargas secas (por exemplo, lingotes de alumínio da Alumar transportados para Itaqui e carregados em navios que utilizam *pallets*), cargas líquidas (combustível), e cargas a granel (especialmente soja) são relativamente comuns. A carga total em 2007 atingiu 94 milhões de toneladas.

Ponta da Madeira – Terminal Privado da Vale. A Vale do Rio Doce é uma companhia mineradora que produz uma variedade de produtos de metal em São Luís, principalmente ferro, cobre e níquel. A instalação de São Luís processa atualmente 105 milhões de toneladas de minério de ferro por ano, e depois de uma expansão que custou R$ 4 bilhões e que deverá ser concluída em 2011, o porto será capaz de processar 240 milhões de toneladas, tornando-se o maior do mundo. O nível de emprego atual nas instalações é de é 6.000. O porto tem 23 metros de profundidade, e pode acomodar embarcações com calado de até 22 metros. Cada atracadouro manipula 45 milhões de toneladas por ano, com uma taxa de carga máxima de 16.000 toneladas por hora. Em 2010, o braço logístico da Vale (uma subsidiária separada das operações de mineração) irá completar a parte final de uma ligação ferroviária norte-sul para o interior do Brasil, que irá aumentar enormemente a importância de São Luís como eixo logístico.

Porto da Alumar – Terminal Privativo da Alumar. A Alumar, controlada pela Alcoa, é uma das maiores produtoras de alumínio do mundo. A empresa traz bauxita do interior do Brasil (principalmente de navio através do Amazonas), o processa na refinaria (para produzir alumina) e depois o funde (transformando-o em alumínio), em São Luís. O porto da Alumar manipula atualmente 4,9 milhões de toneladas por ano, mas está em fase de expansão para comportar três ancoradouros completos, onde poderá manipular12 milhões de toneladas por ano. Apesar de toda a carga a granel ser movimentada no próprio porto da Alumar, o alumínio processado é empilhado em *pallets* e transportado em caminhões para o porto de Itaqui, onde é embarcado nos navios com guindastes – cerca de 440.000 toneladas por ano. A Alumar emprega em São Luís cerca de 2.000 trabalhadores, mas estima-se que outros 1.500 trabalhem para ela no local, de forma indireta, por meio da subcontratação.

A cada ano, a Vale contrata cerca de 50 engenheiros de minas, 50 engenheiros civis, 30 engenheiros mecânicos, 30 engenheiros elétricos, 30 engenheiros de ferrovias e 20 engenheiros de portos. As universidades locais, no entanto, não formam engenheiros suficientes para suprir a demanda. E como a região esta se firmando como processadora de metais e eixo logístico, a ampliação das escolas de engenharia em algumas dessas especializações é provavelmente justificada.

Potencial de Crescimento dos Portos. Espera-se que os transbordos nos portos de São Luís cresçam de forma significativa em 2010, com a conclusão da ferrovia norte-sul. Indicadores locais apontam que a demanda externa pode aumentar quando o Canal do Panamá for ampliado, porque São Luís é um dos poucos portos de águas de profundas da região e o porto brasileiro mas próximo do canal. A profundidade e largura dos vários canais poderia acomodar os maiores navios de carga em questão.

Clusters *Industriais de Portos Existentes.* Durante as reuniões de trabalho realizadas em São Luís em janeiro de 2008, os participantes, incluindo membros do *cluster* e do governo municipal, identificaram os produtores e prestadores de serviços no *cluster*. Como mostra a Figura 5.2, existem outros usuários do sistema portuário, como a Coca-Cola e a Brasil Ecodiesel. Além disso, o sistema oferece muitos serviços intermediários e finais, que variam de limpeza e manutenção a abastecimento.

Diagnóstico inicial

Condições de Oferta/Insumos. As instalações portuárias existentes são adequadas à quantidade atual de metais processados em São Luís. No entanto, prevê-se uma expansão significativa no futuro próximo nos três grandes portos: Itaqui (6 a 18 ancoradouros), Vale (duplicação da capacidade) e Alumar (triplicação da capacidade). O que isso irá realmente criar, principalmente perto do porto público, será a escassez de terra gerada artificialmente. A necessidade de grandes áreas adequadas e relacionadas com armazenagem e logística irá aumentar – principalmente se São Luís for visto como um local atraente para as atividades manufatureiras relacionadas (de usinas de aço à produção de máquinas e processamento de alimentos).

Figura 5.2 O Mapa Atual do *Cluster* de Portos de São Luís

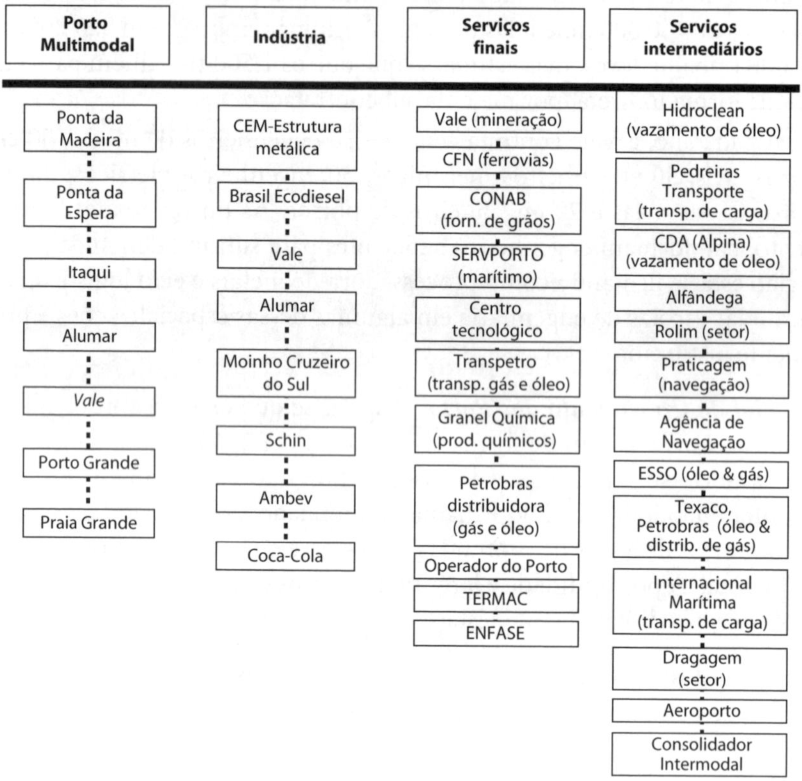

Fonte: Workshop para membros do *cluster* e do governo municipal, São Luís, janeiro de 2008.

Os recursos humanos são um problema significativo visto sob o ângulo dos fatores de produção. A formação da força de trabalho é ruim para os padrões brasileiros, com baixa escolaridade e sem universidades locais de destaque, o que irá exigir um esforço de longo prazo. A Vale estimou que seria necessário contratar 260 engenheiros por ano durante os próximos três anos, em diversas categorias (elétrica, mecânica, mineração, civil, naval e ferrovia), e parece que as universidades locais estão mal equipadas para lidar com essa demanda no momento.

Condições da Demanda. No conjunto, as demandas nacional e internacional estão impulsionando o *cluster*. A atual tendência de demanda global por *commodities* e matérias-primas aponta para novos aumentos de demanda, talvez não no futuro imediato. Na medida em que o *cluster* potencial representa uma combinação de um porto (transporte e logística) com um *cluster* da indústria pesada, a existência de duas grandes mineradoras criou demanda local por serviços portuários. No entanto, uma vez que ambas têm seus próprios portos e a Alumar utiliza o porto municipal (Itaqui) apenas para as exportações (de lingotes de alumínio), mesmo nesse contexto a demanda local não é um fator importante para fomentar a inovação ou a excelência. Há espaço para o sistema portuário explorar o potencial do interior, e isso exigiria a construção de terminais de armazenagem de contêineres.

Ambiente de Negócios. Dois fatores relacionados ao ambiente de negócios são motivos de preocupação: a burocracia e a estrutura industrial. Em relação ao primeiro, a estrutura regulatória relativamente antiquada continuará a ser um entrave para o investimento privado na região. A falta de regras claras e previsíveis sobre zoneamento, licenças e direitos de passagem/servidões está dificultando a atração de investimentos em novas indústrias. Essa restrição pode ser melhorada significativamente em curto espaço de tempo com uma melhor coordenação entre os diferentes órgãos governamentais e uma forte liderança política.

Sobre este último item a existência de uma única e grande entidade do setor público (o porto municipal) e duas grandes entidades do setor privado (Alumar e Vale) não se presta a um sentimento de rivalidade saudável, nem a um ambiente rico de avanços e recuos. No entanto, as duas empresas privadas percebem o valor de promoverem indústrias similares, como usinas de aço e fabricantes de maquinário, mesmo que apenas para apoiar suas operações que têm maior demanda local; consequentemente, podem apoiar ativamente o esforço de diversificação. As duas empresas irão sentir o incômodo no recrutamento de pessoal qualificado: atualmente elas se dão ao luxo de escolher apenas os melhores, mas isso pode se traduzir em um compromisso ainda maior com a melhoria do sistema educacional em todos os níveis. Ambas as empresas parecem estar intimamente envolvidas em projetos assistenciais comunitários, como a educação e a proteção do ambiente, o que é um bom sinal para um compromisso estratégico de *cluster* mais amplo.

Indústria de Apoio e Relacionadas. Apesar do predomínio atual de três entidades portuárias de grande porte (Vale, Alumar e Itaqui), o mapa de *cluster* mostra que existem várias entidades menores tanto na indústria quanto nos serviços relacionados aos portos. Embora as conexões sejam fracas atualmente, o potencial de evolução dos prestadores de serviços especializados crescerá se a taxa de transferência no sistema portuário se expandir. Da mesma forma, a criação de duas ou três novas entidades de produção expandirá significativamente a riqueza do ambiente local e sua capacidade de apoio a novos fornecedores e a novas instituições para colaboração. Na verdade, diversas grandes empresas, incluindo a Petrobras, a Vale e a Alumar, já têm planos de fazer investimentos significativos em São Luís e seus arredores nos próximos anos.

Com relação a São Luís pode-se concluir que, uma vez que a agricultura na ilha (ou seja, no município), outrora importante produtora de alimentos, encolheu para 3% do território, a indústria de processamento de alimentos também vai necessariamente encolher. Entretanto, como a ilha é cercada por regiões predominantemente agrícolas, São Luís tem potencial significativo para tornarse um importante centro de processamento de alimentos, o que, por sua vez, pode coincidir com a vibração dos *clusters* turísticos, é significativo. A integração potencial com o turismo por meio do aumento de visitas de navios-cruzeiros continua inexplorada. A rica herança cultural da cidade e o reconhecimento do centro histórico pela UNESCO podem ser chamarizes importantes. Outras atividades, como a visita ao Parque Nacional dos Lençóis Maranhenses, devem ser fortemente integradas.

Caminho de Expansão Potencial. Os membros do *cluster* previram a composição "desejável" do *cluster* nas reuniões de trabalho de janeiro de 2008. Como mostra a Figura 5.3, em 2010, o sistema portuário deverá ter consolidado sua expansão. Os dois gigantes da mineração e metalurgia anunciaram expansões importantes, aumentando o nível de produção em quase 2,5 vezes nos próximos três anos.

Figura 5.3 Potencial de Expansão do Sistema Portuário de São Luís em 2010-2013

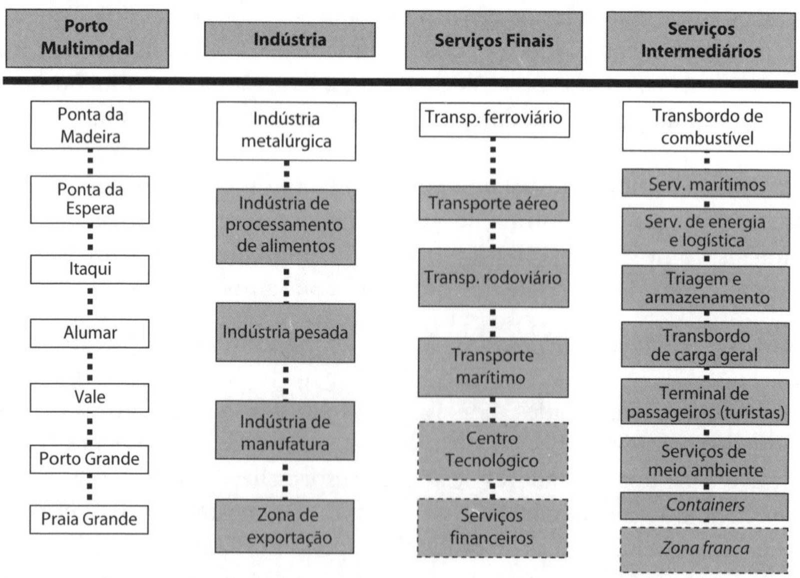

Fonte: Workshop para membros do *cluster* e do governo municipal, São Luís, janeiro de 2008.
Nota: Todos os quadros sombreados devem expandir-se em 2010. Os quadros tracejados devem expandir-se em 2013.

Alguns passos no sentido de atrair e expandir outras indústrias e conexões com outros tipos de serviços de transporte (por exemplo, o transporte aéreo e navios de cruzeiros) também deveriam ter sido feitos nesse tempo (caixas cinza na Figura 5.3). Em particular, o local é adequado para uma usina de aço, e os obstáculos para sua implantação parecem ser principalmente institucionais: falta de zoneamento, direitos de servidão de passagem e licenciamento ambiental.

Ao definir uma meta ambiciosa, os participantes contemplaram uma expansão contínua e rápida em outros setores relacionados ao complexo portuário ao fim de cinco anos. A esta altura, o quadro seria o seguinte: novas indústrias leves (por exemplo, processamento de alimentos) e indústrias pesadas (usinas de aço), localizadas em um ou mais parques industriais; serviços portuários modernos no local e um processo de transformação da região em zona franca, assim como a implantação de um polo de distribuição de tecnologia, logística e serviços financeiros para promover o apoio e complementar o alto volume de transbordos e a produção local, que já deveria estar ocorrendo.

Ações Prioritárias: Recomendações Iniciais

As seguintes ações prioritárias foram acordadas pelos membros do *cluster* e do município de São Luís durante as reuniões de trabalho em janeiro.

- **Formalização dos planos de *cluster*.** O primeiro passo para o *cluster* é manter vivo o trabalho inicial de *cluster* industrial de portos e formalizar os planos do *cluster* em termos de definição de seus integrantes (com a participação de instituições públicas, privadas e não governamentais), estrutura e ações de curto prazo. É importante incluir órgãos do governo estadual no processo, já que muitos têm responsabilidades diretas no *cluster* (gestão do porto de Itaqui e dos distritos industriais, por exemplo).
- **Contratação e treinamento de pessoal em desenvolvimento de *cluster*.** Para adotar algumas das abordagens recomendadas, dispor de uma equipe qualificada será crucial. Há muitas oportunidades de cursos de curta duração e conferências onde essas técnicas são expostas, e o conceito de *cluster* vem sendo ensinado nas escolas de administração e departamentos de economia no Brasil.
- **Estudo de experiências com *clusters* similares.** Um pequeno grupo de funcionários e líderes de negócios poderia, por exemplo, visitar uma ou duas regiões com atividades de *cluster* bem-sucedidas e observar o processo em primeira mão – tais contatos diretos parecem reforçar o progresso das iniciativas de *cluster* de forma significativa, ao mesmo tempo em que consolidam importantes parcerias público-privadas entre os líderes que estão viajando juntos. Embora não seja tão útil, um período de dois ou três

dias de curso de formação em *clusters* em São Luís pode fornecer exemplos importantes, bem como sensibilizar os líderes para certos problemas, e poderia incluir um número maior de participantes a um custo menor do que uma visita de estudo.

- **Formar uma equipe para avaliar e tomar medidas sobre os parques industriais.** Uma iniciativa que parece ter um forte apoio entre os membros do *cluster* é a necessidade de conseguir amplo espaço junto ao porto para atividades de manufatura, e também logística e armazenamento. Para atrair investimentos de indústrias conexas, é fundamental que haja terrenos disponíveis para os potenciais investidores, sem excesso burocracia. Enquanto a justificativa econômica tem sido clara, os principais obstáculos parecem estar do lado institucional. Políticas regulatórias e de zoneamento claras, incluindo o licenciamento ambiental, transporte adequado e acesso a serviços públicos são necessários para que um local como este se desenvolva. Se, por outro lado, somente terrenos pequenos estiverem disponíveis, não serão atraentes para os grandes investidores.

Colocar tudo isso em prática é uma prioridade clara, e o lançamento de um processo visível para abordar a questão com a plena participação do setor privado não só resolveria um dos principais obstáculos ao crescimento e à diversificação da economia de São Luís, como seria também um sinal claro aos potenciais participantes no processo mais amplo de *cluster* de que avanços são possíveis e que as mudanças estão ocorrendo em São Luís.

Avaliação inicial do *Cluster* de Turismo

Antecedentes do Cluster

Os ativos turísticos de São Luís incluem:

- O Patrimônio Cultural da Humanidade, o Centro Histórico de São Luís. É o maior conjunto arquitetônico colonial urbano da América Latina, com mais de 4.000 edifícios representativos de toda sua história.
- O Parque Nacional dos Lençóis Maranhenses, a menos de 4 horas de distância da cidade, com paisagens únicas, incluindo 1.000 hectares de dunas de areia
- 30 quilômetros de praia
- Cultura rica, em termos de dança, música, história e festividades
- Um centro de convenções, museus, e muitas outras instalações culturais e de negócios.

Apesar desses ativos, o crescimento do turismo não tem sido espetacular e não tem sido um dos principais motores da economia local. O governo municipal começou a desenvolver uma estratégia de *cluster* turístico. Algumas das recomendações e análises iniciais, baseadas na missão conduzida pelo Banco Mundial em 2008, são apresentadas aqui.

Diagnóstico Inicial

A Figura 5.4 mapeia os principais componentes do *cluster* turístico.

Condições de Oferta/Insumos. Como destino turístico, São Luís oferece aos visitantes uma combinação única de experiências culturais e históricas, bem como de aventura e ecoturismo, que podem ser agrupadas para atrair o turismo de lazer ou de negócios. Dada a sua localização remota, é importante que o destino, sempre que possível, seja comercializado como um "pacote" de destino, onde os visitantes podem experimentar tanto cultura como aventura (ecoturismo).

Figura 5.4 Mapa do *Cluster* de Turismo em São Luís

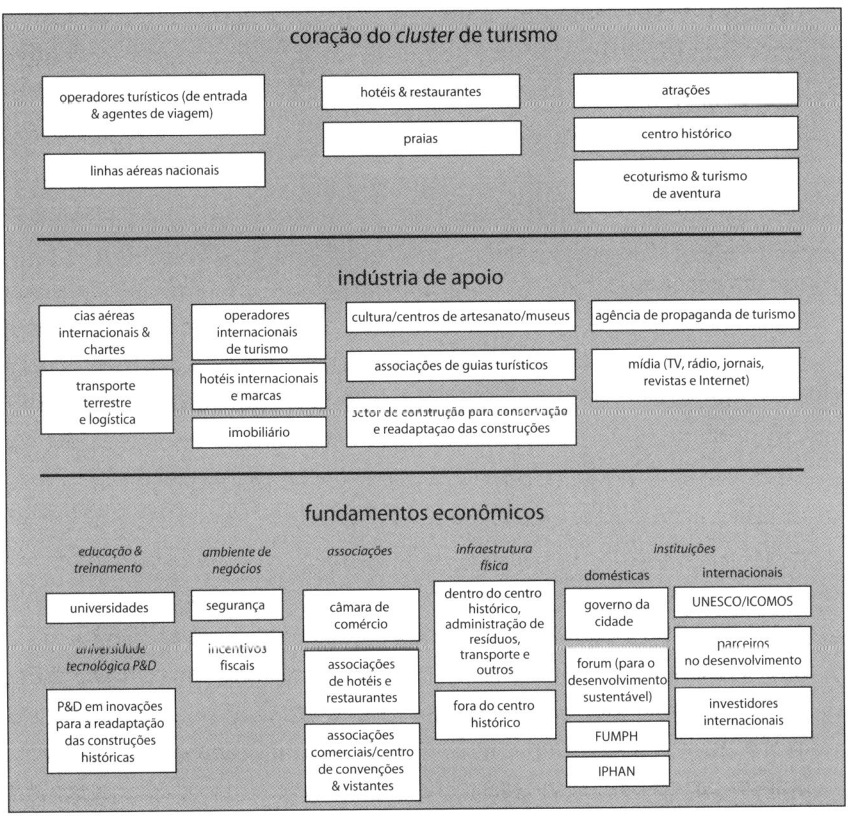

Fonte: Autores, basedos nos workshops realizados em janeiro de 2008.
Nota: ICOMOS = International Council on Monuments and Sites; FUMPH = Fundação Municipal de Patrimônio Histórico; IPHAN = Instituto do Patrimônio Histórico e Artístico Nacional.

Em termos de história e atrações culturais, o local mais importante é o Centro Histórico. O núcleo dessa cidade histórica do final do século XVII, fundada pelos franceses e ocupada pelos holandeses antes de passar ao domínio português, foi listado como Patrimônio Cultural da Humanidade pela UNESCO em 1997. É um dos melhores exemplos de cidade colonial ibérica, com seu padrão original de ruas e espaços abertos inteiramente preservados. Há muitos edifícios que a UNESCO considera como tendo elevado valor histórico individual e que adquirem uma qualidade mais significativa quando tratados dentro da totalidade da paisagem urbana. A UNESCO destaca também a perfeita integração da paisagem urbana com a sua localização na confluência de dois rios. O Centro Histórico é um dos exemplos mais significativos da vida nos séculos XVIII e XIX no Brasil.

São Luís também é rica em atrações culturais, incluindo gastronomia regional, artesanato, vida noturna, atividades e festas folclóricas, bem como caminhadas e passeios de barco. No entanto, eles devem ser melhorados para os turistas e preparados para os mercados nacional e internacional. Eles também precisam ser integrados, organizados e promovidos como parte do amplo *portfolio* de turismo.

A cerca de 30 quilômetros de São Luís, atravessando de barco a Baía de São Marcos, encontra-se a pequena cidade histórica de Alcântara. Fundada por exploradores franceses no século XVI, Alcântara foi mais tarde conquistada pelos portugueses, que usaram a pequena aldeia como base para tomar São Luís dos holandeses em 1646. Nos anos prósperos dos séculos XVIII e XIX, Alcântara foi capital regional do comércio de açúcar e algodão. Em 1948 a cidade foi declarada um local histórico, principalmente por sua bela coleção de casas coloniais cobertas de azulejos brilhantes portugueses com portas ricamente decoradas.

Quanto aos parques e praias, o Parque Nacional dos Lençóis Maranhenses – um deserto com uma paisagem única de lagoas azuis entre as vastas dunas de areia – está a menos de 4 horas de São Luís. Uma viagem para Lençóis Maranhenses pode ser combinada com um dia mais relaxante de viagem pelo Rio Preguiças de Barreirinhas até Caburé, uma pequena vila de pescadores situada em um pedaço de terra onde o rio se une ao mar. Além disso, São Luís tem mais de 30 quilômetros de praia.

O turismo de negócios e de eventos é facilitado pelo novo centro de convenções nos arredores da cidade velha, que possui um auditório com capacidade para 1.500 pessoas. Alguns hotéis oferecem auditórios para eventos corporativos ou especiais. O centro de convenções está entre os 100 centros de convenções e centros de atendimento a que competem por uma fatia desse mercado nacional.

Além do mais, além do porto de Itaqui, São Luís tem um aeroporto de porte médio (Marechal Cunha Machado), linhas de ônibus e estações ferroviárias, e dois terminais de passageiros (um em São Luís e outro em São José de Ribamar). A ilha pode ser alcançada por ponte ou por via férrea. O aeroporto de São Luís, a principal porta de entrada para turistas nacionais e internacionais no Estado, permite que a cidade desenvolva programas com foco turístico, principalmente combinando com itinerários para Lençóis Maranhenses.

Alguns dos principais desafios de infraestrutura tanto para turistas como para moradores locais incluem (a) a poluição da água, resultantes da deficiência na rede coletora de esgotos e da descarga das águas residuais provenientes dos sistemas de drenagem; (b) a falta de mecanismos de drenagem de águas pluviais adequado; (c) o funcionamento deficiente dos serviços de limpeza urbana e limpeza das redes pluviais (resultando na presença de resíduos sólidos nas redes de coleta de águas pluviais) e (d) A descarga de resíduos sólidos em valas abertas ao ar livre (causando odor desagradável e riscos sanitários).

Outro desafio é que o município sofre de falta de mão de obra qualificada e bem treinada em diferentes setores da indústria turística. Uma pesquisa de 2007 realizada pela Secretaria Municipal de Turismo (SETUR 2007) identificou essa defasagem como um grande ponto fraco. Por exemplo, há uma falta de guias turísticos qualificados no Centro Histórico, e aqueles disponíveis estão limitados aos idiomas português, espanhol e inglês. A falta de recursos humanos qualificados também se estende às redes de hotéis e restaurantes, transporte, viagens, relações públicas/mídia e outros setores de apoio.

A área mais ampla tem diversas universidades, como a Universidade Estadual do Maranhão (UEMA), que oferece cursos de formação profissional de longo e curto prazo assim como curso de graduação em turismo. Um levantamento e avaliação dos programas de treinamento disponíveis com vistas a desenvolver um programa de certificação para os diferentes tipos de formação deveria ser feito. O acesso a esse treinamento por moradores subempregados e carentes da cidade histórica também irá contribuir para a criação de empregos e o combate ao maior problema social, que é o de reter os moradores originais no Centro Histórico.

Condições da Demanda. Atualmente, a demanda doméstica está impulsionando o *cluster* turístico. Cerca de 95% dos turistas vêm do Brasil, e os outros 5% são oriundos da Europa em sua maioria. Comparado a outros locais de interesse cultural e histórico no Brasil, São Luís recebe um pequeno número de turistas.

A Secretaria de Turismo de São Luís realizou uma pesquisa sobre o turismo, que foi atualizada por uma pesquisa com turistas em julho de 2007. As razões mais comuns para visitas a São Luís são o lazer, as visitas a familiares ou amigos, negócios ou estudos (Tabela 5.11). Em termos sazonais, as viagens de lazer aumentam durante a alta temporada, enquanto o inverso é verdadeiro para viagens de negócios. As viagens relacionadas a visitas a familiares e amigos permanecem relativamente inelásticas.

O maior influxo de visitantes nacionais vem do próprio Estado do Maranhão (Tabela 5.12), com 37% na alta temporada e 51% durante a baixa temporada, quando os preços são mais baixos. As variações sazonais foram igualmente visíveis no número de turistas de acordo com do estado de origem.

Para os visitantes, o atrativo principal de São Luís são seus recursos naturais, que atraem cerca de 50% dos visitantes (Tabela 5.13). Esses números mostram o potencial de se associar o ecoturismo à cultura e à história, para maximizar os ganhos durante a alta e a baixa temporada.

Tabela 5.11 Razões para Viajar, 2007

Razões para viajar	*Alta estação (%)*	*Baixa estação (%)*
Lazer	42,4	16,67
Visita a familiares/parentes	23,63	23,39
Negócios/estudo	19,71	32,21
Saúde	10,21	14,57
Eventos	2,02	7,28
Esportes	0	1,4
Outros	2,02	4,48

Fonte: SETUR (2007).

Tabela 5.12 Origem do Turismo Doméstico

Alta estação (%)		*Baixa estação(%)*	
Maranhão	36,82	Maranhão	50,56
Pará	17,22	Pará	4,76
Distrito Federal	6,29	Distrito Federal	1,68
São Paulo	6,06	São Paulo	5,32
Ceará	4,63	Ceará	5,88
Rio de Janeiro	4,16	Rio de Janeiro	4,34
Piauí	3,92	Piauí	4,34
Minas Gerais	2,49	Minas Gerais	8,96
Amazonas	2,02	Amazonas	1,4
Goiás	1,31	Outros estados	0,56
Outros estados	10,81		

Fonte: SETUR (2007).

Tabela 5.13 Principais Atrações, 2007

Razões para viajar	*Alta estação (%)*	*Baixa estação(%)*
Preços baixos	1,4	7,01
Centro histórico	10,36	10,52
Eventos culturais	21,56	9,64
Atrações naturais	49,29	46,49
Outros	17,36	26,31

Fonte: SETUR (2007).

A maioria dos visitantes fica com a família e amigos, 60% na alta temporada e 70% na baixa temporada. A segunda preferência são os hotéis, com 24% dos turistas permanecendo em tais lugares durante a alta temporada e 21% durante a baixa temporada.

Ambiente de Negócios. São Luís tem um ambiente regulatório para negócios relativamente favorável se comparada a outras cidades brasileiras. Dos 25 municípios pesquisados pela International Finance Corporation, São Luís ocupa a quinta posição. Por exemplo, em termos do tempo necessário para obter uma licença para construir, São Luís e dois outros municípios são os mais eficientes, levando menos de 35 dias para conceder a licença. No entanto, há espaço para aperfeiçoamentos, e a melhoria geral no ambiente de negócios (em termos de abertura de um novo negócio, garantindo licenças, pagamento de impostos e outros) é importante para o turismo na medida em que o *cluster* envolve muitas pequenas empresas em uma ampla variedade de áreas.

Há uma necessidade de aumentar a concorrência em alguns segmentos de mercado. Em particular, as excursões são dominadas por um grande operador, o que não é saudável. Os governos estaduais e municipais aprovaram um pacote de incentivos especiais para novos negócios no Centro Histórico. As empresas inovadoras ficarão isentas de uma parcela de impostos estaduais e municipais. Isso deve ajudar a reavivar o centro histórico como lugar para se viver e fazer negócios. No entanto, é importante ter um plano e diretrizes claras de restauração para garantir que as novas empresas irão preservar o patrimônio cultural.

Indústrias de Apoio e Relacionadas. Um *cluster* de serviços de apoio inclui:

- *Hotéis.* A rede de hotéis de São Luís está localizada em três pontos principais da cidade: no Centro Histórico, em torno do aeroporto, e perto das praias. No total, existem 64 estabelecimentos com 3.119 quartos e 6.472

leitos. Em temos gerais, há espaço para melhorar o nível e a qualidade dos hotéis da cidade.

- *Organizadores de eventos e promotores.* Existem 23 empresas especializadas em organização e promoção de eventos. Alguns grupos se especializaram em diferentes setores, como recepção, audiovisual ou mídia e divulgação. Em setembro de 2005, o São Luís *Convention & Visitors Bureau* foi criado para realizar convenções e seminários nacionais e internacionais, bem como outras reuniões relacionadas a cultura, tecnologia e ciência. Em 2007, o Bureau realizou 38 eventos.
- *Bares e restaurantes.* Existem 720 estabelecimentos registrados, 180 dos quais são membros da Associação de Hotéis, Restaurantes e Bares (SINDHORBS) e 66 estão ligados à Associação Brasileira de Bares e Restaurantes (ABRASEL). Há uma necessidade de reforçar esse subsetor, tanto pelo aumento de seu número bem quanto pela melhoria da qualidade dos serviços para atender tanto o mercado nacional quanto o internacional.
- *Agências de viagens e operadores turísticos.* Durante os anos 1960 e 1970, a cidade tinha apenas três agências ou operadores; na década de 1990, mais de 12 estavam operando na cidade; e atualmente o número chegou a 123. Dessas agências ou operadores, 43 são membros da seção maranhense da Associação Brasileira de Agências de Viagens. No entanto, estima-se que 90% dos turistas que visitam São Luís não fazem parte de um pacote; viagens organizadas por agências de viagens e operadores de excursões representam apenas 1% dos visitantes da cidade. Isso pode ser explicado pela predominância de um único operador turístico: o estímulo à entrada de novos agentes de viagens vai introduzir a concorrência e, provavelmente, melhorar esses números.

***Colaboração dentro do* Cluster.** Há vários tipos de incentivos de rede nas atividades de turismo em São Luís. Entre os mais importantes estão as entidades envolvidas na promoção do comércio relacionado ao turismo local.[2]

Várias iniciativas foram recentemente tomadas para reforçar o *cluster* de organizações dedicadas ao turismo, ente elas a "rodada de negócios" que acontece a cada dois anos, voltada às diferentes entidades empresariais, órgãos públicos, empresas e empresários que estão interessados em analisar os mercados potenciais da cidade. Os participantes permanecem por dois dias e participam de um grande evento promocional com apresentações culturais, degustação, exposições de arte e artesanato, bem como reuniões de negócios. No entanto, esses eventos têm tido pouco resultado, e têm servido principalmente para planejar eventos futuros. Por outro lado, vários acordos têm sido feitos pelos estabelecimentos dentro da rede com diferentes instituições envolvidas na indústria do turismo, o que irá beneficiar todo o *cluster*, tais como a cobrança de impostos dos hotéis e restaurantes locais para financiar a promoção do turismo.

Outro canal de colaboração é o Conselho Municipal de Turismo, que integra representantes de várias entidades governamentais, do setor privado e da sociedade civil. Sua missão é promover o desenvolvimento da indústria do turismo e seus setores. Com sua base de participantes, o Conselho oferece um meio para maior colaboração e integração entre os diferentes grupos de interesse.

A criação do *Convention & Visitors Bureau* é uma clara evidência da conscientização da necessidade de colaboração e mobilização da iniciativa privada. Seguindo o modelo internacional de gestão de escritórios de convenções, o Bureau é uma organização sem fins lucrativos, formada por numerosos representantes da iniciativa privada no Conselho Municipal de Turismo. Essas ações são realizadas por meio de esforços combinados e contribuições financeiras dos agentes associados com o Bureau. O Bureau centra-se sobre os acontecimentos de "negócios" do segmento turístico, buscando oportunidades de atrair eventos compatíveis com a visão da cidade. É um grande parceiro do governo municipal na integraçao de ações do governo e da iniciativa privada em uma direção comum.

Apesar do exposto acima, a articulação entre o setor turístico local e de apoio em São Luís ainda é fraca. E a articulação com o setor turístico internacional, especialmente nos aspectos relativos à cultura e ao ecoturismo, ainda carece de desenvolvimento.

Ações Prioritárias: Recomendações Iniciais

Durante as reuniões de trabalho do *cluster* turístico em janeiro de 2008, os membros do *cluster* identificaram duas prioridades de ação de curto prazo: desenvolvimento e implementação de um plano de *marketing* turístico e melhorar o treinamento para reforçar a capacidade em turismo, tanto no setor público quanto privado.

Dando seguimento a essas recomendações, a Secretaria de Turismo reconheceu a necessidade de concentrar-se numa abordagem mais integrada. Por exemplo, para o marketing eficaz, há a necessidade de melhor informação sobre os produtos turísticos locais e os produtos oferecidos, de um diagnóstico dos principais nichos de mercado e áreas de foco, além da identificação dos mercados prioritários para os esforços iniciais. As seguintes ações de curto prazo são, portanto, recomendadas, e devem ser aperfeiçoadas por meio do trabalho desenvolvido pelos especialistas em turismo e das opiniões de membros do *cluster* turístico.

- **O diagnóstico e inventário de produtos deve incluir:**
  - *Elaboração de um inventário de produtos turísticos e produtos oferecidos.* Isso envolveria o mapeamento das principais atividades turísticas, serviços municipais e infraestrutura relacionados ao turismo; hotéis, e suas classes e capacidades; aeroporto e informações sobre vôos; locais para eventos culturais e empresariais; atrações (museus, centros culturais e monumentos) e eventos; transporte interno; restaurantes, bares e entretenimento; questões logísticas; passeios e pacotes turísticos disponíveis; e outros produtos em desenvolvimento.
  - *Diagnóstico dos produtos turísticos atuais,* incluindo produtos existentes, serviços e instalações e avaliação do inventário de produtos de turismo em relação à qualidade das instalações e serviços, incluindo os produtos que estão prontos para o mercado e os que precisam ser melhorados para atender padrões mínimos de qualidade. O diagnóstico deve apresentar sugestões para melhorias de curto, médio e longo prazo para que os produtos se tornem competitivos. Também deve incluir a análise da cadeia de valor dos produtos de turismo e identificar os produtos em diferentes fases (maduros, desenvolvidos e em desenvolvimento).

- **Pesquisa de mercado,** incluindo pesquisas para compreender melhor o conjunto da experiência turística em São Luís, padrões de gasto e avaliação da qualidade dos diversos serviços turísticos (hotéis, restaurantes, destinos e transportes). A investigação deverá estudar os mercados de origem fora de São Luís (principalmente mercados internos) com os moradores que foram a São Luís e seus arredores e aqueles que não foram. O estudo deveria terminar com uma lista dos mercados prioritários para São Luís.
- **A expansão e melhoria do produto turístico,** para corrigir as deficiências identificadas pelo diagnóstico do produto e pesquisa de mercado, em áreas como construção e renovação, treinamento, melhoria na manutenção, melhoria do circuito turístico e treinamento para melhorar a qualidade dos serviços. Algumas das possíveis áreas de foco, em função dos resultados do diagnóstico, poderiam ser:
  - *Conservação do patrimônio cultural,* por meio da expansão e aceleração dos esforços de conservação histórica em curso, da consolidação de parcerias com os setores público e privado e o reforço do planejamento urbano e de diretrizes de restauração para garantir a preservação das características históricas do patrimônio da Unesco.

- *Melhoria da qualidade das instalações e serviços turísticos* (atrações, hotéis, restaurantes, guias turísticos, entre outros), talvez por meio da criação de um sistema de certificação.
- *Fortalecimento do gerenciamento de eventos especiais* (por exemplo, os principais festivais locais, ou experiências culturais, como museus e gastronomia) para melhorar a sua qualidade, acompanhado de um marketing agressivo desses eventos.

- **A promoção e marketing do turismo.** Baseado em um bom diagnóstico e compreensão dos produtos turísticos e das demandas do mercado, um plano de promoção turística e de marketing pode ser desenvolvido e implementado, concentrando-se principalmente em mercados prioritários.
- **Organização e implementação do *cluster* turístico orientado para a ação.** Com base no mapeamento do *cluster* turístico e as atividades de colaboração já assumidos pelos participantes privados e públicos a organização do *cluster* de turismo deve ser formalizada, com uma agenda centrada na realização de ações conjuntas de promoção e desenvolvimento do *cluster*. Devido à diversidade de entidades do setor público e privado envolvidas, a Secretaria de Turismo terá de desempenhar um papel de liderança na organização do *cluster*. No entanto, é crucial que os membros do setor privado sejam os principais participantes do *cluster*. O ideal é que eles assumam, ao longo do tempo, o papel de liderança do *cluster*.

O *cluster* deve ser um local-chave para que todos os interessados possam trabalhar em estreita colaboração com os especialistas contratados pelo governo municipal para o planejamento e execução das atividades-chave destacadas acima. Seria importante, na verdade, identificar as responsabilidades e a participação dos agentes públicos e privados nas ações a serem propostas pelo plano de trabalho.

Estratégias Globais e Etapas Seguintes

São Luís está numa encruzilhada: as mudanças dos últimos anos parecem favorecer a cidade, e estas levaram à melhoria da infraestrutura, que posicionou a cidade num papel de liderança como eixo de transporte. Isto já sugere o nível de transformação que irá desafiar a perspectiva de gestão urbana. No entanto, a oportunidade de ir além do transporte e incorporar a logística, a manufatura, serviços avançados e turismo parecem ao alcance das mãos.

Um marco de referência é necessário para converter os objetivos em ações. Essa ampla oportunidade de diversificar a economia de forma significativa exigirá mudanças na "maneira usual" de fazer as coisas. Muitos projetos, como o parque industrial adjacente à zona portuária, estão paralisados há anos, e um rompimento com a forma de lidar com tais projetos teria um impacto significativo sobre as perspectivas de diversificação econômica. Experiências semelhantes em todo o mundo indicam que, dados os limitados recursos do governo, grandes mudanças são improváveis se dependerem do impulso unilateral dos governos. As regiões em todo o mundo que conseguiram essa transição, recentemente, tiveram mais sucesso usando parcerias público-privadas para realizar essas metas (Herzbert e Wright 2005).

Há muitos métodos para o desenvolvimento dessas parcerias - um deles é a abordagem de *cluster*, descrita abaixo em seis passos fundamentais para o primeiro ano do lançamento da abordagem.

Etapa 1: Formação de uma Liderança Conjunta Público-Privada

Muitas vezes chamados de "conselhos de competitividade", essas equipes de liderança são formadas pelos líderes públicos e privados mais influentes e visionários da região. Embora seja importante ter importantes figuras políticas comprometidas com o empreendimento, é também recomendável que os líderes do setor privado, a partir de um espectro de grandes, médias e pequenas empresas (junto com as entidades que os representam) formem o "bloco" maior da equipe. Também é importante incluir figuras-chave da academia (geralmente reitores de universidades), e qualquer outra figura proeminente da comunidade em condições de promover ações para uma maior prosperidade econômica.

No primeiro ano, essas equipes deveriam estar abertas a mudanças e ainda não formalizadas por um estatuto legal ou "cotas" de representação ou nomeação. Essa formalização ocorre com frequência anos depois de os contornos da iniciativa se tornarem mais aparentes - a flexibilidade e a capacidade de responder rapidamente são as qualidades mais importantes a serem implementadas no primeiro ano. Por essa razão, é com frequência útil recorrer a um patrocinador ou facilitador externo nesse período inicial para fornecer uma plataforma neutra e garantir o avanço.

Embora essa equipe de liderança seja amplamente representativa das partes interessadas da economia local, é muito útil ter uma sede - isto é, um secretariado que ofereça apoio de pessoal, lide com questões logísticas e forneça apoio para sua análise e implementação. Geralmente, essas questões são tratadas dentro de um departamento do governo, embora às vezes um setor ou departamento universitário possa fazê-lo, e essa abordagem pode ter algumas vantagens, dada a configuração institucional. Um critério muito importante na escolha de um local para a secretaria é que seu diretor seja muito competente, tanto em sua compreensão e experiência direta das questões econômicas, como em habilidades interpessoais e gerenciais. Uma pessoa animada e ativa nessa posição crucial pode ajudar a superar inúmeros problemas mais tarde.

Etapa 2: Análise por Cluster *e Comparação (Análise Competitiva)*

São Luís tem uma posição geográfica e economicamente favorável, mas tem concorrentes diretos para os seus serviços. Outras regiões mais distantes (como Cingapura e Hong Kong, na China) fornecem pontos de referência valiosos para o papel e o caminho evolutivo de um núcleo de transporte que evolui para logística, manufatura, serviços avançados e centro de tecnologia. A avaliação cuidadosa dos indicadores chaves de concorrentes pode ser um instrumento valioso para a compreensão da posição de São Luís, bem como para ajudar a criar um senso de urgência entre os participantes do *cluster*.

A avaliação também deve fornecer perfis dos três principais *clusters* de São Luís – transporte, turismo e manufatura[3] parecem ser três áreas de importância, com uma possível quarta área: de serviços, que tem potencial, mas provavelmente poderia ser abrangida como parte integrante dos outros três nesta fase. Alguns pesquisadores podem preferir uma abordagem mais refinada, dividindo os *clusters* em 10 ou mais micro*clusters*. Embora esta última abordagem possa ter alguma validade metodológica, recomendamos focar inicialmente nos agrupamentos mais abrangentes, em parte porque a economia ainda não é altamente diferenciada e em parte porque o *cluster* resultante dos grupos de trabalho seria muito pequeno e muito desconectado dos impulsores-chave da economia existentes para mobilizar a mudança. Haverá sempre oportunidade para formar forças-tarefas específicas, ou mais tarde, para diversificar os *clusters*, uma vez que a capacidade institucional tenha evoluído para lidar com eles.

Existe muitas vezes a tentação de estudar demais as questões, dedicando grande parte do tempo e do orçamento na análise da competitividade, adiando a ação e perdendo tempo. Normalmente, um estudo de três meses, baseando-se principalmente nos estudos existentes e nas fontes de dados, e a indicação das áreas onde futuros estudos mais detalhados podem ser úteis, é suficiente.

O objetivo é ter um documento cujas principais conclusões podem ser rapidamente absorvidas por executivos ocupados, em vez de um compêndio exaustivo que agrade a acadêmicos e impressione pela espessura, mas não capture o interesse ou a atenção dos principais protagonistas na economia. Por essa razão, recomendamos uma abordagem "análise-ação" progressiva, mostrada abaixo, onde o diagnóstico inicial é suficiente para iniciar o processo, e análises futuras são realizadas conforme a necessidade, em resposta às exigências da equipe de liderança ou de qualquer grupo de trabalho do *cluster*.

Etapa 3: Formação de Grupos de Trabalho do Cluster

Apos de três meses do lançamento da iniciativa de *cluster* industrial em São Luís, deverá ser possível instigar três grupos de trabalho simultaneamente. Cada um deles consistiria de 10 a 20 líderes de negócios, incluindo os principais fornecedores e as indústrias conexas, bem como importantes funcionários do governo, fornecedores de mão de obra especializada, além de especialistas em tecnologia e em marketing, para formar um grupo coeso para avaliar o *cluster*.

O ponto de partida óbvio para um *cluster* industrial de portos seria reunir os principais executivos de todos os portos e das companhias marítimas que operaram neles. Entretanto, o que a tornaria uma genuína atividade de *cluster* seria a inclusão de empresas prestadoras de serviços para os portos, como seguradoras, serviços de armazenagem e representantes de outros modos de transporte (por exemplo, de ferrovias, rodovias, vias urbanas e, talvez, cargas aéreas). Pesquisadores das universidades, especialistas em marketing, educadores, sindicatos e órgãos reguladores também seriam necessários. A equipe de liderança desempenharia um papel fundamental na identificação dos participantes chaves e na garantia de seu comprometimento com a participação, não apenas em uma reunião (que muitas vezes é inconclusiva), mas no processo completo de quatro reuniões (Figura 5.5).

Na primeira reunião do *cluster*, o conceito de *cluster* seria introduzido, e exemplos relevantes de todo o Brasil e outros países apresentados. A composição do *cluster* seria investigada com os participantes, gerando um mapa do *cluster* mais detalhado, e as principais questões e desafios para o *cluster* seriam identificados. O objetivo do segundo encontro do grupo é colocar mais ênfase no desenvolvimento de uma visão para a evolução do *cluster*, bem como dos requisitos para se chegar a essa visão – as principais linhas estratégicas. A terceira reunião do grupo iria elaborar estratégias e identificar ações específicas.

Figura 5.5 O Processo de Formação do *Cluster*

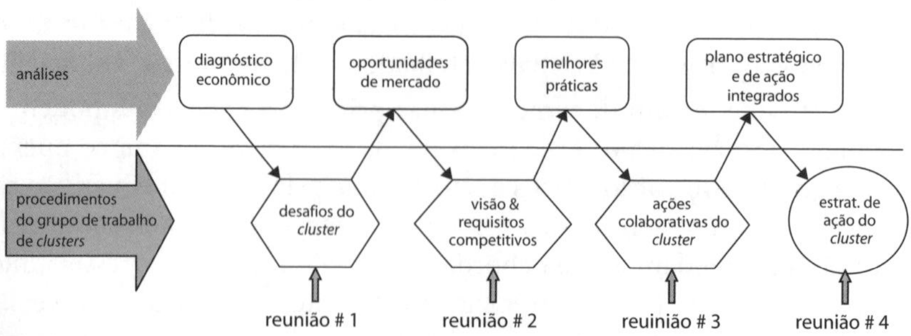

Fonte: Autores.

Etapa 4: Desenvolvimento de Iniciativas de Ação e Estratégia Integradas

A quarta reunião colocaria todos esses elementos juntos em uma estratégia de ação integrada para o *cluster*. Usando essa abordagem colaborativa - com muitas pequenas reuniões de grupos de trabalho sobre temas e iniciativas específicas entre as segunda e quarta reunião do *cluster* - um amplo consenso pode ser alcançado, bem como formas de garantir que cada setor representado no *cluster* tenha um papel a desempenhar na implementação.

Os benefícios dessa abordagem não se limitam à criação de uma estratégia de ação integrada - embora isso seja muito valioso em si mesmo. As empresas começam a apreciar o contexto mais amplo em que operam, e geralmente tornam-se mais ousadas no tocante a suas próprias estratégias e ambições de expansão. Elas começam a enxergar com mais clareza o papel que as novas tecnologias podem desempenhar, a importância do marketing fora da região e como o desenvolvimento da capacidade pode ajudar a capitalizar essas oportunidades. Novas redes são criadas, mesmo entre as empresas que já se conhecem, mas que nunca tinham trabalhado numa parceria desse tipo no passado.

Da mesma forma, a qualidade da comunicação entre empresas e governo pode se tornar muito mais construtiva. Em vez de funcionar na modalidade anterior de fazer *lobbies* de um lado, e baixar decretos de outro, o trabalho conjunto e o estabelecimento de relações mais pessoais pode construir a confiança, enquanto o contexto concorrencial garante que há um objetivo comum e que os melhores interesses do *cluster* são o resultado. Da mesma forma, as empresas podem achar que têm uma melhor compreensão do papel que as universidades podem desempenhar na melhoria das capacidades do *cluster*.

Etapa 5: Comunicação e Divulgação

A comunicação é uma parte essencial do processo, como mostra a Figura 5.6. A maioria das empresas não poderá participar das reuniões do *cluster* (haveria muitos participantes), e a educação pública geral sobre a economia também é importante. Frequentemente os grandes encontros - que dão aos líderes do *cluster* a oportunidade de apresentar suas iniciativas a uma comunidade mais ampla - podem angariar apoio e criar novas lideranças para o processo.

Etapa 6: Organização para a Continuidade

Também é mostrado na Figura 5.6 o papel da equipe de liderança, que deve oferecer orientações gerais para o processo e garantir que as iniciativas transversais, que se colocam acima das necessidades do *cluster* individual, sejam incentivadas e implementadas. Na medida em que a iniciativa geral toma forma, o grupo de liderança pode desdobrar-se, trazendo novas lideranças, e os grupos podem optar por continuar como um *cluster*, ou reverter para as associações constituintes, câmaras e agências que existiam antes – isso tende a variar em cada *cluster* individual. No entanto, ter pessoal capacitado no primeiro ano do processo (geralmente com a ajuda de consultores) e oferecer apoio contínuo para as entidades durante os estágios de intensa implementação (segundo e terceiro anos) são essenciais, e providências precisam ser tomadas para a formação de pessoal e, geralmente, para a contratação de um ou dois novos funcionários com experiência relevante.

Figura 5.6 A Organização Completa da Iniciativa de *Cluster*

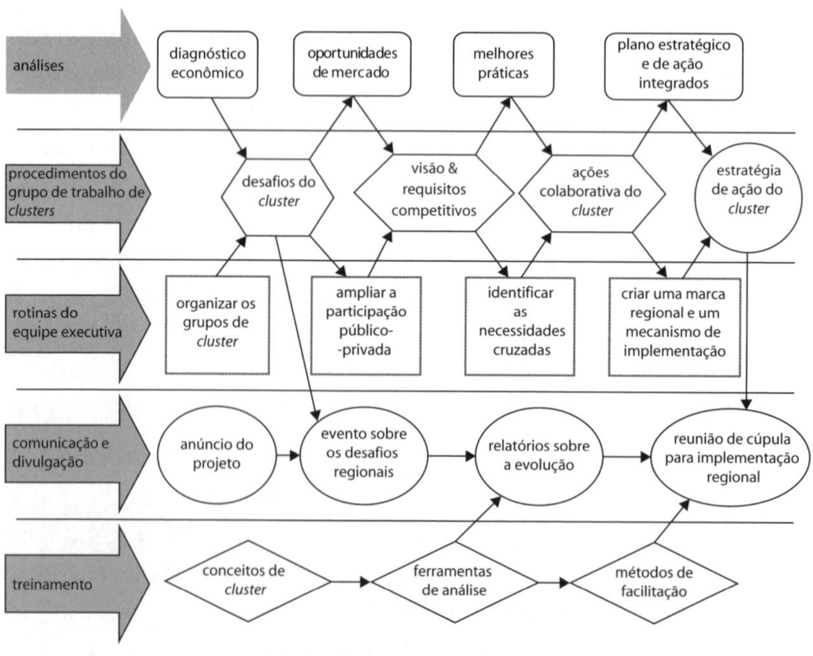

Fonte: Autores, baseados no trabalho do Grupo de Competitividade.

Notas

1. Os dados utilizados nesta análise provêm da RAIS, Ministério do Trabalho.
2. Tais como o São Luís Convention & Visitors Bureau, a Associação Brasileira da Indústria de Hotéis do Maranhão, a Associação de Hotéis, Restaurantes e Bares do Maranhão, a Associação de Organizadores de Eventos do Maranhão, a Associação de Aluguel de Carros do Maranhão, a Associação de Agências de Viagens do Maranhão, e a Associação de Bares e Restaurantes.
3. A manufatura pode ser considerada como uma única área ou dividida em manufatura leve (incluindo o processamento de alimentos) e pesada, ou manufatura de metais.

Bibliografia

ALTENBURG, Tilman; MEYER-STAMER, Jörg. 1999. How to promote clusters: policy experiences from Latin America. *World Development* 27 (9): 1693-1713.

AMARAL FILHO, Jair; SCIPIAO, Tatiana T.; MATEUS, Lidiane A.; BOTÃO, H. H. S. 2006. *Subsídios para identificação de arranjos produtivos locais:* APLs no Ceará. Governo do Estado do Ceará, Secretaria do Desenvolvimento Local e Regional. Fortaleza: Premius.

AMARAL FILHO, Jair; SOUZA, Dayane Lima Rabelo de. 2003. Texto para discussão n. 9: *Arranjo produtivo de calçados do Cariri.* Governo do Estado do Ceará, Fortaleza: Secretaria do Planejamento e Coordenação, Instituto de Pesquisa e Estratégia Econômica do Ceará.

ARMSTRONG, H. W.; TAYLOR, J. 2000. *Regional economics and policy.* 2. ed. Oxford: Blackwell.

ARTHUR, W. B. 1994. *Increasing returns and path dependence in the economy.* Ann Arbor: The University of Michigan Press.

AUSTRIAN, Ziona. 2000. Cluster case studies: the marriage of quantitative and qualitative information for action. *Economic Development Quarterly* 14 (1): 97-110.

BANCO MUNDIAL. *ver* WORLD BANK.

BARRO, R. J.; SALA-I-MARTIN, X. 2004. *Economic growth.* 2. ed. Cambridge, Mass.: MIT Press.

BASSANINI, A.; SCARPETTA, S.; HEMMINGS, P. 2001. Economic growth: the role of policies and institutions: panel data evidence from OECD countries. *Economics Department Working Paper* 283. Paris: OECD.

BEGG, Ian. 1999. Cities and competitiveness. *Urban Studies* 36 (5/6): 785-810.

BOMBAY FIRST-MCKINSEY. 2003. *Vision Mumbai*: transforming Mumbai into a world-class city – a summary of recommendations. New Delhi, India.

BRANDÃO, F.; ROSA, J. de A. 1997. A indústria de calçados no Rio Grande do Sul: algumas questões e desafios que se colocam para o seu desenvolvimento. Núcleo Indústria, Documento Síntese, Indústria de Transformação. Porto Alegre: FEESEH/ FPMR/Secretaria Estadual de Coordenação e Planejamento.

BROOKINGS INSTITUTION. 2008. *MetroPolicy*: shaping a new federal partnership for a metropolitan nation. Disponível em: <http://www.brookings.edu/reports/2008/06_metropolicy.aspx>.

CABRERO, Enrique; ORIHUELA, Isela; ZICCARDI, Alicia. 2003. Ciudades competitivas – ciudades cooperativas: conceptos claves y construcción de un índice para ciudades mexicanas. *CIDE. Proyecto de Trabajo* 139. December.

CANOVA, F.; MARCET, A. 1995. The poor stay poor: non-convergence across countries and regions. *CEPR Discussion Paper* n. 1265.

CARVALHO, A. S.; LALL, S. V.; TIMMINS, C. 2008. Regional subsidies and industrial prospects of lagging regions. *Policy Research Working Paper* 3843. Washington, DC: World Bank.

CHANDLER, Billy Jaynes. 1984. *The bandit king*: Lampiao of Brazil. Texas A&M University Press.

CHEN, Tain-Jy. 2008. The emergence of Hsinchu Science Park as an IT Cluster. In: YUSUF, Shahid; NABESHIMA, K.; YAMASHITA, S. (ed.). *Growing industrial clusters in Asia: serendipity and science,* Washington, DC: World Bank.

CITIES ALLIANCE. 2006. *Guide to city development strategies:* improving urban performance. Washington, DC.

______. 2007. *Understanding your local economy:* a resource guide for cities. Washington, DC.

COSTA, Odorico de Morais Eloy da. 2007. *O arranjo produtivo de calçados em Juazeiro do Norte:* um estudo de caso para o Estado do Ceará. Tese de

Doutorado apresentada ao Instituto de Economia of Universidade Federal do Rio de Janeiro.

DIT (Department of Information Technology of India) e NCAER (National Council of Applied Economic Research). 2007. *India: E-readiness Assessment Report 2005*. Annex I on Principal Component Analysis. Jan. Disponível em: <www.mit.gov.in/download/ANNEX.PDF>.

DIXON, R.; THIRLWALL, A. P. 1975. A model of regional growth rate differences on Kaldorian lines. *Oxford Economic Papers* 27: 201-214.

DJANKOV, S.; LA PORTA, R.; LOPEZ DE SILANES, F.; SHLEIFER, A. 2002. The regulation of entry. *Working Paper* 2661, Washington, DC: World Bank.

DOLLAR, D.; SHI, A.; WANG, S.; XU, L. C. 2003. *Improving city competitiveness through the investment climate*: ranking 23 chinese cities. Washington, DC: World Bank. Disponível em: <www.worldbank.org.cn/english/content/23cities.pdf>.

EASTERLY, W. 2002. *The elusive quest for growth: economists' adventures and misadventures in the tropics*. Cambridge, Mass.: MIT Press.

EATON, J.; ECKSTEIN, Z. 1997. Cities and growth: theory and evidence from France and Japan. *Regional Science and Urban Economics* 27: 443-474.

ENRIGHT, M. J. 2000. The globalization of competition and the localization of comparative advantage: Policies toward Regional Clustering. In: HOOD, N.; YOUNG, S. (ed.). *The globalization of multinational enterprise activity and economic development*. London: Macmillan.

FELDMAN, M. P.; AUDRETSCH, D. B. 1999. Innovation in cities: science-based diversity, specialisation and localised competition. *European Economic Review* 43: 409-429.

FESER, E. 2002. The relevance of clusters for innovation policy in Latin America and the Caribbean. *Background paper prepared for the World Bank*, LAC Group. Washington, DC: World Bank.

FUJITA, M.; KRUGMAN, P.; VENABLES, A. 1999. *The spatial economy: cities, regions, and international trade*. Cambridge, Mass: MIT Press.

GLAESER, E. L. 2000. The new economics of urban and regional growth. *The Oxford handbook of economic geography*. CLARK, G. L.; FELDMAN, M. P.; GERTLER, M. S. (ed.). Oxford: Oxford University Press.

______. 2003. Reinventing Boston: 1630-2003. *Journal of Economic Geography* 5: 119-153.

GLAESER, E. L.; KALLAL, H. D.; SCHEINKMAN, J. A.; SHLEIFER, A. 1992. Growth in cities. *Journal of Political Economy* 100: 1126-1152.

GLAESER, E. L.; SCHEINKMAN, J. A.; SHLEIFER, A. 1995. Economic growth in a cross-section of cities. *Journal of Monetary Economics* 36 (1): 117-143.

GUASCH, J. Luís. 2007. *Mainstreaming export competitiveness: how to grow and alleviate poverty through exports*. Paper. Washington, DC: World Bank.

HANSEN, Alec. 2008. Successful factors for cluster development. Paper presented at the Cariri Footwear Cluster Strategic Planning Workshop, Juazeiro do Norte, January. Economic Competitiveness Group, Inc.

HANSON, G. H. 1997. Increasing returns, trade and the regional structure of wages. *Economic Journal* 107: 113-133.

HERZBERG, Benjamin; WRIGHT, Andrew. 2005. Competitiveness partnerships – building and maintaining public-private dialogue to improve the investment climate. A resource drawn from the review of 40 countries' experiences. *Policy Research Working Paper* 3683. Washington, DC: World Bank.

HILL, Edward W.; BRENNAN, John F. 2000. A methodology for identifying the drivers of industrial clusters: the foundation of regional competitive advantage. *Economic Development Quarterly* 14 (1): 65-96.

HM TREASURY. 2001. *Productivity in the UK*, n. 3: *The regional dimension*. London.

______. 2007. *Review of sub-national economic development and regeneration*. London.

HOTZ-HART, B. 2000. Innovation networks, regions, and globalization. In: CLARK, G. L.; FELDMAN, M. P.; GERTLER, M. S. (ed.). *The Oxford handbook of economic geography*. Oxford: Oxford University Press.

INTERNATIONAL FINANCE CORPORATION. 2007. *Municipal scorecard 2007*. Washington, DC.

IPEA (Instituto de Pesquisa Econômica Aplicada); IBGE (Instituto Brasileiro de Geografia e Estatística); UNIVERSIDADE ESTADUAL DE CAMPINAS. 2002. *Configuração atual e tendências da rede urbana*. Série Configuração Atual e Tendências da Rede Urbana. Brasilia.

JACOBS, S. 2003. *Keynote address 1: the importance of institutions in determining the investment environment*. Paper apresentado na South Asia FDI Roundtable, Maldives, 9-10 April. FIAS, World Bank.

KALDOR, N. 1970. The case for regional policies. *Scottish Journal of Political Economy* 17: 337-48.

KLEINHENZ, Jack. 2000. An introduction to the Northeast Ohio Clusters Project. *Economic Development Quarterly* 14 (1): 63-64.

KLINK, J. 2007. City regional economic restructuring with weak institutional frameworks for metropolitan governance: lessons from the ABC region São Paulo. Paper apresentado no Inter-American Development Bank (IADB), October 18.

KRUEGER, A. O. 2006. *Globalization and international locational competition.* Paper apresentado no Simpósio em Homenagem a Herbert Giersch, em Kiel, Alemanha.

KRUGMAN, P. 1980. Scale economies, product differentiation, and the pattern of trade. *American Economic Review* 70: 950-959.

______. 1991a. Increasing returns and economic geography. *Journal of Political Economy* 99: 483-99.

______. 1991b. *Geography and trade.* Cambridge, Mass: MIT Press.

______. 1996. *Pop internationalism.* Cambridge, Mass: MIT Press.

LUCAS, R. E. 1988. On the mechanics of economic development. *Journal of Monetary Economics* 22: 3-42.

MARSHALL, A. 1920. *Principles of economics.* 8. ed. London: Macmillan.

MARTIN, P. 1998. Can regional policies affect growth and geography in Europe?. *The World Economy* 21: 757-774.

MARTIN, R.; SUNLEY, P. 2003. Deconstructing clusters: chaotic concept or policy panacea? *Journal of Economic Geography* 3: 5-35.

MATA, D. da; DEICHMANN, U.; HENDERSON, J. V.; LALL, S. V.; WANG, H. G. 2007. Determinants of city growth in Brazil. *Journal of Urban Economics* 62 (2): 252-272.

McCOMBIE, J. S. L.; THIRLWALL, A. P. 1994. *Economic growth and the balance-of-payments constraint.* London: Macmillan.

NATIONAL GOVERNORS ASSOCIATION. 2002. *A governor's guide to cluster-based economic development.* Washington, DC.

______. 2005. *Enhancing competitiveness:* review of state practices 2005.

NICOLETTI, G.; SCARPETTA, S. 2003. Regulation, productivity, and growth: OECD Evidence. *World Bank Policy Research Working Paper 2944.* Washington, DC: World Bank.

NOGUEIRA, Cláudio André Gondim; LOPES, Daniel A. Feitosa. 2008. *A dinâmica econômica setorial na Região Metropolitana do Cariri (RMC)*. Fortaleza, Ceará: Ipece.

NORTH, D. C. 1955. Location theory and regional economic growth. *Journal of Political Economy* 63: 243-58.

OECD (Organisation for Economic Co-operation and Development). 2002. OECD *territorial reviews*, Siena, Itália, p. 167.

______. 2003. *Entrepreneurship and local economic development: programme and policy recommendations*. Paris: OECD Publishing.

______. 2005. *Local governance and the drivers of growth*. Paris: OECD Publishing.

______. 2006a. *Competitive cities in the global economy*. Paris: OECD Publishing.

______. 2006b. *Skills upgrading: new policy perspectives*. Paris: OECD Publishing.

OFFICE OF THE DEPUTY PRIME MINISTER. 2003. *Cities, regions and competitiveness*. London.

OREGON BUSINESS PLAN. 2003. *Refocus economic development on industry clusters*. Discussion paper for leadership summit. DiscussionPaper.pdf. Disponível em: <http://www.oregonbusinessplan.org/pdf/EconDev(Cluster)Summit2003>. Acesso em: 20 maio 2008.

PALMADE, Vincent. 2005. Industrial level analysis: the way to identify the binding constraints to economic growth. *Policy Research Working Paper* 3551. Washington, DC: World Bank.

PORTER, M. E. 1998. Clusters and the new economics of competition. *Harvard Business Review* 76: 77-90.

______. 2000. Location, competition, and economic development: local clusters in a global economy. *Economic Development Quarterly* 14(1): 15-34.

______. 2002. *Clusters of innovation: regional foundations of U.S. competitiveness*. Washington, DC: Council on Competitiveness.

PORTER, Michael; SALA-I-MARTIN, Xavier; SCHWAB, Klaus. 2007. *The global competitiveness report 2007-2008*. Geneva: World Economic Forum.

PROCHNIK, Victor. 2005. *Relatório final de pesquisa. Perfil do setor de calçados*. Rio de Janeiro: Instituto de Economia da UFRJ.

PRUD'HOMME, R.; LEE, C. 1999. Size, sprawl, speed and the efficiency of cities. *Urban Studies* 36 (11): 1849-58.

RAUCH, J. E. 1993. Productivity gains from geographical concentration of human capital: evidence from the cities. *Journal of Urban Economics* 34: 380-400.

RICE, P. G.; VENABLES, A. J.; PATTACHINI, E. 2006. Spatial Determinants of productivity: analysis for the UK region. *Regional Science and Urban Economics* 36: 727-52.

ROBERTS, M. 2004. The growth performances of the GB counties: some new empirical evidence for 1977-1993. *Regional Studies* 38: 149-165.

ROBERTS, M.; SETTERFIELD, M. 2007. Endogenous regional growth: a critical survey. *Cambridge Centre for Economic and Public Policy Working Paper WP 01-07*. Cambridge: Department of Land Economy, University of Cambridge, UK.

ROMER, P. M. 1986. Increasing returns and long-run growth. *Journal of Political Economy* 94: 1002-1037.

______. 1990. Endogenous technological change. *Journal of Political Economy* 98: 71-101.

ROSENTHAL, S. S.; STRANGE, W. C. 2004. Evidence on the nature and sources of agglomeration economies. In: HENDERSON, V.; THIESSE, J. (ed.). *Handbook of urban and regional economics*. Amsterdam: Elsevier.

ROSSELET-McCAULEY, Suzanne. 2006. Methodology and principles of analysis. *IMD World Competitiveness Yearbook 2006*. Lausanne, Switzerland: IMD.

ROWTHORN, R. 2000. Kalecki centenary lecture: the political economy of full employment in modern Britain. *Oxford Bulletin of Economics and Statistics* 62: 139-173.

______. 2005. Combined and uneven development. reflections on the north south divide. *Working Paper 305*. Cambridge: Economic and Social Research Centre for Business Research, University of Cambridge.

SALONE, Carlos. 2006. Presentation at International City Development Conference. Alexandria, Egypt, March.

SANTOS, Ângela Maria Medeiros M.; CORRÊA, Abidack R.; ALEXIM, Flávia M. Barreto; PEIXOTO, Gabriel Barros Tavares. 2002. Deslocamento de empresas para os estados do Ceará e da Bahia: O caso da indústria calçadista.

BNDES Setorial. Rio de Janeiro, n. 15. Disponível em: <http://www.bndes.gov.br/conhecimento/bnset/set1503.pdf>. Acesso em: 18 maio 2008.

SCARAMUZZI, Elena. 2002. Incubators in developing countries: status and development perspectives. *Report* 26637. InfoDev Program, World Bank.

SCHMITZ, Herbert. 2005. *Value chain analysis for policy-makers and practitioners*. Geneva: International Labour Organization.

SCHMITZ, H.; NADVI, K. 1999. Clustering and industrialization: introduction. *World Development* 27(9), 1503-1514.

SETUR (Secretaria de Turismo). 2007. *Pesquisas turismo receptivo: alta e baixa estação 2007.*

SIMON, C. J.; NARDINELLI, C. 1996. The talk of the town: human capital, information, and the growth of English cities, 1861 to 1961. *Explorations in Economic History* 33: 384-413.

SMITH, Lindsay. 2002. *A tutorial on principal components analysis*. Disponível em: <http:// csnet.otago.ac.nz/cosc453/student_tutorials/principal_components.pdf>.

SOLOW, R. M. 1956. A contribution to the theory of economic growth. *Quarterly Journal of Economics* 70: 65-94.

SOUZA, Dayane Lima Rabelo de. 2003. Arranjo produtivo de calçados no Cariri. Dissertação de Mestrado apresentada à Faculdade de Economia, Administração, Atuária e Contabilidade, da Universidade Federal do Ceará, Fortaleza.

STRAUB, S. 2008. Infrastructure and development: a critical appraisal of the macro level literature. *Policy Research Working Paper* 4590. Washington, DC: World Bank.

SWINBURN, Gwen; GOGA, Soraya; MURPHY, Fergus. 2006. Local economic development: a primer. *Developing and implementing local economic development strategies and action plans*. Washington, DC: World Bank.

SWAN, T. W. 1956. Economic growth and capital accumulation. *Economic Record* 32: 334-361.

THIRLWALL, A.P. 1980. Regional problems are 'balance-of-payments' problems. *Regional Studies* 14: 419-425.

UNE, Mauricio Yoshinori; PROCHNIK, Victor. 1999. *Desafios para a nova cadeia de calçados nordestina*. Disponível em: <http://www.ie.ufrj.br/cadeiasprodutivas/pdfs/ desafios_para_a_nova_cadeia_de_calcados_nordestinos.pdf>. Acesso em: 15 maio 2008.

VAN DER LINDE, C. 2003.The demography of clusters – findings from the cluster meta-study. *Innovation clusters and interregional competition.* In: BRÖCKER, J.; DOHSE, D.; SOLTWEDEL, R. Berlin/Heidelberg/ New York: Springer.

VAN STEL, A. J.; NIEUWENHUIJSEN, H. R. 2004. Knowledge spillovers and economic growth: an analysis using data of Dutch regions in the period 1987-1995. *Regional Studies* 38: 393-407.

VENABLES, A. J. 2006. Shifts in economic geography and their causes. Paper apresentado no Jackson Hole Symposium, ago. 25. Disponível em: <http://economistsview.typepad.com/economistsview/2006/08/jackson_hole_sy.html>.

WAITS, Mary Jo. 2000. The added value of the industry cluster approach to economic analysis, strategy development, and service delivery. *Economic Development Quarterly* 14(1): 35-50.

WORLD BANK. 2005. *Comparative regional development initiatives: lessons for Russia.* Washington, DC.

______. 2006. Export promotion agencies: What works and what does not. *Trade Note* 30. Washington, DC.

______. 2007. *Doing business 2008.* Washington, DC.

______. 2008. *World development report 2009:* reshaping economic geography. Washington, DC.

YUSUF, Shahid. 2003. *Innovative East Asia:* the future of growth. Washington, DC: World Bank.

______; NABESHIMA, Kaoru. 2006. *Postindustrial East Asian cities:* innovation for growth. Palo Alto, CA: Stanford University Press / Washington, DC: World Bank.

ZHENG, Jianghuai; GAO, Yanyan; HU, Xiaowen. 2008. *Firm concentration, technology promotion and economic performance: an empirical study on the nature and dynamics of industrial clusters in China's Development Zones along the lower reaches of Yangtze river.* Discussion Paper, Industrial Economics Department, Nanjing University, China.

Índice

Quadros, figuras notas e tabelas são identificados por q, f, n e t respectivamente.

F

N

O

P

Q

R

S

T

U

V

Impressão e Acabamento

Prol Editora Gráfica